A Difusão das Idéias de Piaget no Brasil

Dados Internacionais de Catalogação na Publicação (CIP)
(Câmara Brasileira do Livro, SP, Brasil)

Vasconcelos, Mario Sergio
A difusão das idéias de Piaget no Brasil / Mario Sergio
Vasconcelos; coordenador Lino de Macedo. – São Paulo: Casa
do Psicólogo, 1996. – (Coleção psicologia e educação)

Bibliografia.
ISBN 85-85141–

1. Educação. 2. Jean Piaget, 1896-1980. 3. Psicologia educacional. I. Macedo, Lino de II. Título.

96–0871 CDD–155.5

Índices para catálogo sistemático:

1. Psicologia educacional 370.15

Editor: Anna Elisa de Villemor Amaral Güntert

Capa: Yvoty Macambira

Preparação e revisão de texto: Sandra Rodrigues Garcia

Composição Gráfica: MM Editoração e Arte - (011) 280-7058

psicologia e educação
coleção dirigida por Lino de Macedo

Mário Sérgio Vasconcelos

A Difusão das Idéias de Piaget no Brasil

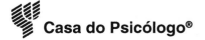

© 1996, Casa do Psicólogo Livraria e Editora Ltda.

Reservados todos os direitos de publicação em língua portuguesa à
Casa do Psicólogo Livraria e Editora Ltda.
Rua Alves Guimarães, 436 — CEP 05410-000 — São Paulo — SP
Fone: (011) 852-4633   Fax: (011) 3064-5392

É proibida a reprodução total ou parcial desta publicação para
qualquer finalidade sem autorização por escrito dos editores.

Impresso no Brasil/*Printed in Brazil*

O professor disserta
sobre ponto difícil do programa.
Um aluno dorme,
cansado das canseiras desta vida.
O professor vai sacudi-lo?
Vai repreendê-lo?
Não.
O professor baixa a voz
com medo de acordá-lo.

(Carlos Drummond de Andrade)

Agradecimentos

Esta pesquisa, originariamente apresentada em 1995, como tese de doutoramento no Instituto de Psicologia da Universidade de São Paulo, não teria sido possível sem a colaboração dos educadores, psicólogos e pesquisadores que entrevistamos Brasil afora e das pessoas que, nas mais diversas instituições, facilitaram meu acesso aos dados.

A Profª Maria Helena Souza Patto orientou-me com sabedoria, confiança e paciência, durante toda essa travessia de aprendizado, e encorajou-me no trajeto.

As alunas Cyntia Nunes de Freitas, Marinês Miranda e Susana Yoshiko colaboraram na pesquisa bibliográfica e engrandeceram este trabalho.

O aluno e amigo Luiz Henrique da Silva empenhou-se na digitação criteriosa.

A Clélia Cândida Spinardi Jubran fez sugestões valiosas e marcou-me com sua sensibilidade elegante e serena.

O Prof. Lino de Macedo incentivou a publicação do livro.

O Departamento de Psicologia Evolutiva, Social e Escolar, da F.C.L.-UNESP-Assis, apoiou e compreendeu as demandas desse projeto.

O CNPq, a Capes e a Fundunesp concederam auxílio financeiro e possibilitaram a realização da pesquisa.

A todos, muito obrigado.

Índice

Introdução 1

PRIMEIRA PARTE

I. O Movimento da Escola Nova:Abertura do Espaço para a Difusão das Idéias de Piaget **9**
1. A doutrina da Escola Tradicional 10
2. A doutrina Escolanovista 13
   2.1. O referencial psicológico 16
   2.2. O princípio ativo 19
   2.3. Os princípios de cooperação e solidariedade 22
3. A Escola Nova no Brasil 25
   3.1. Características da expansão da Escola Nova no Brasil ... 25
   3.2. As reformas educacionais 29
   3.3. Laboratórios e publicações 32
   3.4. A Escola de Aperfeiçoamento Pedagógico:
        a missão Claparède e as primeiras referências
        ao "jovem pesquisador" 37

II. Aproximação entre Piaget e a Educação no Brasil **41**
1. O jovem pesquisador de psicologia infantil 42
2. O trabalho com Claparède no Instituto
   Jean-Jacques Rousseau 45
3. Piaget no Bureau International d'Éducation e na UNESCO ... 53
4. O epistemólogo Jean Piaget detestou as
   "luzes" da Baía da Guanabara 56
5. Os artigos educacionais e a defesa dos Métodos Ativos ... 58
6. O Trabalho por Equipes na Escola: o primeiro artigo de Piaget
   traduzido e publicado no Brasil 62
7. O otimismo em aplicar a teoria psicogenética à didática ... 68
8. A peregrinação de Lauro de Oliveira Lima 74
   8.1. O grupo Capita Plana e o Método Psicogenético ... 77

2 *A Difusão das Idéias de Piaget no Brasil*

SEGUNDA PARTE

III. Os Núcleos Piagetianos no Brasil 85

1. O núcleo de Minas Gerais 86
   1.1. Helena Antipoff e o Laboratório da Escola de
        Aperfeiçoamento: idéias escolanovistas com a
        presença de Piaget 86
   1.2. Piaget na Fazenda do Rosário 95
   1.3. A Faculdade de Filosofia: um novo espaço de difusão 99
   1.4. O behaviorismo chega ao curso de psicologia
        da UFMG e "ofusca" Piaget 100
   1.5. Piaget é "abafado" na Faculdade de Educação 103
   1.6. O construtivismo e o ensino de ciências 105
2. O núcleo carioca 109
   2.1. O Pedagogium: o pensar e o dizer de Manoel Bonfim 109
   2.2. Piaget na Escola Normal do Instituto de
        Educação: o trabalho de Lourenço Filho 110
   2.3. A viagem dos cariocas para estudos psicológicos 113
   2.4. Piaget na Universidade do Brasil: os primeiros
        livros traduzidos 115
   2.5. Piaget no Curso de Psicologia da UFRJ
        e na Fundação Getúlio Vargas 120
   2.6. Laboratório de Currículos 124
   2.7. O Centro Experimental e Educacional
        Jean Piaget: a escolinha A Chave do Tamanho 131
   2.8. NOAP — Núcleo de Orientação e de
        Aconselhamento Psicopedagógico 133
3. O núcleo paulista 136
   3.1. O núcleo da Universidade de São Paulo (USP) 136
   3.2. Os Grupos de Estudos Cognitivos (GRECs):
        Piaget no interior do Estado de São Paulo 162
   3.3. O grupo da UNICAMP 171
   3.4. O Centro de Estudos e Práxis Jean Piaget:
        os trabalhos sobre inteligência e afetividade 180

Índice 3

4. O núcleo gaúcho 186
   4.1. Os primeiros contatos com os pampas 187
   4.2. As tendências de pesquisa na faculdade de educação 194
   4.3. O GEEMPA 208
   4.4. A Secretaria Municipal de Educação de
      Porto Alegre 213
4.5. O Laboratório de Estudos Cognitivos 216
5. Os núcleos de Pernambuco e da Paraíba 221
   5.1. Piaget chegando a Recife 221
   5.2. O Curso de Iniciação à Pesquisa em Psicologia 223
   5.3. O Mestrado em Psicologia 226
   5.4. Aprender Pensando 230
   5.5. O intercâmbio Pernambuco–Paraíba 235
7. O núcleo de Brasília 238
   7.1. O Grupo Capita Plana no Planalto Central do País 238
   7.2. Piaget na Lei 5.692: diretrizes e bases para
      o ensino de primeiro e segundo graus 241
   7.3. A educação pré-escolar no Distrito Federal 244
   7.4. Os estudos sociológicos 249

IV. Considerações Finais 257

V. Referências Bibliográficas 269

Introdução

I

Durante o século XX, são muitas as teorias psicológicas que se fizeram presentes no Brasil. Nas áreas da educação e da psicologia, aos poucos, Jean Piaget foi se consolidando como um dos nomes mais citados.

No meio educacional, sua presença tem sido marcante: escolas que se intitulam piagetianas podem ser encontradas por todo o país; leis e diretrizes educacionais incorporam em suas doutrinas pressupostos retirados de sua teoria; programas pré-escolares públicos e privados fazem, Brasil afora, referência a Piaget; nas universidades, as faculdades de Psicologia e Educação trazem disciplinas que incluem, nos planos de estudo, as idéias de Piaget e produzem dezenas de pesquisas piagetianas nos cursos de pós-graduação; e, no exemplo mais notório, a partir dos anos oitenta, o construtivismo, baseado principalmente nas idéias de Piaget e Emília Ferreiro, se expandiu pelo país, de tal maneira que muitos professores, ao denominá-lo, referem-se à "febre construtivista".

Em estudo exploratório realizado sobre a produção bibliográfica piagetiana em nosso meio (Vasconcelos, 1989), foram arrolados mais de quatrocentos trabalhos, entre relatórios de projetos educativos, teses, dissertações, livros, comunicações e artigos publicados no Brasil. Silvana Figueiredo (1991), em trabalho minucioso, no qual faz uma análise crítica das pesquisas piagetianas brasileiras publicadas nos principais periódicos de Psicologia e Educação, entre 1959 e 1989, selecionou mais de duas centenas de pesquisas teóricas e experimentais.

Embora as idéias de Piaget mantenham esta acentuada presença e circulem por aqui há muitos anos, é fato que existem poucos registros históricos que tratam da difusão dessa teoria no Brasil.

2   A Difusão das Idéias de Piaget no Brasil

Nesse acervo bibliográfico piagetiano, com exceção do estudo de Silvana Figueiredo (1991), apenas os artigos de Durley Cavichia (1977), Paulo Rosas (1984), Isaias Pessotti (1988) e Fernando Becker (1988) tratam desse assunto. E em nenhum deles foram encontradas maiores intenções de se traçar o trajeto mais amplo dessa história, pois restringem-se à localização da presença das idéias de Piaget em algum periódico ou no estudo de determinados temas ou grupos de pesquisa. Um desses artigos, o de Isaias Pessotti, por exemplo, intitulado *Notas para uma História da Psicologia Brasileira*, que saiu em publicação do Conselho Federal de Psicologia para celebrar os vinte e cinco anos da profissão de psicólogo no Brasil, não apresenta nenhum dado sobre a circulação do ideário piagetiano no âmbito da história da Psicologia brasileira. Há somente uma breve menção a Piaget, na seguinte passagem:

> *"Hoje se pode notar a pujança de outras tendências como o cognitivismo, as correntes clínicas de matriz psicodinâmica e existencialista, o retorno às preocupações teóricas, a volta às inter-relações com a filosofia, as abordagens psicobiológicas, o renovado interesse sobre a obra de Piaget ou pela teoria psicanalítica etc."*
>
> (Pessotti, 1988, p.30).

Constatada a significativa presença de Piaget em nosso meio e a ausência de registros mais amplos sobre sua difusão, era oportuna e necessária uma investigação sobre as origens da propagação das idéias de Piaget no Brasil e sobre sua disseminação, nos períodos subseqüentes, tendo por finalidade trazer subsídios para a compreensão de problemas nas áreas da Psicologia e da Educação, nas quais Piaget foi mais divulgado. Decidi, então realizar este estudo, com o objetivo específico de **revelar as fontes que contribuíram para a difusão das idéias de Jean Piaget no Brasil e apontar as principais condições de assimilação dessa teoria.**

Para a consecução desse objetivo, foram coletados dados em arquivos, livros, periódicos, anais, currículos, memoriais e, princi-

Introdução 3

palmente, entrevistas com quarenta e dois profissionais de renome que trabalharam e/ou trabalham com as idéias de Piaget no Brasil.

A natureza histórica do material levantado, em conformidade com o propósito de identificar as fontes difusoras de Piaget, acentuou a feição de "mapeamento" que este trabalho assumiu, no delineamento do percurso piagetiano no contexto brasileiro. A decisão de delimitar o âmbito da pesquisa a um mapeamento, enquanto registro descritivo, não significa, no entanto, desconsideração das determinações subjacentes aos dados. Daí a preocupação em indicar em que condições surgem os fatos que constroem o histórico do percurso da difusão. Evidentemente, as idéias de Piaget adentram no Brasil e nele se expandem em determinado contexto histórico, que se reflete nas formas de apropriação da teoria piagetiana que se processaram no Brasil. Nesse sentido, as observações, ao longo do mapeamento, enquadram-se, por sua vez, na situação mais ampla das tendências políticas, sociais, científicas e educacionais da época.

II

A perspectiva descritiva da história, aqui adotada, implica um rastreamento retrospectivo de dados e, para isso, recorri inicialmente aos artigos de piagetianos brasileiros publicados no Brasil. O fato de possuir apenas dados preliminares sobre o trajeto piagetiano no Brasil levou-me a ampliar, o máximo possível, o levantamento bibliográfico. Debrucei-me sobre as publicações localizadas e as vasculhei à procura de "pistas" sobre a difusão, bem ao espírito de "busca do passado", conforme apregoado por Cervo & Bervian (1978), em suas indicações sobre metodologia científica. Isso resultou na organização da cronologia das publicações, e levou à formulação de uma listagem agrupada de pesquisas, com indicação de suas aplicações e áreas de conhecimento. Para a realização desse levantamento bibliográfico, foram consultadas as seguintes publica-

4 · A Difusão das Idéias de Piaget no Brasil

ções: *Arquivos Brasileiros de Psicologia, Anais dos Congressos de Psicologia de Ribeirão Preto, Estudos Cognitivos, Psicologia: Teoria e Pesquisa, Psicologia: Ciência e Profissão, Psicologia: Reflexão e Crítica, Revista de Psicologia Escolar, Revista de Educação, Revista Brasileira de Estudos Pedagógicos, Cadernos de Pesquisa, Revista de Pedagogia, Educação e Realidade, Revista da Faculdade de Educação* e *Revista de Didática*. Além desses periódicos, pesquisei as publicações da SBPC, *Resumos das Reuniões Anuais* e *Ciência e Cultura*.

A análise dessas publicações sugeriu três vertentes de coleta de dados. Em primeiro lugar, apareciam algumas publicações mais antigas, que provavelmente poderiam indicar as primeiras pessoas que trabalhavam com Piaget no Brasil. Em segundo lugar, despontaram autores com um número maior de publicações, que vinham publicando há mais tempo textos com referência a Piaget. Finalmente, a maioria dos trabalhos arrolados foram produzidos em determinados "centros de pós graduação". A partir daí, constatei que alguns autores selecionados eram os mesmos nas três situações. Natural deduzir, daí, que esses dados indicassem ativos protagonistas da difusão pesquisada, que poderiam dar os rumos da história que pretendia traçar. Decidi entrevistá-los e, com isso, o trabalho assumiu uma dimensão "viva", pois, sem prejuízo de outras fontes, poderiam compor a história "contada"da difusão das idéias de Piaget no Brasil. São eles: *Amélia Domingues de Castro, Ana Lúcia Schliemann, Ana Maria Pessoa de Carvalho, Antonio Gomes Penna, Bárbara Freitag, Circe Navarro Vital Brasil, Durley Cavicchia, Esther Pillar Grossi, Fernando Becker, Franco Lo Presti Seminério, Graciema Pacheco, Iris Barbosa Goulart, Lauro de Oliveira Lima, Léa Fagundes, Lino de Macedo, Orly Zucatto Mantovani de Assis, Pedro Bessa, Terezinha Flores, Zélia Ramozzi-Chiarottino, Adrian Dongo Montoya, Agnela Giusta, Ana Cristina de Souza Rangel, Anita Paes Barretto, Antonio Roazzi, Beth Tunes, Cláudio Saltini, Cleonice Camino, Ives De La Taille, João Filocre Saraiva, Luci Banks Leite, Márcia Carneiro, Maria Aparecida Mamede Neves, Maria Celeste Machado Kock, Maria das Graças*

Introdução 5

Bompastor Dias, Maria do Jordão Hemerenciano, Maria Helena Fávero, Maria Lúcia Browne Rego, Mariza Martins, Paulo Rosas, Paulo Vidal, Terezinha Rey e Silke Weber[1].

Ao mesmo tempo em que foram realizadas as entrevistas, seguindo um modelo semi-diretivo, foram buscadas novas fontes e caminhos em busca de documentos e dados. Algumas instituições foram visitadas com essa finalidade: *Forum Educacional de Cultura da Universidade Federal do Rio de Janeiro, Grupo de Estudos sobre Educação, Metodologia de Pesquisa e Ação de Porto Alegre (GEEMPA), Secretaria Municipal de Educação de Porto Alegre, Fundação Educacional de Brasília (DF), Centro de Estudos e Praxis Jean Piaget*, na cidade de São Paulo, e *Centro Experimental e Educacional Jean Piaget*, na cidade do Rio de Janeiro.

III

A apresentação do universo de dados, aqui referidos, será feita em duas partes.

A indicação das tendências político-sociais, educacionais e científicas que embasaram a origem da propagação das idéias de Piaget no Brasil são objeto do capítulos I e II que compõem a Primeira Parte. Assim, no primeiro capítulo, será mostrado que o movimento da Escola Nova abre espaço para a difusão das idéias de Piaget no Brasil. No segundo capítulo, serão ressaltadas as constatações de que a associação entre as pesquisas epistemológicas de Piaget e a educação deve-se, também, aos encargos de Piaget em instituições dessa área, assim como aos próprios conceitos sobre os quais elabora a sua teoria. Tais conceitos viabilizaram propostas pe-

---

[1] Esther Pillar Grossi, Maria das Graças Bompastor Dias e Maria Lúcia Browne Rego não foram entrevistadas, porém, em conversa informal com elas, consegui registrar vários dados de interesse para a pesquisa. Existem algumas pessoas que foram citadas em vários depoimentos, no entanto, não foi possível contactá-las, por motivos variados. São os casos, por exemplo, de Ângela Biaggio, Dante Coutinho, Jandira Maria Ribeiro dos Santos e Terezinha Nunes Carraher.

6 *A Difusão das Idéias de Piaget no Brasil*

dagógicas apoiadas pela Psicologia Genética.

Essas indicações precedem o mapeamento da difusão da teoria de Piaget realizado na Segunda Parte, porque, contextualizando-o, possibilitam uma leitura mais esclarecedora dos dados pontuais relativos ao Brasil. A Segunda Parte englobará a história dos "núcleos" de difusão nos Estados de Minas Gerais, Rio de Janeiro, São Paulo, Rio Grande do Sul, Pernambuco, Paraíba e Distrito Federal (Brasília)[1].

Finalmente tecerei alguns comentários a respeito das contingências históricas que circunscreveram as fontes da difusão das idéias de Piaget no Brasil.

* * *

Lembro que o trajeto difusivo, ora apresentado, é resultado da documentação e bibliografia compiladas durante a coleta dos dados e, principalmente, das falas dos entrevistados protagonistas dessa difusão. Dada a grande quantidade de pessoas envolvidas nesse trajeto, alguns piagetianos de renome, por motivos variados, deixaram de ser entrevistados. Acredito que tal fato não comprometeu os rumos e a qualidade do mapeamento realizado, porque, nesses casos, foram analisadas suas publicações e atividades (descritas nos currículos ou memoriais), que possam ter contribuído para a propagação das idéias de Piaget no Brasil. Seus depoimentos poderiam, certamente, ter engrandecido o produto deste trabalho.

---

[1] Farei referência, também, a trabalhos piagetianos desenvolvidos em outros Estados, que não foram integrados em núcleos, porque, a meu ver, constituem-se iniciativas isoladas, componentes de uma história mais recente.

PRIMEIRA PARTE

O Movimento da Escola Nova: Abertura do Espaço para a Difusão das Idéias de Piaget

I

Nasci em 1910 e comecei no magistério no final da década de vinte, em Porto Alegre. Nessa época, já existia a presença de Piaget nos nossos meios educacionais. Não era um estudo de suas idéias, mas a menção a alguns preceitos que poderiam ser deduzidos da sua teoria. Desde esse tempo, vejo uma relação entre Piaget e a Escola Nova. Não vejo Piaget impulsionando essa transformação, esse movimento. Entendo que essa transformação estava se processando e abriu caminho para a difusão de idéias de Piaget no movimento da Escola Nova e na educação.

Prof² Graciema Pacheco

Os depoimentos colhidos ao longo deste estudo não deixam dúvida: o quadro de inserção das idéias de Piaget no Brasil é proporcionado pelo movimento escolanovista. Para que se compreenda melhor essa constatação, é necessária uma pequena viagem na história, percorrendo os caminhos externo e interno ao Brasil, pelos quais se estabeleceram as relações entre o movimento da Escola Nova e a propagação do ideário piagetiano. Começando pelo trajeto externo, indicarei as condições históricas que levaram à contraposição entre as doutrinas da escola tradicional e da Escola Nova, abordando pontos de divergência entre ambas. A seguir, focalizarei o referencial psicológico que respalda cientificamente as novas propostas, ressaltando o *princípio ativo* e o de *cooperação*. Finalmente, procurarei me ater à expansão da Escola Nova no Brasil, com destaque para as Reformas Educacionais e as instituições propulsoras da divulgação dos pesquisadores estrangeiros adeptos dos novos métodos, como Piaget.

1. A doutrina da Escola Tradicional

Os homens ilustrados, do século XIX, componentes da elite burguesa, entraram para a história certos de terem cumprido uma grande missão: redimir a humanidade da opressão, da superstição e da ignorância. Com a Revolução Francesa e a burguesia assumindo o poder, o ideal de libertação parecia estar ao alcance de suas mãos. Os anseios de uma transformação ecoavam por diversos lugares do mundo. Os avanços da ciência ofuscavam as forças misteriosas da natureza e o temor da miséria cedia lugar aos progressos da técnica aplicada à produção. O medo dos tiranos decrescia, porque a liberdade dos homens, agora cidadãos, começava a ser assegurada. O temor a um Deus bíblico, que premia e castiga, começava a ceder espaço à razão, que não crê senão no que pode demonstrar. Enfim, os homens do século XIX sentiam-se à beira da verdade propagada pela ciência e pela razão. Estavam a um passo da instauração de uma nova ordem social, baseada na justiça e na liberdade.

As questões postas nessa época eram, portanto: como instaurar a democracia, promovendo a cidadania e a igualdade de oportunidades a todos os homens? Como sair do plano filosófico e político para a instauração do ideal democrático burguês?

Uma atitude comum a vários países, com tal pretensão, foi a elaboração das cartas constitucionais. Procurava-se levar ao povo as leis que garantiam a liberdade e a igualdade de oportunidades a todos, princípios essenciais sobre os quais se sustentam a vida política e social, a instituição e as juridições que compõem uma nação. Almejava-se uma sociedade solidária.

No entanto, para que todos esses direitos chegassem ao povo, foi necessário um grande investimento na "unidade nacional". A constituição das unidades nacionais requeria um grande processo histórico. Muitas vezes, a unidade nacional foi alcançada às custas de disputas seculares, em que foi preciso superar diferenças raciais, lingüísticas, religiosas, usos e costumes, formas de vida, divisões ge-

O Movimento da Escola Nova

ográficas, etc. Não era fácil chegar a esse tipo de superação. Obter sentimentos de adesão política a esse conjunto de diferenças constituía, sem dúvida, tarefa difícil. Mais ainda, o sentimento de unidade nacional.

A partir dessa necessidade de coesão e unidade entre os membros que compõem a comunidade política nacional, surge o conceito de cultura nacional. Para atingi-lo, o Estado deve produzir a equalização das diferenças e uma cultura esclarecida, que torne o homem consciente de seus direitos de cidadão, livre da opressão e da ignorância. As novas demandas da sociedade industrial e do progresso científico também exigem uma nova capacitação cultural e o aprimoramento técnico da população.

Conclui-se, então, que o melhor caminho a seguir é o da ilustração do povo. Com o povo ilustrado seria mais fácil atingir a plenitude do Estado e da cidadania. Com uma população ignorante, essa tarefa seria impossível. A grande solução encontra-se no aprimoramento educacional do povo, na instrução pública obrigatória, na alfabetização da população. O melhor instrumento político, portanto, é a escola obrigatória, gratuita e comum. A escola desponta como o principal meio de se construir uma cultura nacional e de se alcançar a unidade nacional. Nela se fundirão as diferenças de credos e de raças, de classes e de origens.

Inspirada no princípio de que a educação é direito de todos e dever do Estado, começa a surgir uma escola com finalidades de redenção (livrar o homem da ignorância e da opressão) e de consolidação do próprio Estado (instaurar a ordem democrática burguesa). É neste contexto que surgem os "sistemas nacionais de ensino".[1]

É importante ressaltar que os projetos de ensino almejavam investimentos educacionais que desenvolvessem a noção de cidadania, incentivando a cooperação e a solidariedade nas novas gerações.

---

[1] Uma conseqüência imediata desse processo de valorização política da escola foi a polêmica que se instalou em vários países, no final do século XIX e início do século XX, a respeito da "liberdade de ensino". Isso ocorreu principalmente no que se refere ao ensino religioso e ao ensino laico, polêmica essa que teria implícitos os interesses da Igreja e do Estado na disputa do poder (ver: Zanotti, 1972, pp. 41-42).

12 A Difusão das Idéias de Piaget no Brasil

Para atingir tais objetivos, a educação deveria iniciar-se na infância, tendo o mestre lugar estratégico nessa missão.

Essa escola, que mais tarde convencionou-se chamar de escola tradicional, organizou-se como uma instituição centrada no professor, que tinha por tarefa transmitir ao aluno o conhecimento científico e cultural acumulado. O professor ensinava a lição e os alunos aprendiam. O professor era, portanto, a figura central do processo pedagógico, que tinha por base, principalmente, as idéias de Johann Fredrich Herbart (1776-1841), filósofo alemão, dedicado à psicologia, à metafísica e à pedagogia. Através da educação pela instrução depositou-se confiança ilimitada no conhecimento racional e investiu-se na tarefa de construir uma ciência da educação.

O investimento pretendido pelos homens contemporâneos à escola tradicional era ambicioso. Primeiramente, porque deveriam ser criados os sistemas nacionais de ensino em sua dimensão completa, incluindo a organização de escolas e a preparação dos professores. Em segundo lugar, porque se atribuiu à escola um papel político acima das funções que ela poderia exercer. Assim, a escola tradicional começou a gerar insatisfações. A esse respeito Saviani (1985, p. 11) concluiu:

> (...) A referida escola, além de não conseguir realizar seu desiderato de universalização (nem todos nela ingressaram e mesmo os que ingressaram nem sempre eram bem-sucedidos), ainda teve que curvar-se ante o fato de que nem todos os bem-sucedidos se ajustavam ao tipo de sociedade que se queria consolidar.

A expectativa de que a escola poderia proporcionar a equalização social e a consolidação do Estado democrático começava a mostrar indícios de grande frustração e a escola tradicional tornava-se o alvo de críticas severas, principalmente por parte dos simpatizantes do Movimento da Escola Nova.

2. A doutrina Escolanovista

Para Lourenço Filho (1978), o Movimento da Escola Nova representou, em sentido amplo, todo um conjunto de princípios que orientaram propostas pedagógicas em vários países. Juntamente com a emergência de tais princípios e propostas, surgiu a necessidade de revisão das formas tradicionais de ensino.

Durante as primeiras décadas do século XX, floresceu a crítica à escola tradicional, porém, do ponto de vista político, permanecia a idéia básica de que a escola deveria cumprir sua grande tarefa educacional de equalização social, tarefa esta anunciada anos antes e que ainda não havia sido cumprida. Aos governantes, políticos, religiosos e educadores, parecia que a educação não havia atingido os fins desejáveis. Concluíram que os indivíduos instruídos e ilustrados, não haviam sido adequadamente educados para assumir a grande tarefa de cooperação e solidariedade para a construção da nova "ordem democrática"[1].

Neste contexto sociocultural, os novos educadores, proclamando a igualdade de oportunidades à população, continuaram elegendo a escola como a principal alternativa para resolver os problemas sociais. Por outro lado, acreditavam que esse caminho agora só seria possível se fossem feitas alguma inovações, mudando o que não havia dado certo: as práticas pedagógicas. Pretendeu-se, portanto, cumprir com mais eficácia a tarefa iniciada pela escola tradicional. Se a escola não vinha cumprindo sua função social, isso ocorria porque o tipo de escola era inadequado. Decidiu-se então trocar os métodos, para que pudessem ser obtidos os fins perseguidos. Surgiu, então, um amplo movimento que se tornou conhecido por escolanovismo[2].

---

[1] No Brasil, esse quadro se agravava, pois, além de não contarmos com uma situação política estável, tínhamos a grande dimensão geográfica do país, com suas diferenças regionais, um pequeno número de escolas e um atraso generalizado em relação a outros países que implementaram o capitalismo.

[2] Zanotti (1972, pp. 64-66) assinala que o escolanovismo comete um grande erro, já praticado pela escola tradicional, ao atribuir à escola uma função que extrapola suas possibilidades. Centra a sua crítica no fato de a Escola Nova se propor a desenvolver um processo de formação cultural que sempre se deu fora da escola, tal como aspectos da vida familiar, do mundo do trabalho, da vida do bairro, etc. Ressalta que ocorreu uma inversão. Ao invés da escola se incorporar à cultura vivida, para os escolanovistas é a cultura vivida que deve se incorporar à escola.

14 A Difusão das Idéias de Piaget no Brasil

Esse movimento, porém, ganhou maior intensidade a partir dos conflitos da Primeira Grande Guerra, que, segundo Lourenço Filho (1978, p. 25), deu ao mundo a consciência de que "seria necessário rever os princípios da educação e suas instituições, para que estas, difundindo-se, garantissem a preservação da paz". Propagou-se uma nova fé na escola, desde que revista a forma de ação educativa.

Houve uma intensificação das críticas dos escolanovistas à escola tradicional: à educação demasiadamente intelectualizada, à educação livresca, à superficialidade do ensino, à ausência da experimentação, ao desconhecimento da psicologia da criança, ao modo formal de ensinar e, principalmente, ao fato de que a escola tradicional concentrava o ato pedagógico no professor. Saviani (1985, pp. 12-13) faz um apontamento sintético das direções assumidas pela nova pedagogia:

Compreende-se, então, que essa maneira de entender a educação, por referência à pedagogia tradicional, tenha deslocado o eixo da questão pedagógica do intelecto para o sentimento; do aspecto lógico para o psicológico; dos conteúdos cognitivos para os métodos ou processos pedagógicos; do professor para o aluno; do esforço para o interesse; da disciplina para a espontaneidade; do diretivismo para o não-diretivismo; da quantidade para a qualidade; de uma pedagogia de inspiração filosófica centrada na ciência da lógica para uma pedagogia de inspiração experimental baseada principalmente nas contribuições da biologia e da psicologia(...) Assim, em lugar de classes confiadas a professores que dominavam as grandes áreas do conhecimento, revelando-se capazes de colocar os alunos em contato com os grandes textos que eram tomados como modelos a serem imitados e progressivamente assimilados pelos alunos, a escola deveria agrupar os alunos segundo áreas de interesses decorrentes de sua atividade livre. O professor agiria como um estimulador e orientador da aprendizagem, cuja iniciativa principal caberia aos próprios alunos. Tal aprendizagem seria uma decorrência espontânea do ambiente estimulante e da relação viva que se

O Movimento da Escola Nova   15

estabeleceria entre os alunos e entre estes e o professor. Para tanto, cada professor teria de trabalhar com pequenos grupos de alunos, sem o que a relação interpessoal, essência da atividade educativa, ficaria dificultada; e num ambiente estimulante, portanto, dotado de materiais didáticos ricos, biblioteca de classe, etc. Em suma, a feição das escolas mudaria seu aspecto sombrio, disciplinado, silencioso e de paredes opacas, assumindo um lugar alegre, movimentado, barulhento e multicolorido.

Na verdade, com base nos pressupostos da experimentação, da biologia e da psicologia, propunha-se uma pedagogia que, conforme reiterou Saviani (1985, pp. 13), poderia ser assim resumida: "O importante não é aprender, mas aprender a aprender".

O filósofo norte-americano John Dewey (1859-1952) sintetizou, em suas obras, a aspiração dos novos educadores e despontou como uma das maiores expressões desse movimento. Procurando avançar em relação às propostas tradicionais, Dewey pregava uma atitude experimental no método educativo, valorizando uma pedagogia pragmática e funcional, centrada no interesse da criança. É autor das famosas frases: "learning by doing" e "a escola não é preparação para a vida, mas, sim, vida". Considerava que, se o trabalho escolar mostrava-se pouco frutuoso, isso se devia ao fato de que os conhecimentos ministrados às crianças não correspondiam a seus interesses, nem pelo teor, nem pela ocasião em que eram oferecidos. A criança deveria aprender fazendo, nas condições reais da vida, isto é, em situações em que a atividade fosse naturalmente determinada pelo interesse. Recorrendo à psicologia e à biologia, Dewey acreditava que a criança tinha interesses profundos e interesses superficiais, manifestando-se como tendências que o educador deveria aproveitar; o interesse era sempre o sinal de alguma capacidade subjacente que deveria ser interpretada e utilizada[1]. Além dessas preocupações, Dewey (1983) relevava o papel social e político das escolas. Em seu credo pedagógico,

---

[1] As idéias de Dewey tinham como referência o pragmatismo de William James. A noção de interesse conservou lugar de primeiro plano na história ulterior da educação nova devido, particularmente, a Adolpho Ferrière, que melhor a esclareceu e chegou a organizar uma lista de interesses em sua sucessão cronológica, no decurso da vida infantil.

16   *A Difusão das Idéias de Piaget no Brasil*

dizia que a educação era o caminho do progresso e da reforma social. Todo professor deveria dar-se conta de ser um servidor instituído para manter o desenvolvimento social.

Havia, portanto, questões políticas e princípios pedagógicos que derivavam de uma nova compreensão das necessidades da infância e da escola, implícitos nos interesses do movimento escolanovista (Lourenço Filho, 1933). Neste contexto, a biologia e a psicologia, juntamente com a sociologia, passaram a ser consideradas as ciências fontes da educação.

2.1. O referencial psicológico

Embora os métodos tradicionais não tenham negligenciado inteiramente o desenvolvimento da criança, com a nova metodologia a psicologia infantil passou a ser utilizada em grande escala como subsídio às práticas pedagógicas. A tônica era construir uma pedagogia que utilizasse os novos conhecimentos científicos adquiridos por uma psicologia de base experimental.

O grande avanço da psicologia no século XX foi, sem dúvida, condição básica para o desenvolvimento dos novos métodos. Edouard Claparède (1873-1940), uns dos pioneiros na sistematização dos estudos psicológicos, defendia a necessidade de se conhecer a psicologia da criança para melhor educá-la (*Psychologie de l'Enfant et Pedagogie Experimentable*, 1905). Considerava como objetivo da pedagogia experimental o conhecimento ou a investigação de circunstâncias favoráveis ao desenvolvimento da criança.

Foram preocupações dessa ordem que levaram Alfred Binet (tido por muitos como o pai da pedagogia experimental) a fundar em Paris, em 1900, a Sociedade para o Estudo Psicológico da Criança[1].

---

[1]   Sabe-se que Binet era um grande defensor do uso da "quantificação" na psicologia e na pedagogia. O dado quantitativo que, naquele tempo, era considerado pela maioria dos pesquisadores como fator indispensável à ciência psicológica, passou a se constituir num instrumento do processo pedagógico. De 1905 a 1911, Binet organizou e retocou sua famosa escala métrica da inteligência, que se difundiu por vários países. De um modo geral, Binet propunha que se medissem os níveis sucessivos do desenvolvimento intelectual da criança e também o valor dos métodos escolares, com o auxílio dos quais acreditava-se que esse desenvolvimento se efetuara.

O Movimento da Escola Nova

A partir dos trabalhos de Binet, intensificaram-se, em vários países, as pesquisas nas áreas da psicologia da criança e da pedagogia experimental.

Em 1912, Claparède fundou, em Genebra, o Instituto Jean-Jacques Rousseau, que acabou se consolidando como um dos maiores centros de psicologia experimental e infantil do Ocidente. Esse instituto reuniu, entre outros, pesquisadores como Adolpho Ferrière, Pierre Bovet, Leon Walther, Helena Antipoff e Jean Piaget[1]. Tinha como principal objetivo iniciar os futuros educadores nos princípios da psicologia, particularmente a psicologia genética e funcional. Os estudos promovidos pelo instituto começaram a ser difundidos sob a forma de psicologia geral ou, mais especificamente destacados, como a psicologia da criança, a psicologia educacional, a psicometria, etc. (Claparède, 1961, pp. 11-66). De uma forma ou de outra, a psicologia estava sempre elevada ao principal domínio científico que fornecia recursos aos educadores para se promoverem mudanças na escolarização. A principal transformação consistia na introdução de técnicas pedagógicas racionalizadas, que se contrapunham a uma série de concepções tradicionais. Claparède conseguiu, juntamente com sua equipe de pesquisadores, influenciar vários sistemas didáticos renovadores na Europa e na América.

De modo geral, os educadores, preocupados em conhecer a psicologia da criança e, com o intuito de promover adaptações nas técnicas pedagógicas, recorriam às mais variadas tendências da ciência psicológica da época: da psicanálise à psicometria, da psicologia associacionista à psicologia genética. Recorriam principalmente àqueles pesquisadores que utilizavam procedimentos experimentais, os quais Roger Cousinet (1959, pp. 53-55) denominou representantes da corrente científica da Escola Nova. Cousinet relata que psicólogos da infância como Binet, Gesell, Wallon, Piaget, além de um número considerável de cientistas, eram reconhecidos, pois "usavam o questionário, a observação (ajudada pelo cinema), a experiência o

---

[1] Em 1921, a convite de Claparède, Piaget iniciou seus trabalhos no Instituto Jean-Jacques Rousseau.

18 — A Difusão das Idéias de Piaget no Brasil

método clínico. A maioria desses pesquisadores trabalhava também com o auxílio de testes. O *Third Mental Measurement Yearbook*, publicado por O. K. Buros, em 1949, analisou 663 testes. E, no mesmo ano, Woodruff e Pritchard enumeraram 1.080, dos quais 228 testes eram referentes à inteligência e às aptidões, 716 a resultados diversos e 90 à medida da personalidade e da inadaptação social" (Cousinet, 1959, pp. 56-57). Curiosamente, a maior parte desses trabalhos consistia, sobretudo, em pesquisas de psicologia genética e referiam-se a estudos sobre crianças, com o intuito de desvendar os segredos da origem do pensamento adulto.

Mesmo nas abordagens que resguardavam maior liberdade para o processo de ensinar e aprender, os testes passaram a ocupar seu espaço. Ferrière, que dirigiu por longo tempo o Bureau Internationale des Écoles Nouvelles, fundado em 1889, em trabalho publicado em 1932, intitulado *A Técnica da Escola Ativa*, ressaltava, que a escola não podia esperar que todos os professores agissem intuitivamente, de maneira adequada, para organizar a classe. Para Ferrière, os professores deviam adotar as técnicas de mensuração objetiva, que os capacitaria a "determinar os tipos psicológicos das crianças, de agrupá-las ou deixá-las que se agrupem segundo os seus tipos ou afinidades naturais" (Ferrière, 1932, p.198) Para efetivar sua proposta técnica, aconselhava o uso de testes de capacidade e de inteligência.

Convém ressaltar aqui esse aspecto peculiar oriundo de uma das tendências que a psicologia assumiu, no início do século XX, e que influenciou demasiadamente a psicologia genética da época, caracterizando muitos projetos renovadores: a psicometria. Propondo-se a quantificar as capacidades do indivíduo, a psicometria deu origem a uma psicologia diferencial, na medida em que evidenciava a tese de que os indivíduos possuíam necessidades, interesses, motivações, potencialidades, aptidões e habilidades superiores e inferiores de aprendizagem. Em termos de aplicação pedagógica, isso significou reforçar, no ideário escolanovista, a crença de que há aqueles que aprendem e aqueles que não aprendem. Chegou-se à conclusão de que era preciso colocar o "aluno certo" no "lugar certo".

O Movimento da Escola Nova 19

Se, como vimos, para a escola tradicional, o princípio da igualdade de oportunidades trazia implícita a idéia de que os homens eram iguais e as oportunidades diferentes, sendo o papel da escola equalizar essa questão, para a vertente da Escola Nova, influenciada pela psicometria, ocorreu uma inversão: acreditou-se que, na escola, as oportunidades eram iguais, mas os indivíduos tinham potencialidades diferentes. As pesquisas sobre o aproveitamento das diferenças individuais passaram então a constituir um elemento básico para muitos projetos educacionais.

Como veremos, a seguir, paralelamente a essa tendência incluíam-se, também, na doutrina escolanovista, psicólogos e educadores que valorizavam outra vertente, privilegiando os princípios de atividade, cooperação e solidariedade.

2.2. O princípio ativo

Além de John Dewey, Alfred Binet e Edouard Claparède, muitos outros pesquisadores influenciaram projetos de renovação educacional e suas idéias tiveram grande repercussão pelo mundo. Entre outros, destacam-se William James, Stanley Hall, J. M. Baldwin e Wasburn (Estados Unidos), Kerchensteiner e Scheibner (Alemanha), Ovídio Decroly (Bélgica), Maria Montessori (Itália), Else Köhler (Áustria), Pierre Janet, Henri Wallon e Roger Cousinet (França), P. Bovet e Jean Piaget (Suíça)[1].

Um ponto pode ser considerado comum à maioria das idéias que orientaram a criação dos novos métodos pedagógicos: o *princípio da atividade*, que se refere tanto a aspectos do desenvolvimento da criança, quanto a aspectos da prática pedagógica[2]. Esse princípio indica

---

[1] A respeito das idéias que influenciaram a Escola Nova, ver Lourenço Filho (1933), Cousinet (1959), Foulquié (1957), Suchodolski (1972), Aebli (1971). No Brasil, como discorreremos adiante, pode-se constatar a influência dessas idéias em propostas de reformas educacionais da escola pública, em vários estados. No ensino particular, muitos ensaios também se deram por adaptação a essas idéias.

[2] É importante lembrar que, já na obra de Rousseau, pode-se notar uma concepção de conjunto que anuncia alguns princípios constantes nos novos métodos. Rousseau, em Emílio, percebe que cada idade tem suas capacidades e que a criança tem maneiras de ser, de pensar e de sentir que lhe são próprias.

20   *A Difusão das Idéias de Piaget no Brasil*

que a atividade pedagógica deve respeitar e estimular as tendências ativas do desenvolvimento da própria criança. Nessa perspectiva, a criança é concebida como um ser ativo, cuja ação, regida pela lei do interesse ou da necessidade, só poderá chegar ao pleno rendimento se forem despertados nela os motivos autônomos dessa atividade. A função da ação educativa é a de propiciar meios facilitadores para que os potenciais da criança possam emergir espontaneamente e para que despertem gradativamente os modos moral e científico de pensar. Lourenço Filho (1978, p. 247), anunciando os princípios gerais da Escola Nova, assim resumiu essa tendência:

> *Todos os sistemas insistem no valor da atividade, não em si mesma, como fim, mas visando aos fins que o educando gradualmente em si mesmo se proponha. Nesse caso, as atividades, múltiplas e dispersas, coordenam-se em funções, quer dizer, passam a responder a alguma coisa sentida ou desejada pelo próprio educando, segundo cada idade ou grau de desenvolvimento. Admitida essa compreensão dinâmica, a ação educativa deverá utilizar as situações de jogo e atividades livres, embora nelas não se contenham. A expressão lúdica é um ponto de partida, pelo qual os impulsos ou interesses se coordenam em propósitos a mais longo termo, ligados a projetos que exigem observação, análise, generalização, aquisição, enfim, dos quadros da vida social. Assim, o interesse ensinará a disciplina e o esforço. De qualquer forma, aprender-se-á a fazer fazendo e a pensar pensando, em situações definidas.*

Raciocinando nessa direção, Dewey e Claparède já haviam insistido na importância do interesse e da ação para todo conhecimento ativo[1], considerando-os como fatores fundamentais para a compreensão do desenvolvimento intelectual da criança, bem como na essência dos métodos ativos.

Mas (para espanto de muitos piagetianos da atualidade), foi Piaget, então Diretor do Bureau International D'Éducacion, quem,

---

[1]   Ver: Aebli (1971, pp. 18-44).

O Movimento da Escola Nova

na década de 30, ao escrever *Les méthodes nouvelles, leurs bases psychologiques et examen des méthodes nouvelles*, estimulou o debate acerca das relações entre os métodos ativos, o interesse, a ação e o desenvolvimento intelectual da criança[1]. Enfocando as descobertas da psicologia genética, mostrou suas implicações pedagógicas e determinou sua vinculação com os novos métodos. Piaget difundiu a idéia de que o processo que leva a criança a conhecer o mundo é um processo de criação ativa, em que toda a aprendizagem se dá a partir da ação do sujeito sobre os objetos. Um sujeito intelectualmente ativo, que constrói seu conhecimento sobre a ação, não é um sujeito que tem apenas uma atividade observável, mas um sujeito que compara, exclui, categoriza, coopera, formula hipóteses e as reorganiza, também em ação interiorizada.

Para explicitar melhor essa concepção de sujeito, cabe lembrar que, para Piaget, a capacidade de conhecer depende da interação entre o organismo e o meio, e a construção do conhecimento depende dessas trocas. Nesse trajeto, as operações intelectuais se processam em torno de estruturas que se traduzem numa adaptação. Durante a ação que a criança desenvolve no meio, começam a se organizar algumas estruturas de pensamento a partir dos reflexos inatos e do aparato sensorial. Os esquemas reflexos necessitam de exercícios para se afirmarem e se desenvolverem. Isso ocorre através dos processos adaptativos interdependentes de assimilação e acomodação. Assimilação é a incorporação de elementos novos a estruturas já existentes, e acomodação é toda modificação dos esquemas de assimilação por influência do meio. A assimilação e a acomodação, que ocorrem com a participação dos esquemas reflexos, marcam o início da construção das estruturas mentais e do conhecimento. Assim, a adaptação do sujeito se dá pela equilibração entre esses dois mecanismos, não se tratando, porém, de um equilíbrio estático, mas sim essencialmente ativo e dinâmico. Trata-se de sucessões progressivas de uma equilibração cada vez mais ampla,

---

[1] Este texto foi escrito por Piaget, em 1935, e parcialmente publicado no Brasil, no segundo capítulo do livro Piaget, Jean. *Psicologia e Pedagogia*. Rio de Janeiro: Forense Universitária, 1975.

22 A Difusão das Idéias de Piaget no Brasil

que possibilita as modificações dos esquemas existentes, a fim de atender a rupturas do equilíbrio, representadas pelas situações novas, para as quais ainda não existe um esquema próprio.

Assim concebida, a inteligência infantil não poderia, para Piaget, ser tratada por métodos pedagógicos de pura receptividade, como manda a pedagogia tradicional. Aponta, então, os métodos ativos como adequados ao desenvolvimento intelectual da criança, afirmando que:

> (...)*Toda inteligência é uma adaptação; toda adaptação comporta uma assimilação das coisas do espírito, como também o processo complementar de acomodação. Logo, qualquer trabalho de inteligência repousa num interesse. O interesse não é outra coisa, com efeito, senão o aspecto dinâmico da assimilação. Como foi mostrado profundamente por Dewey, o interesse verdadeiro surge quando o eu se identifica com uma idéia ou um objeto, quando encontra neles um meio de expressão e eles se tornam um alimento necessário à sua atividade. Quando a escola ativa exige que o esforço do aluno venha dele mesmo, sem ser imposto, e que sua inteligência trabalhe sem receber os conhecimentos já todos preparados de fora, ela pede simplesmente que sejam respeitadas as leis de toda inteligência.*
> (Piaget,1935/70, p. 72)

Em outro artigo intitulado "Remarques psychologiques sur le travail par équipes", publicado em 1935, Piaget, contrapondo os postulados da escola ativa com as práticas do ensino tradicional, reafirma que um dos princípios da abordagem inovadora é a concepção de que a criança "não é um ser passivo do qual se trata de rechear o cérebro, mas um ser ativo, cuja tendência à pesquisa espontânea tem necessidade de alimentos" (Piaget, 1935/36, p.5).

2.3. Os princípios de cooperação e solidariedade

Os avanços da psicologia na área do desenvolvimento forneceram, portanto, uma base teórica capaz de sustentar a importância do aluno como elemento central do processo de ensino ativo,

O Movimento da Escola Nova 23

ao contrário do que era tradicionalmente praticado. No entanto, a ênfase dada aos atributos psicológicos individuais não foi suficiente para ofuscar totalmente as preocupações político-sociais dos escolanovistas. Dessa forma, os postulados fundamentais da escola ativa, além de destacarem que a origem do movimento escolanovista se inspirava nos aspectos psicológicos da criança, davam destaque também à necessidade de se preparar o educando para a vida solidária em sociedade.

Esses postulados nos remetem a um dos maiores dilemas da ideologia liberal que permeia o ideário escolanovista, o qual poderíamos resumir, como o faz Vinícius da Cunha (1992, p. 8), na seguinte pergunta: "Deve a educação privilegiar o desenvolvimento do indivíduo, valorizando seus traços personalísticos e respeitando suas necessidades particulares, ou deve ter em vista finalidades supra-individuais, ainda que estas impliquem a submissão do educando?"

Num dos extremos, muitos projetos escolanovistas se enveredaram pelo desenvolvimento espontaneísta da criança, revertendo a um plano inferior os objetivos sociais. No outro, a solidariedade e a cooperação entre indivíduos e grupos aparecem em primeiro plano, como objetivos éticos e sociais a serem alcançados pela escola.

Atentos a esse dilema, muitos educadores e psicólogos propunham, já nos anos trinta, saídas pedagógicas para a situação. Piaget (1935b), por exemplo, sustentava a idéia de que o procedimento didático denominado *trabalho por equipes* era adequado ao encaminhamento desse dilema, promovendo o desenvolvimento individual, do intelecto, da moral e da razão. Convém lembrar que o trabalho por equipes nasceu desse dilema de natureza política e "psicológica". Por um lado, "a importância crescente atribuída ao fator coletivo pelas diversas ideologias políticas levou os educadores a desenvolver a vida social em sala de aula", por outro, norteados pelo "respeito à atividade da criança" e pelos "dados da psicologia infantil", os educadores concluíram que "a criança, chegada a um certo grau de desenvolvimento, tende à vida coletiva e ao trabalho comum" (Piaget, 1935b/1936, p. 4).

24 A Difusão das Idéias de Piaget no Brasil

Esse encontro de interesses de aspectos sociais e psicológicos levaram Piaget a proceder a uma análise detalhada das relações envolvidas nos trabalhos por equipes. A análise concluía que, na cooperação entre os membros do grupo, encontrava-se o instrumento necessário à formação do pensamento racional e da solidariedade. Argumentava, ainda, que a razão se desenvolve pouco a pouco na criança, e que a vida em grupo é o meio natural em que se dá a evolução do intelecto.

Em outro artigo, publicado em 1935, discutindo essa mesma questão, Piaget afirma:

A cooperação das crianças entre si apresenta, nesse sentido, uma importância tão grande quanto a ação dos adultos. Do ponto de vista intelectual, é ela que está mais apta a favorecer o intercâmbio real do pensamento e da discussão, isto é, todas as condutas suscetíveis de educarem o espírito crítico, a objetividade e a reflexão discursiva. Do ponto de vista moral, ela chega a um exercício real dos princípios de conduta e não só a uma submissão exterior. Dizendo de outra maneira, a vida social, penetrando na classe (sala de aula) pela colaboração do grupo, implica o ideal mesmo de atividade que precedentemente descrevemos como característico da escola moderna: ela é a moral em ação, como o trabalho ativo é a inteligência em ato. Muito mais, a cooperação conduz a um conjunto de valores especiais como o da justiça baseada na igualdade e o da solidariedade orgânica.

(Piaget, 1935/70, p. 184)

O "trabalho por equipes" configurava-se, então, como essencialmente ativo, na medida em que visava à formação do pensamento, da moral e da solidariedade. Numa perspectiva interacionista, a dimensão social expandia-se de forma ativa na formação psicológica do educando.

Difundia-se então no escolanovismo, com o apoio de Piaget, a concepção de que o pensamento racional, adequado aos princípios liberais, só se desenvolvia por meio da *atividade do educando*. A essa concepção se acrescentava a idéia de que tal desenvolvimento ocorreria principalmente através do trabalho *coletivo e cooperativo*. Esse complemento não deixava de ser uma continuidade da idéia escolanovista, no sentido de aprimorar os métodos pedagógicos para poder atingir, através destes, os objetivos políticos da escola. Essa prática, sem dúvida, iria perpetuar-se ao longo dos anos seguintes[1].

3. A Escola Nova no Brasil

3.1. Características da expansão da Escola Nova no Brasil

O movimento da Escola Nova foi difundido em vários países, com maior penetração, inicialmente, em escolas particulares isoladas. Com isso, organizou-se basicamente na forma de escolas bem equipadas e circunscritas a pequenos grupos de elite. No entanto, por ter sido amplamente divulgado, o ideário escolanovista foi também implementado em alguns sistemas públicos de ensino. Mesmo reconhecendo que sua implantação não se deu de forma estruturada, "penetrou na cabeça dos educadores, acabando por gerar conseqüências também nas amplas redes escolares oficiais organizadas na forma tradicional" (Saviani, 1985, p. 14).

No Brasil, os princípios da Escola Nova foram sendo gradativamente incorporados pelos educadores, mas com um considerável atraso cronológico em relação à sua expansão nos países mais desenvolvidos[2]. E o processo de incorporação ocorreu com uma característica peculiar: diferentemente do que havia acontecido na maioria dos outros países, aqui os princípios escolanovistas começaram a

---

[1] Com a Segunda Grande Guerra, houve um aquecimento do debate sobre a renovação educativa, e os modelos pedagógicos tiveram que incorporar novos aspectos. O conhecimento relativo à criança e aos jovens continuou a ser fundamental, mas passou-se a acreditar que se lograria alcançar o ideal de convivência pacífica entre os cidadãos e entre os povos, quando as nações se modelassem por uma filosofia política que sustentasse esse ideal. Incrementaram-se, então, na pedagogia, idéias psico-sociológicas que já eram veiculadas desde os anos trinta.

[2] Principalmente Alemanha, França, Itália, Inglaterra, Bélgica, Suíça e Estados Unidos, que foram os países onde inicialmente ocorreu maior expansão do movimento.

26 A Difusão das Idéias de Piaget no Brasil

ser difundidos primeiramente em escolas públicas e, posteriormente, em escolas experimentais e jardins de infância de iniciativa privada. Segundo Nagle (1974, p. 240), essa difusão pode ser melhor compreendida em duas fases. A primeira, que se estendeu do final do Império até fins da década de dez, serviu basicamente como simples "preparação do terreno". Inexistiam condições para que os postulados da Escola Nova germinassem de fato. Influenciada pelo clima que dominou o país, alguns anos após a proclamação da República, a questão educacional vinculava-se à formação cívica e moral, orientando-se, então, por aspirações de cunho nacionalista. As atenções voltavam-se para a alfabetização do povo brasileiro, pois o analfabetismo era tido como o problema crucial da nação. Até meados da década de vinte, "não havia surgido um significativo movimento liberal, terreno historicamente apropriado para o desenvolvimento do ideário escolanovista" (Vinícius da Cunha, 1992, p. 19). Nesse período, as tendências escolanovistas introduziam-se, quando muito, como elementos secundários ou auxiliares à formação cívico-nacionalizadora da escolarização.

A segunda fase, que começou a se configurar na década de vinte, caracterizava-se pelo surgimento de idéias renovadoras e, ao mesmo tempo, pela realização dessas idéias, através de reformas no âmbito da instrução pública. No plano político e social, essa época foi marcada pela inquietação da sociedade, especialmente em virtude da emergência de novas forças sociais, com tentativas de reorganização do quadro político, de índole nitidamente liberal. Disseminavam-se, com grande intensidade, as pregações das idéias liberais, bem como as tentativas para sua institucionalização. Essa doutrina aparecia de forma transparente, por exemplo, em 1929, no discurso de Francisco Campos, então responsável pela Secretaria do Interior e Educação no Estado de Minas Gerais:

Nunca nos devemos esquecer de que um regime de liberdade só pode estabelecer-se dentro de um regime de igualdade e de fraternidade, e que, para que os cidadãos sejam irmãos e iguais, preciso é que o Estado ofereça a

O Movimento da Escola Nova
27

todos eles, sem exceção nem privilégios, igualdade de oportunidades para o seu desenvolvimento.
(Campos, 1930, p. 12)

Em consonância com essas idéias e propósitos institucionalizadores, observava-se, no setor educacional, um destaque ao ideário da Escola Nova e um esforço para concretizá-lo nas instituições escolares.

Os educadores brasileiros progressistas dessa época entendiam que era necessária uma educação renovada, que permitisse lançar as bases de uma sociedade com uma orientação social adequada às modernas exigências do século XX. Dessa maneira, pretendiam reduzir o descompasso entre o Brasil e as demais nações industrializadas. A tendência do século, conforme a nova percepção, residia na civilização de base científica, portanto, a educação do povo devia ser colocada sob o "signo neutro" da ciência. Para tanto, a instrução pública teria que superar os limites estreitos dos padrões cívico-nacionalistas e tornar-se uma estratégia de reconstrução social. Na prática, isso significava romper com os modelos considerados tradicionais, a partir da nova perspectiva educacional que então se colocava.

Esses amplos anseios reformistas deram início ao processo de reorganização da educação pública brasileira. Essa reorganização ocorria, quase sempre, através de expressões críticas à escola tradicional, em moldes semelhantes às críticas que o escolanovismo havia feito, em escala universal. O quadro de contestação dos princípios educacionais até então vigentes e de proposições de rearticulação do ensino público acabou criando, evidentemente, condições que abriram caminho à difusão do ideário escolanovista no Brasil — o que pode ser facilmente constatado não só pela freqüência com que se passou a publicar trabalhos sobre assuntos referentes à Escola Nova (Vinícius da Cunha, 1992, pp. 35-80 e Nagle, 1974, pp. 265-271), como também pelas características das reformas realizadas nos Estados. Dentre outras propostas para a reorganização da instrução pública, destacava-se a de se assumir o caráter psicopedagógico decorrente de uma nova concepção de infância, com a aceitação de uma criança ativa, aliada a uma concepção pedagógica de escola ativa.

28 *A Difusão das Idéias de Piaget no Brasil*

Refletia-se, no Brasil, o anseio escolanovista de promover mudanças, através da implementação de novas metodologias subsidiadas pela psicologia. Maiores alterações puderam ser observadas no Ensino Normal e na Escola Primária. Na Escola Normal, por exemplo, as mudanças atingiram fundamentalmente a estrutura curricular, com a introdução de novas matérias e a modificação das antigas, surgindo um conjunto de conhecimentos oriundos das ciências da educação. O currículo passou a integrar outras disciplinas como a biologia educacional, a sociologia educacional, a psicologia e a pedagogia experimental. Nagle (1974, p. 247) relata que a psicologia ocupou um lugar de destaque.

A posição da psicologia é singular nesse quadro. Os estudos psicológicos aparecem sob a forma de psicologia geral, outras vezes com determinadas especificações que revelam modificações importantes no seu conteúdo; por exemplo, neste caso, englobam itens sobre o estudo da criança, do desenvolvimento humano, dos interesses e necessidades, das diferenças individuais. Além disso, aparecem determinadas denominações especiais, que denotam especializações, como é o caso da psicologia do desenvolvimento, da pedagogia, da psicometria, da psicologia educacional e da psicologia das vocações. De uma ou de outra forma, a psicologia aparece, muitas vezes, como o principal domínio científico que fornece os recursos para transformar a escolarização numa técnica altamente racionalizada e, assim, libertá-la de uma série de concepções errôneas, segundo as quais a tarefa educativa é, exclusivamente, questão de tato, de dom, de intuição, de prática, de vocação; com efeito, é por meio dos estudos psicológicos que se conhece a natureza da criança, a dinâmica dos seus interesses e desejos, as leis do seu crescimento mental, as suas tendências.

No primário, que compreendia as quatro séries escolares iniciais, também por influência da psicologia, passou-se a valorizar a inclusão do trabalho livre, da atividade lúdica e do trabalho manual. Adotou-se o princípio da educação pela ação, que tem por base a

O Movimento da Escola Nova 29

atividade, os interesses e as necessidades infantis. Daí a noção de "aprender fazendo", que implica necessariamente mudanças na metodologia educativa.

Analisando essa nova postura no Brasil, Nagle (1974, p. 250) relata que "reage-se contra o didatismo deformador, pois o que importa não é aprender coisas, mas aprender a observar, a pesquisar, a pensar, enfim, aprender a aprender. Ensaiam-se novos métodos e técnicas, novos sistemas de ensino, acompanhados de novas normas pedagógicas, como os centros de interesse, o sistema de projetos, o trabalho por equipes, etc."

Embora essas idéias tenham tido grande penetração, o nível e a forma de incorporação da psicologia variou de acordo com as características da reforma implementada em cada Estado. Algumas reformas, mesmo tendo assumido o "compromisso com a psicologia", apresentaram um caráter mais pronunciadamente "sociológico". Outras elegeram a psicologia como o principal referencial necessário ao seu sucesso.

3.2. As reformas educacionais

Dentro desse "clima" reformista, inaugurou-se um período de entusiasmo educacional e de otimismo pedagógico, que predominou nas reformas educacionais empreendidas em vários Estados, incluindo o antigo Distrito Federal[1]. Geralmente, essas reformas eram realizadas por educadores, chamados pelos dirigentes políticos para promovê-las[2]. Em 1920, Sampaio Dória realizou no Estado de São

---

[1] Para Nagle (1974, pp. 99-100) "uma das maneiras mais diretas de situar a questão consiste em afirmar que o mais manifesto resultado das transformações sociais mencionadas foi o aparecimento de inusitado entusiasmo pela escolarização e de marcante otimismo pedagógico: de um lado, existia a crença de que, pela multiplicação das instituições escolares, da disseminação da educação escolar, será possível incorporar grandes camadas da população na senda do progresso nacional, e colocar o Brasil no caminho das grandes nações do mundo; de outro, existe a crença de que determinadas formulações doutrinárias sobre a escolarização indicam o caminho para a verdadeira formação do novo homem brasileiro (escolanovismo)".

[2] Em 1932, muitos desses educadores foram signatários do Manifesto dos Pioneiros da Educação Nova, saudado na imprensa por Azevedo Amaral como o primeiro pronunciamento de expoentes da cultura nacional no sentido de determinar diretrizes nítidas de um problema nesse período de necessária renovação nacional.

30 A Difusão das Idéias de Piaget no Brasil

Paulo, a primeira dessas reformas do ensino. Nos anos de 1922 e 1923, Lourenço Filho dirigiu-se ao Estado do Ceará para promover a segunda dessas reformas. Na Bahia, em 1924, as mudanças foram encabeçadas por Anísio Teixeira. José Augusto Bezerra de Menezes, no Estado do Rio Grande do Norte, nos anos de 1925 a 1928, deu continuidade a esse movimento reformista. No antigo Distrito Federal, de 1922 a 1926, foi a vez de Antônio Carneiro Leão, que, posteriormente, em 1928, trabalhou com reformas no Estado de Pernambuco. O Paraná iniciou alterações no ensino nos anos de 1927 e 1928, com Linímaco Costa. E, nos mesmos anos, Francisco Campos empreendeu, em Minas Gerais, a renovação do ensino público, criando em Belo Horizonte a Escola de Aperfeiçoamento para Professores.

A adesão ao escolanovismo, por parte desses educadores, contém variações. Alguns proclamaram-se adeptos, outros apenas simpatizantes (Monarcha, 1989). Além disso, como vimos, o movimento escolanovista foi composto por grande número de pesquisadores, teóricos e educadores de diversas influências. Fernando de Azevedo, por exemplo, preocupado com as idéias sociais da reforma no Distrito Federal, foi sensível à sociologia de Émile Durkhein, e, nas alterações que promoveu no Ensino Normal, situou a sociologia como disciplina científica. No entanto, ao elaborar os ideais de ordem pedagógica (interligados com os de ordem social), baseou-se na psicologia de Dewey, Kerschensteiner, Claparède e outros. Segundo Nagle (1974, p. 199), na reforma do Distrito Federal,

> (...) não houve, portanto, filiação a esta ou àquela corrente do movimento escolanovista, a aceitação de uma ou outra com a consciente exclusão das restantes; tentou-se, isto sim, aproveitar e combinar de maneira sui generis os elementos das diversas correntes em que se dividiu o amplo movimento da Escola Nova. Todo esforço foi para criar instituições escolares em que se realizassem os princípios da atividade investigadora experimental do aluno, do respeito pelas leis do desenvolvimento mental da criança,

O Movimento da Escola Nova 31

do exercício normal do trabalho em cooperação, do self-government *e outros afins.*

De um modo geral, as outras reformas também assumiram uma postura, com algumas particularidades. Anísio Teixeira, mais influenciado por Dewey, priorizou a dimensão técnica sobre a política. Lourenço Filho, preocupado com os aspectos pedagógicos, mostrou-se muito influenciado pela psicologia experimental. Antônio Carneiro Leão, por sua vez, interessado nos aspectos organizativos da administração escolar, procurou fazer uma reforma gradativa em Pernambuco. Encontra-se, em uma de suas conferências, o seguinte texto:

> *(...) quanto à orientação, a reforma preconiza uma educação feita na observação e na experiência, aproveitando sempre, em cada disciplina, tudo quanto, em relação às necessidades correntes, possa guiar a inteligência e a vocação. Baseada na atividade construtiva, ela procura servir-se dos métodos ativos pelos trabalhos manuais, pela ação direta da criança nos labores da classe, mas gradativamente, sem a preocupação de transformar, de súbito, pela varinha de condão de artigos de lei, ou de determinações de programas, as velhas escolas em escolas ativas.*
> (Carneiro Leão, em Nagle, 1974, p. 201)

É interessante ressaltar que, com essas reformas ocorridas no Brasil, incorporando as idéias escolanovistas, configurou-se o espaço ocupado na educação pela psicologia, que se expandiria ainda mais nos anos subseqüentes. A valorização da psicologia, enquanto ciência fonte da educação, possibilitou a ampliação de investimentos nessa área. Aumentaram as publicações de psicologia e foram abertos laboratórios de psicologia e psicopedagogia, no país, com propósitos de reorientação e racionalização do trabalho pedagógico. Também passaram a ser freqüentes os convites a pesquisadores estrangeiros para que ministrassem cursos e colaborassem na fundação de laboratórios e na elaboração de projetos educativos no país.

3.3. Laboratórios e publicações

Procurando acompanhar os avanços e as tendências da psicologia e da pedagogia em outros países, os educadores brasileiros, em busca de uma pedagogia científica, começaram a conciliar a "fase heróica" de "trabalho autodidata"[1] com o trabalho institucional, criando, juntamente com outros profissionais, laboratórios de psicologia para realizar pesquisas e prover os professores de uma formação "psicológica". Aos poucos, o nome de Piaget ia aparecendo nesse contexto.

Criado pelo Governo Federal, em 1890, já existia no Rio de Janeiro, antigo Distrito Federal, o Pedagogium, instituição pedagógica pioneira na adoção da psicologia no país. Em 1906, um leitor assíduo de William James, Medeiros e Albuquerque, então diretor de instrução pública, fundou no Pedagogium o Laboratório de Psicologia Pedagógica. Em 1909, foi instalado, na cidade de Amparo (SP), um Gabinete de Psicologia Experimental. Em 1912, o professor Clemente Quaglio, a convite do Governo do Estado de São Paulo, organizou o Gabinete de Psicologia Experimental da Escola Normal da Praça da República. Em 1914, inaugurou-se o Laboratório de Pedagogia Experimental da Escola Normal Secundária de São Paulo, cuja direção foi entregue a Ugo Pizzoli. Dos trabalhos desenvolvidos nesse laboratório resultou a publicação *O Laboratório de Pedagogia Experimental*, em que se encontram monografias sobre assuntos como: associação de idéias, raciocínio, memória, classificação dos tipos intelectuais e grafismo infantil.

Mas foi a partir dos anos vinte, com as renovações educacionais e a expansão do escolanovismo, que se fortaleceram consideravelmente as relações entre a psicologia e a educação, intensificando a criação de laboratórios de psicologia[2]. Nesse contexto alguns núcleos de pesquisas se destacaram.

---

[1] Denominações atribuídas por Lourenço Filho à fase anterior à criação das universidades (Lourenço Filho, em Azevedo, 1954, pp. 263-95).

[2] A psicologia no Brasil começou a evoluir no período colonial, produzida pela elite e por religiosos. Mais tarde, o maior número de suas produções ocorreu no campo da medicina social. Posteriormente, somou-se a contribuição dos educadores e de outras áreas. (A esse respeito, ver em Marina Massini Guedes, 1987).

O Movimento da Escola Nova

Em 1925, por iniciativa de Ulisses Pernambucano, médico e diretor da Escola Normal, foi criado em Recife o Instituto de Psicologia, anexo ao Departamento de Saúde e Assistência do Estado de Pernambuco. Juntamente com Anita de Paes Barretto, Ulisses Pernambucano iniciou uma série de pesquisas sobre as crianças da região, com a padronização de testes psicológicos e a publicação de numerosos trabalhos sobre medidas mentais. Anita Barretto relatou como se concretizaram seus trabalhos:

> (...) acontece que Ulisses Pernambuco, sendo psiquiatra social e tendo o poder nas mãos, tratou de fazer uma reforma na Escola Normal e, no meio dessa reforma, ele propôs ao governador incluir o projeto de criação de uma escola para crianças que, naquele tempo, eram chamadas de anormais e do Instituto de Psicologia. Isso foi de 1923 para 1924. (...) Essa escola deveria ser acompanhada por uma especialização psicológica. Mais tarde, com a criação do Instituto de Psicologia, foi transferida para lá. Ele era o diretor, eu era a primeira auxiliar. O fato é que a escola passou a funcionar no Instituto e logo depois foi fechada. Passou a ser uma escola comum e eu fiquei trabalhando no Instituto de Psicologia. Como Instituto, nós começamos a fazer realmente pesquisas e tradução de testes psicológicos. Em 1925, fizemos a tradução da Escala de Binet, que serviu de base até na Bahia. Fiz a padronização de testes para crianças. Esses trabalhos eram publicados em artigos na revista Ciência Psicopata, uma revista de neurologia. Na época, líamos Binet, Simon, Claparède, Piaget e muitos outros. Claparède foi realmente um dos psicólogos que eu estudei. Ele chegou aqui em 1929. De Piaget eu li muita coisa, um pouco mais tarde. Eu sempre estudei, mas não me filiei a nenhuma escola. Eu acho que foi a psicologia que me jogou na educação. Eu nunca abandonei a educação e a psicologia, porque acho que, sem a psicologia, a educação não podia fazer nada, passaria a ser uma coisa sem o verdadeiro conhecimento do elemento com o qual a gente precisa trabalhar. E por isso eu passei a trabalhar na educação, porque acho que a

34 A Difusão das Idéias de Piaget no Brasil

psicologia é fundamental na educação, senão a educação seria algo muito arbitrário. Que direção ela poderia tomar se não tivesse base psicológica?

Em 1924, o polonês Waclaw Radecki, ex-assistente de Claparède e colega de Piaget, dirigiu o Laboratório de Psicologia da Colônia de Psicopatas do Engenho de Dentro, no Rio de Janeiro. Em 1932, o Laboratório foi transformado em Instituto de Psicologia do Ministério da Educação e, em 1937, foi incorporado à Universidade do Brasil. Nesse Instituto, o professor Antonio Penna ministrou, nos anos quarenta, cursos de psicologia do desenvolvimento que incluíam as teses de Piaget sobre a inteligência da criança. Já em 1958, a Universidade do Brasil e o Instituto de Psicologia patrocinaram a tradução do livro *La Psychologie de l'Intelligence* (1947), que foi o primeiro livro de Piaget publicado no Brasil.

Em São Paulo, Lourenço Filho assumiu a cadeira de psicologia e pedagogia, da Escola Normal da Praça da República, no ano de 1925. A sua presença nessa disciplina influenciou em grande parte os rumos trilhados pela psicologia brasileira, contribuindo para que as idéias de Piaget começassem a circular pelo Brasil. A respeito de Lourenço Filho, Almeida Júnior (s.d., p. 39) fez o seguinte comentário:

Claparède e Pièron, dos quais se fez amigo, mostraram-lhe os caminhos da melhor psicologia experimental — o que lhe permitiu libertar essa disciplina, em São Paulo, do lombrosismo primário em que a haviam enclausurado. Dewey, Montessori, Decroly e outros acentuaram-lhe, no espírito, onde se embocaram, desde a juventude, as linhas mestras da sua escola nova, a cuja edificação ele iria dedicar-se agora com afinco.

A reativação do laboratório de Ugo Pizzoli, na Escola Normal, por Lourenço Filho, mostrou-se profícua. Juntamente com as professoras Noemi Silveira, Branca Caldeira, Irene Munis, Odalívia Toledo e o professor João Batista Damasco Penna, ele realizou trabalhos de pesquisa envolvendo testes de desenvolvimento e de maturidade necessária à aprendizagem da leitura e da escrita. Em

O Movimento da Escola Nova   35

1932, sua discípula Noemi Silveira, substituindo-o na cátedra de psicologia aplicada à educação, no Curso de Aperfeiçoamento do Instituto Caetano de Campos, antes Escola Normal, publicou as *Lições de Psychologia Educacional*. Nesse texto, a autora discorria sobre as várias escolas psicológicas, tendo por objetivo demonstrar que a cada concepção de espírito corresponde uma concepção de ensino e aprendizagem. Recomendava autores como William James, Pierre Janet, Wertheimer, Pièron, Binet, Dewey e Piaget. Ao expor o programa da "Lição II" sobre a *Origem da Psychologia da Mente Substantiva*, sugeria a leitura da obra *Le langage et la penseé chez l'enfant* e *La causalité physique chez l'enfant*, de Jean Piaget (Noemi Silveira, 1932, pp. 8-9).

Em 1930, Lourenço Filho assumiu a Diretoria Geral do Ensino do Estado de São Paulo, órgão responsável pela publicação da *Revista Educação*, desde 1927. Essa revista passou a chamar-se *Escola Nova*, sendo cada número dedicado a um tema específico da área educacional. Em 1931, interrompeu-se a série, e o periódico passou a se chamar *Educação*. Em 1933, foi adotado o título de *Revista da Educação*, que teve publicação assegurada até 1960. Durante todo o tempo de existência da revista, pôde-se observar que havia grande preocupação em se "difundirem novas concepções pedagógicas entre o professorado, através da exposição de princípios e de técnicas que pudessem incentivar o educador a desenvolver um processo de ensino que valorizasse o trabalho do aluno (Vinícios da Cunha, 1992, p.38). Muitas das matérias publicadas eram da autoria de professores e administradores vinculados à rede pública, retratando a penetração do escolanovismo entre o professorado. Além disso, tornou-se freqüente a transcrição de artigos de autores estrangeiros, mostrando a preocupação em colocar o educador brasileiro a par do pensamento internacional. Foi publicada nessa revista a primeira tradução, para o português, feita em 1936 por Luiz G. Fleury, de um artigo de Jean Piaget intitulado *Remarques psychologiques sur le travail par équipes* (Piaget, 1935b)[1]. Esse

---

[1] Artigo traduzido com o título "O trabalho por equipes na Escola: aspectos psicológicos".

36   A Difusão das Idéias de Piaget no Brasil

artigo ganhou grande repercussão entre o professorado e, anos depois, ainda podemos verificar que a idéia do trabalho cooperativo em equipes continua sendo difundida nas escolas. Em 1952, a Profª Maria Aparecida de Val Ramos, Vice-Diretora da Escola Normal e Ginásio Estadual de Caçapava, escreveu para a *Revista de Educação* o artigo "O Ensino Ativo nas Escolas Normais", em que faz referência às idéias piagetianas de trabalho por equipes:

> *Uma das formas mais interessantes de se orientar o curso normal, dentro dos novos objetivos expostos, é, sem dúvida, o método do ensino global, através de projetos de interesse ou ainda de trabalho por equipes.*
>
> (Val Ramos, 1952, p. 62)

Em 1935, já se podia encontrar alusão a essas idéias. O Prof. Onofre Penteado Júnior, em um artigo intitulado "A Formação Profissional nas Escolas Normais Livres", sugeria que a classe fosse "dividida em equipes ou em grupos de trabalho, escolhendo os próprios alunos os seus companheiros" (Penteado Júnior, 1935, p. 9).

A convite da Companhia Editora Melhoramentos de São Paulo, Lourenço Filho organizou a Biblioteca de Educação, no ano de 1927. Junto com um grupo de professores da Escola Normal da Praça da República, empreendeu a tradução de títulos destinados a dar maior clareza às relações entre a psicologia e a educação. De 1927 a 1930, a Biblioteca publicou dez títulos. Assim, por exemplo, Lourenço Filho traduziu, de Henri Pièron, *Psicologia Experimental*; de Edouard Claparède, *A Escola e a Psicologia Experimental*; de Binet-Simon, *Testes de Medida de Inteligência*. Noemi Silveira, por sua vez, traduziu, de William Heard Kilpatrick, *Educação para uma Civilização em Mudança* e, de Adolfo Ferrière, *A Lei Biogenética e a Escola Ativa*. Além dessas traduções e de outros títulos, integraram a Biblioteca de Educação outras obras, que faziam, como Claparède e Ferrière, várias referências aos trabalhos de Piaget. Nessa mesma época, ao lançar pela Editora Melhoramentos a terceira edição de seu livro *Introdução ao Estudo da Escola Nova*, Lourenço Filho cita as obras *Le Jugement et le Raisonnement chez l'Enfant* (Piaget, 1924) e *La Représentation du Monde chez l'Enfant* (Piaget, 1926), e, ao incluir na explicação da característica central do programa de Decroly a compreensão do egocentrismo da criança, diz que "ninguém tem tratado tão claramente deste assunto como Jean Piaget" (Lourenço Filho, 1933, p. 140).

3.4. A Escola de Aperfeiçoamento Pedagógico: a missão Claparède e as primeiras referências ao "jovem pesquisador"

Em 1929, foi criado o laboratório de psicologia da escola de aperfeiçoamento pedagógico, em Belo Horizonte, uma das instituições que mais contribuiu, na época, para a divulgação da psicologia e de autores estrangeiros no Brasil. O laboratório foi criado sob a direção de Th. Simon, companheiro de Binet em suas investigações, e Leon Walther, um dos assistentes de Claparède. No mesmo ano, Helena Antipoff, também assistente de Claparède e colega de Piaget, radicada no Brasil, assumiu o Laboratório dirigindo-o até sua extinção, em 1946.

A Prof<u>a</u> Iris Barbosa Goulart, ex-aluna de professoras mineiras que trabalharam com Helena Antipoff na Escola de Aperfeiçoamento e conhecedora da História da Educação do Estado de Minas Gerais, descreve o contexto de criação dessa escola e das primeiras referências a Piaget:

Em 1920, começou a se pensar, em Belo Horizonte, na necessidade de se melhorar o ensino. Nessa época implantaram-se as reformas da Escola Nova no Rio, em São Paulo, na Bahia, nos principais Estados da Federação. Então em Minas, em 1927, no governo Antônio Carlos Silveira de Andrada, pensou-se em fazer a Reforma do Ensino Normal, preparando melhor os professores. Surgiu, então, um movimento que foi liderado por Francisco Campos, secretário da Educação e Interior e que mais tarde veio a ser ministro. Francisco Campos

38 A Difusão das Idéias de Piaget no Brasil

pensava muito grande e resolveu propor que se trouxesse a Belo Horizonte uma missão européia, composta por pessoas profundamente identificadas com o movimento escolanovista europeu. Então, nesse movimento vieram Th. Simon, Leon Walther e uma série de pessoas. Vale a pena lembrar Helena Antipoff e Edouard Claparède. Então esses professores, chamados de missão européia, vieram imbuídos daquela variedade de idéias, aquelas idéias da Escola Nova. Claparède esteve aqui duas vezes, em 1930 e 1932. Nessa época, já havia um encantamento de Claparède por Piaget. Então, nós podemos dizer que foi exatamente em 1929 e 1930 que Piaget apontou aqui, via Helena Antipoff e Claparède. Posteriormente, esse Curso de Aperfeiçoamento transformou-se na Escola de Aperfeiçoamento. A produção de alunos, que constituía o que a gente poderia chamar de elite do magistério, na época, estava em sintonia com o que acontecia na França, principalmente em Genebra, a ponto de artigos escritos pelo pessoal da Escola de Aperfeiçoamento serem publicados na revista do Instituto Rousseau, os Archives de Psychologie, *em Genebra. (...) Eu não incluiria Piaget dentro da Escola Nova européia, mas quando Minas Gerais implantou a sua reforma escolanovista, eu não tenho a menor dúvida de que Piaget integrou esse quadro.*

Durante o período em que Antipoff dirigiu o Laboratório, muitos pesquisadores e educadores europeus ministraram cursos na Escola de Aperfeiçoamento Pedagógico. Esses cursos foram freqüentados por normalistas e professores de vários Estados brasileiros, que passaram a se dirigir a Belo Horizonte, com a intenção de aprimorar a formação, conhecendo as novidades da pedagogia e da psicologia. As informações, na sua grande maioria, vinham de Genebra, do Instituto Jean-Jacques Rousseau, centro de pesquisa dirigido por Edouard Claparède, em que havia trabalhado Helena Antipoff e no qual, desde 1921, trabalhava Piaget (co-diretor do Instituto com Claparède e P. Bovet, a partir de 1932). Vários desses pesquisadores, que vieram a convite de Helena Antipoff, passaram pelo Rio de

O Movimento da Escola Nova   39

Janeiro e por São Paulo[1]. Nessas viagens, divulgavam os trabalhos do Instituto Jean-Jacques Rousseau e também do "jovem pesquisador" Jean Piaget.

Terezinha Rey[2], mineira e ex-aluna de Helena Antipoff, que morava em Genebra e acompanhava os trabalhos do Instituto Jean-Jacques Rousseau, quando visitou o Brasil, em 1992, declarou:

É preciso entender que a Escola de Aperfeiçoamento e o Laboratório foram implementados seguindo o modelo das pesquisas desenvolvidas em Genebra, com o objetivo de preparar os professores em vistas dos problemas de aprendizagem. Dona Helena, sendo amiga de Claparède, tinha acesso a todos os pesquisadores do I.J.J. Rousseau. Claparède, quando esteve aqui no Brasil, divulgava os nomes dos que trabalhavam com ele: André Rey, Piaget, todos. Vieram muitas pessoas. Essas visitas continuaram, em 1932, quando Dona Helena criou a Sociedade Pestalozzi, e também depois de 1940, quando criou a escola rural da Fazenda do Rosário. Ela trazia gente de fora e de toda parte do Brasil.

A partir da década de quarenta, por iniciativa de Helena Antipoff, foi desenvolvido um amplo trabalho de integração de profissionais de Minas Gerais e de outros Estados brasileiros, principalmente do Rio de Janeiro (antigo Estado da Guanabara), de São Paulo e do Rio Grande do Sul. Foram organizadas jornadas, seminários, reuniões de associações científicas, com grande otimismo "psicológico" e pedagógico. Além dos pesquisadores estrangeiros, chegavam a Belo Horizonte psicólogos e educadores de renome nacional. Em 1940, por exemplo, na *Primeira Jornada de Assuntos Psicológi-*

---

[1] Entre outros, vieram Claparède, Pierre Bovet, Pierre Janet, Pièron, Leon Walther, Bela Szekely, Ombredane, André Rey e Mira y Lópes.

[2] Terezinha Rey casou-se, em 1957, com André Rey. André Rey trabalhou desde 1929 no Instituto Jean-Jacques Rousseau preenchendo a vaga deixada por Helena Antipoff. Foi colega de pesquisa de Piaget e, a partir de 1940, com a morte de Claparède, assumia juntamente com Piaget a responsabilidade pelos Archives de Psychologie, revista fundada em 1900 por Claparède e Flournoy .

cos, participaram Noemi Silveira Rudolfer, Ofélia Boisson Cardoso, Betty Katzenstein, Aniela Ginsberg e muitas outras. Reuniões dessa natureza passaram a ocorrer também em outras capitais brasileiras. Nesses eventos, circulavam publicações de pesquisadores europeus, principalmente os *Archives de Psychologie*, revista na qual era publicada a maioria dos trabalhos de Piaget. Aumentava, assim, em terras brasileiras, a divulgação das investigações feitas pelo "jovem pesquisador".

Aproximação entre Piaget e a Educação no Brasil

Assim é, se lhe parece.
(Luigi Pirandello)

Considerando em seu conjunto, o grande foco de interesse da obra de Jean Piaget foi elaborar uma teoria do conhecimento, que implica saber como o ser humano consegue organizar, estruturar e explicar o mundo em que vive. Essa preocupação o conduziu a pesquisar em que circunstância se passa de um estado de menor conhecimento para um estado de maior conhecimento. Utilizando-se do método clínico e estudando as ações das crianças, Piaget construiu uma teoria a respeito do nascimento da inteligência e das operações envolvidas na construção do pensamento racional.

Desde o início de suas investigações científicas, Piaget imprimiu, aos seus trabalhos, um caráter epistemológico. Tais trabalhos não se vinculavam diretamente à educação, com exceção de poucos, escritos por solicitação de órgãos educacionais. No entanto, despertaram, desde a década de vinte até os dias de hoje, grande interesse entre educadores e foi quase que exclusivamente na área educacional que se difundiu a obra de Piaget. A partir dos anos cinqüenta, seguindo o exemplo interdisciplinar dos trabalhos desenvolvidos no Centro Internacional de Epistemologia Genética, fundado em 1955, em Genebra, pesquisadores de várias áreas do conhecimento começaram a se dedicar a pesquisas piagetianas.

No Brasil, a associação do nome de Piaget à educação deve-se à conjunção de vários fatores, que emanam dos conceitos intrínsecos à sua teoria e, como foi relatado no capítulo anterior, do contexto histórico, propício à incorporação desses conceitos.

Interessavam, e ainda hoje interessam muito, aos educadores brasileiros, concepções que retratavam o desenvolvimento psicológico da criança, como as formuladas por Piaget, baseadas em uma

42 A Difusão das Idéias de Piaget no Brasil

proposta teórica que descreve a evolução das competências intelectuais. Além disso, o próprio trajeto institucional que Piaget trazia em seu currículo era altamente respeitado nos meios educacionais, particularmente entre os escolanovistas. Esse trajeto, sem dúvida, propiciou a circulação das idéias de Piaget nos meios educacionais e contribuiu para que, no Brasil, Piaget aparecesse aos olhos de educadores e psicólogos como um pesquisador ligado a questões pedagógicas, como veremos no decorrer deste capítulo.

Iniciarei com a apresentação de alguns dados biográficos pertinentes para demonstrar como as pesquisas iniciais de Piaget desembocaram em estudos sobre psicologia infantil. Em seguida, especificarei os seus trabalhos institucionais e alguns aspectos que marcaram a evolução de sua obra e que promoveram a aproximação entre os resultados de suas investigações sobre psicologia infantil e princípios pedagógicos, particularmente no âmbito da escola brasileira, até os anos cinqüenta. Concluirei com comentários relativos à aplicabilidade pedagógica da teoria piagetiana, destacando a penetração da obra de Hans Aebli no contexto educacional brasileiro e os trabalhos desenvolvidos por Lauro de Oliveira Lima, durante as décadas de sessenta e setenta.

1. O jovem pesquisador de psicologia infantil

Jean Piaget (1896-1980), nasceu na cidade de Neuchâtel, na Suíça. Desde cedo, revelou-se um naturalista interessado em moluscos e biologia. Desenvolveu pesquisas com lesmas lacustres e, em 1909, aos 13 anos de idade, publicou um artigo sobre o tema. Em 1915, licenciou-se pela Universidade de Neuchâtel, doutorando-se três anos depois com uma tese sobre os moluscos de Valois. Em 1916, já havia publicado 35 artigos em revistas científicas e jornais especializados, a maioria deles relativos à zoologia e à biologia.

Após os primeiros contatos com a filosofia de Bergson, estudou Kant, Spencer, Comte, Lalande, Durkheim e, em psicologia, W. James, Ribot e Janet. Desde essa época, passou a interessar-se por

Aproximação entre Piaget e a Educação no Brasil 43

questões de natureza epistemológica e acerca da organização do conhecimento dos seres vivos. Começou, então, a refletir sobre o papel da ação em relação a esse conhecimento. Levantando a hipótese de que a ação comporta em si uma lógica, concluiu, por conseqüência, que "a lógica tem a sua fonte em uma espécie de organização das ações" (Piaget, 1976, pp. 38-39). Essas questões, inicialmente colocadas dentro dos limites da biologia e da filosofia, logo começaram a ser estudadas também sob a perspectiva da psicologia. Piaget acabou concluindo que, em todos os domínios da vida (orgânica, mental e social), existem totalidades qualitativamente distintas de suas partes e que lhes impõem uma organização. Conseqüentemente, não há elementos isolados. Portanto, para Piaget, a realidade se dá na relação entre o todo e as partes.

Seguindo essa linha de raciocínio, Piaget interessou-se pela teoria dos conjuntos matemáticos, por parecer-lhe que mantinha forte relação com a tese do equilíbrio entre as partes e o todo. Delineava-se, desse modo, a sua vocação multidisciplinar que incluiria, principalmente, a biologia, a filosofia, a matemática, a lógica, a epistemologia e a psicologia.

Procurando testar o seu "sistema" dentro dos limites mais concretos da ciência, Piaget recorreu à experimentação no âmbito da psicologia. No outono de 1918, seguindo esse caminho, viajou para Zurique disposto a trabalhar no laboratório de F. C. Lipps e na clínica psiquiátrica de Bleuler, que tinha como assistente C.G. Jung[1].

Nessa época, começou suas viagens para a França, a fim de freqüentar, na Universidade de Paris, os cursos de psicologia com P. Janet e de filosofia da ciência com André Lalande, entre outros. A permanência de Piaget em Paris proporcionou uma mudança substancial em sua carreira. Convidado por Th. Simon para trabalhar no laboratório de Alfred Binet, na padronização dos testes de inteligên-

---

[1] Influenciado pela psicanálise, Piaget chegou a apresentar em Berlim, em 1922, na presença de Freud, no VII Congresso Institucional de Psicanálise, um estudo sobre paralelos entre atividade simbólica e pensamento. Porém, aos poucos, decresceu seu interesse por essa linha de pensamento.

cia de Cyril Burt, para as crianças francesas, dedicou-se também à observação de crianças anormais, nas clínicas Salpetrière e Ste. Anne, propondo-lhes questões sobre "respostas erradas" e "manipulação de materiais". Interessou-se pelo "como e porquê" das "respostas erradas" dessas crianças, e passou a vislumbrar que tais erros constituíam uma expressão e um modo de pensar comuns a todas as crianças.

> *Ora, desde as minhas primeiras investigações observei que, apesar dos testes de Burt terem méritos certos quanto ao diagnóstico, fundamentados que eram nos números de sucessos e insucessos, era muito mais interessante descobrir as razões dos insucessos. Assim, entabulei, com meus sujeitos, conversações do tipo de interrogatórios clínicos, com o objetivo de descobrir algo sobre o processo de raciocínio que se encontra por trás de suas respostas precisas, e com um interesse particular pelo que camuflavam as respostas falsas.*

> (Piaget, 1976, p. 9)

Foi em Paris que surgiram seus primeiros trabalhos escritos sobre a psicologia do desenvolvimento. Um deles tratava da compreensão infantil das relações entre a parte e o todo. Piaget descobriu, por exemplo, que muitas crianças, entre 9 e 10 anos de idade, não entendiam que um ramalhete de flores não é amarelo, quando só uma parte dele era composta por flores amarelas (Piaget, 1921). Num outro trabalho, ele observou que crianças mais novas, convidadas a comparar varetas de comprimento variado, em vez de compararem uma com a outra, simplesmente diziam: "A é grande — comprida —", "B é pequena — curta" (Piaget, 1923). Quando apresentou esse trabalho para reprodução nos *Archives de Psychologie*, o editor Edouard Claparède o aceitou com entusiasmo. Atento à originalidade dos trabalhos e da metodologia utilizada por Piaget, ofereceu-lhe, no Instituto Jean-Jacques Rousseau, instituição em que era diretor, o cargo de assistente superior. Em 1921, Piaget assumiu suas novas funções.

Aproximação entre Piaget e a Educação no Brasil 45

2. O trabalho com Claparède no Instituto Jean-Jacques Rousseau

Edouard Claparède (1873-1940) era considerado, juntamente com Th. Simon e Alfred Binet, um dos maiores nomes da psicologia européia, nas primeiras décadas do século. Médico, biólogo, e dedicado à psicologia experimental, realizou estudos sobre necessidades e adaptações biológicas. Era o maior representante da psicologia funcional européia. Em 1901, fundou com Teodor Flournoy os *Archives de Psychologie*, periódico que mais tarde alcançaria divulgação em dezenas de países e no qual Piaget publicou grande parte de suas pesquisas.

A preocupação de Claparède com os "métodos pedagógicos antiquados" fez com que se dedicasse intensamente à "psicologia pedagógica" (Claparède, 1961, p. 45). Nessa direção, em 1906, organizou em seu Laboratório de Psicologia, em Genebra, um Seminário de Psicologia destinado a iniciar os futuros educadores nos métodos da pedagogia experimental e na psicologia da criança. Estimulado por esses propósitos, abriu, em 1912, uma escola das ciências da educação, à qual deu o nome de Instituto Jean-Jacques Rousseau.

Terezinha Rey, casada com André Rey[1], psicólogo que trabalhou durante muitos anos no Instituto Rousseau, em visita ao Brasil, em 1992, relatou a origem do Instituto:

A gente tem que ver um pouco da história da psicologia para entender por que o Instituto foi criado. O governo francês, diante do número muito grande de crianças que repetiam o ano, pediu, para Binet e Simon (ambos médicos), para fazerem uma pesquisa para ver o que acontecia e o que eles sugeriam para acabar com o problema da dificuldade nos primeiros anos escolares. Em 1906, fizeram uma medição para homogeneizar as classes.

---

[1] Após a morte de Claparède, André Rey e Piaget ficaram responsáveis pelos *Archives de Psychologie*.

A Difusão das Idéias de Piaget no Brasil

Ao mesmo tempo, na Bélgica, Decroly teve a mesma preocupação e fez um trabalho semelhante. Em 1908, Claparède, em Genebra, havia começado a pesquisar sobre o problema da diferença de nível de compreensão das crianças, o que tornava a repetição muito freqüente. Em 1912, ele fundou o I.J.J. Rousseau para preparar os professores, de maneira que eles tivessem uma formação adequada, em vista do problema de aprendizagem dos alunos de primeiro ano. Foi nesse panorama que foi criado o Instituto Jean-Jacques Rousseau.

O Instituto tornou-se, já nos anos vinte, referência básica para os movimentos educacionais progressistas que despontaram em todo o mundo. Sob a coordenação de Claparède e Pierre Bovet, orientavam-se pesquisas dentro de uma concepção *funcional* de educação e preconizava-se o modelo da *criança ativa*.

(...)achamos que, já de início, a psicologia infantil autorizava certas induções para a prática da educação e professamos uma concepção funcional da educação, apresentada por nós não como um dogma, e sim como a maneira de ver mais de acordo com tudo o que sabemos das leis da conduta humana. Tal concepção funcional consiste em encarar os processos mentais como funções que entram espontaneamente em ação, e que, por conseguinte, para tornar a criança ativa, basta colocá-la em circunstâncias próprias para despertar essas necessidades, esses desejos. Empenho-me em dizer o quanto foi estimulante para mim encontrar, nos escritos notáveis de John Dewey, o desenvolvimento da concepção funcional, a que eu mesmo tinha sido conduzido, por minha interpretação biológica da atividade mental.

(Claparède, 1961, p. 52)

Em 1921, Piaget foi trabalhar no Instituto, integrando-se a um meio voltado para questões educacionais e para a psicologia da criança. Encantado com as novas possibilidades de pesquisa, assumiu, de fato, o estudo de crianças, que o conduziria mais tarde à sua teoria do nascimento da inteligência. Na verdade, o trabalho

Aproximação entre Piaget e a Educação no Brasil 47

com crianças era uma condição que Claparède impunha para que Piaget iniciasse as pesquisas no Instituto.

> *Notei imediatamente que Claparède e Bovet eram patrões ideais, que me deixariam livre para trabalhar conforme meus desejos. Meu trabalho consistia simplesmente em orientar os estudantes e ligá-los à pesquisa que me pediam que fosse feita de acordo com as minhas idéias, desde que se tratasse de psicologia da criança.*
>
> (Piaget, 1976, pp. 12-13)

Esse trabalho o levaria a estudar as estruturas elementares do pensamento infantil, contribuindo para aperfeiçoar o método clínico como o procedimento de pesquisa que passaria a utilizar. Nesse sentido, Piaget trabalhou com crianças da Maison des Petits do Instituto Rousseau e com alunos das classes primárias de Genebra. Os resultados dessas pesquisas estão expostos em seus primeiros livros sobre a psicologia da criança: *A Linguagem e o Pensamento da Criança* (1923), *O Juízo e Raciocínio da Criança* (1924), *A Representação do Mundo na Criança* (1927) e *O Juízo Moral na Criança* (1932).

Desses estudos surgiu a noção de "egocentrismo", conceito que desempenharia importante papel na obra piagetiana, e que, mais tarde, seria amplamente apreendido pelos educadores interessados em traduzir as idéias de Piaget para a pedagogia. Para Piaget, a construção do mundo objetivo e a elaboração do raciocínio lógico consistem na redução gradual do egocentrismo da criança, em favor de uma socialização progressiva do pensamento. Essas idéias também levaram os educadores a refletir a respeito das diferenças entre as práticas pedagógicas que deveriam ser dirigidas à criança egocêntrica e à criança com raciocínio descentralizado, estimulando o debate sobre a natureza das práticas pedagógicas que deveriam ser utilizadas, considerando-se as diferentes fases de desenvolvimento da criança.

A originalidade das pesquisas de Piaget, o trabalho no Instituto Rousseau e as recomendações de Claparède haviam levado Piaget a adquirir certa projeção entre os educadores. A obra *A Lin-*

48   A Difusão das Idéias de Piaget no Brasil

guagem e o Pensamento da Criança, considerada a estréia de Piaget na psicologia, ao receber de Claparède um prefácio cheio de elogios, despertara curiosidades. Além disso, em suas viagens internacionais, Claparède costumava indicar aos educadores e psicólogos a leitura das obras do jovem pesquisador. Suas indicações referiam-se tanto ao conteúdo das pesquisas, sobre a psicologia infantil, quanto à metodologia inovadora utilizada por Piaget. Claparède afirmava que as pesquisas de Piaget ofereciam uma visão inteiramente nova do espírito da criança e que, até então, a noção da mentalidade infantil era um "quebra-cabeças em que faltavam peças essenciais" (Claparède, em *Piaget*, 1923, prefácio).

O professor Antonio Gomes Penna, que fez a apresentação do livro *A Linguagem e o Pensamento da Criança*, quando publicado no Brasil em 1959, afirmou que Claparède foi um dos responsáveis pela divulgação das idéias de Piaget no Brasil e relatou o "clima" carioca em que isso ocorreu:

> *Na década de trinta, a influência da escola funcionalista européia era muito grande, principalmente vindo da principal figura da Escola Ativa que era Claparède e que havia escrito uma obra extremamente significativa com o título de* Educação Funcional. *Logo, as indicações elogiosas de Claparède a Piaget tiveram implicações na repercussão de seu nome nos meios intelectuais. Isso se verificou desde os anos trinta, quando o livro* A Linguagem e o Pensamento da Criança *já se fazia presente no Rio de Janeiro. Meu contato com as obras de Piaget ocorrera na década de quarenta, época em que poucos conheciam Piaget, mas eu já conhecia* A Linguagem e o Pensamento da Criança *e outras obras iniciais. Nas obras posteriores, Piaget concedeu à ação uma importância central em sua idéia. Eu vejo que essa importância da ação tem relação com a importância do fazer. É uma coisa comum tanto na corrente funcionalista, que no domínio da educação criou a escola chamada Ativa, quanto na perspectiva piagetiana. A concepção piagetiana é uma concepção perfeitamente compatibilizada com a perspectiva desenvolvida por*

Aproximação entre Piaget e a Educação no Brasil 49

Dewey e Claparède, e era encarada assim pelas pessoas interessadas em educação e que conheciam Piaget. Olha, em psicologia educacional, o Piaget, na década de quarenta, soava mais fácil, também em função de toda a sua obra voltada para a psicologia da criança, que era compatível com os objetivos da Escola Ativa. Na verdade, o tema da linguagem também despertava interesse no Brasil, principalmente no Distrito Federal. Pessoas que trabalhavam na Escola Normal do Rio ou na Faculdade Nacional de Filosofia tinham interesse e conheciam Piaget. O médico Manoel Bonfim, que foi uma figura fantástica, que é muito pouco conhecido entre nós, publicou, em 1923, um livro com o título O Pensar e o Dizer. Você repara como a temática é a mesma do Piaget, ele apenas usou a expressão "pensar e dizer" no lugar de "pensamento e linguagem", mas no mesmo ano, em 1923. Enfim, foram pessoas interessadas em psicologia educacional, os primeiros a conviver com as obras de Piaget.

Em 1929, Piaget assumiu a tarefa de reorganizar o Instituto Rousseau, tornando-se seu diretor adjunto e, em 1932, co-diretor com Claparède e Bovet. Em 1933, o Instituto Rousseau foi incorporado à Universidade de Genebra como Instituto de Psicologia e Ciências da Educação. Nessa época retomou, em escala maior, suas pesquisas de psicologia infantil, tendo como principais colaboradores Alina Szeminska e Bärbel Inhelder. Com estudos voltados sistematicamente para os problemas da ação (manipulação de objetos), eles pesquisaram o desenvolvimento do número, as quantidades físicas e as relações espaço-temporais. Esses estudos foram publicados em 1941, no livro em co-autoria com Szeminska *A Gênese do Número na Criança* e no livro com Inhelder *O Desenvolvimento das Noções de Quantidades Físicas nas Crianças.*

No mesmo período, mediante minuciosa observação de seus três filhos (Jaqueline, Lucienne e Laurent, nascidos em janeiro de 1925, junho de 1927 e maio de 1931), Piaget coletou material para outras três obras. Em *O Nascimento da Inteligência na Criança* (1936), descreveu o desenvolvimento desde os reflexos inatos da

50 A Difusão das Idéias de Piaget no Brasil

criança, passando pelos primeiros hábitos aprendidos e chegando aos atos de representação, correspondentes aproximadamente à idade de um ano e meio. Na segunda obra, *A Construção do Real na Criança* (1937), estudou a questão da causalidade, envolvendo o objeto no desenvolvimento intelectual do lactente. Abordou também o surgimento de uma consciência dos objetos e do processo da experiência espaço-temporal. Na terceira obra, *A Formação do Símbolo na Criança* (1945), examinou o início da interação entre pensamento e representação.

> *A principal vantagem que tirei desses estudos foi a de aprender, de maneira menos equivocada, que as operações intelectuais são preparadas pela ação sensório-motora antes mesmo do aparecimento da linguagem. Concluí daí que, para avançar na minha pesquisa sobre a lógica da criança, era necessário mudar meu método ou sobretudo modificá-lo dirigindo os interrogatórios para os objetos que a criança podia manipular por si mesma.*
>
> (Piaget, 1976, p. 15)

No Brasil, o professor Pedro Parafita de Bessa, fundador dos cursos de psicologia na PUC de Belo Horizonte e na Universidade Federal de Minas Gerais, já tinha conhecimento dessas obras nos anos quarenta e relata que seus temas despertavam interesse nos educadores.

> *Quando entrei para o curso de Ciências Sociais em 1941 (fui aluno da primeira turma), não havia curso de psicologia. Fiz a disciplina de didática com a professora de psicologia educacional, que era Helena Antipoff. No curso de didática ela fazia várias referências a Piaget. Fez referências a Piaget na parte de metodologia, explicando como era o método clínico de pesquisa com criança e nos levou a fazer o curso de demonstração, treinamento e aplicação do método. Ela dizia que era um método muito delicado, mas tinha possibilidade de a gente adquirir respostas. Ela deu essa parte metodológica, e depois, durante o curso, fez referências às várias contribuições de*

Aproximação entre Piaget e a Educação no Brasil 51

Piaget no conhecimento da criança, no conhecimento da regra, na relação entre o desenvolvimento da regra e o jogo, como usar o jogo para observar as regras, coisas sobre a representação do mundo da criança e a evolução dessa representação. Indicou inicialmente a bibliografia das décadas de vinte e trinta. Isso foi em 1944. A Dona Helena foi colega de Piaget na Universidade de Genebra. Ela era filiada à corrente funcionalista de Claparède e uma pesquisadora que se interessava pelas novidades da psicologia. O mesmo tipo de informação que Dona Helena dava na Escola de Aperfeiçoamento de Belo Horizonte, ela dava no curso de didática. O curioso era que a tese de Piaget não tinha como preocupação principal a questão pedagógica, ao contrário de Claparède que sempre teve esses objetivos, mas mesmo assim foi apreciada pelos professores. Piaget sempre proclamou que não tinha objetivos pedagógicos, mas era uma pessoa preocupada com a educação, tanto que escreveu alguns livros educacionais. Por isso, muitos o confundem com pedagogo. Eu acho que as pessoas, lendo os livros dele, começaram a tirar conclusões para a pedagogia, desde os primeiros livros, que foram de acesso muito fácil aqui no Brasil, porque foram traduzidos para o espanhol em 1927 e 1928[1], e em trinta e pouco já estavam no Brasil. Nos anos quarenta, também foi possível tirar conclusões pedagógicas porque os livros começaram a trazer temas que interessavam às ciências: noções de espaço, noções de quantidade, coisas em que as escolas tinham interesse. Então era isso! Ele dizia que tratava de epistemologia, mas trabalhava com a psicologia da criança, com assuntos que interessavam muito às escolas. Piaget só apareceria como epistemólogo depois de ter lançado, em 1950, a Introdução à Epistemologia Genética, *obra em três volumes que, segundo ele mesmo, revelava a sua maturidade. Conheci Piaget no Congresso Internacional de Psicologia, em*

---

[1] O primeiro livro de Piaget traduzido no Brasil foi A *Psicologia da Inteligência*. Tradução de Egléa de Alencar, Rio de Janeiro, Zahar, 1958.

Estocolmo, em 1951. Falei com ele sobre pesquisa no campo da psicologia e sobre a importância, cada vez maior, que ele tinha para a psicologia. Ele disse que havia recorrido à psicologia, mas que seu interesse maior era a epistemologia.

Em 1940, Piaget tornou-se diretor do Laboratório de Psicologia Experimental da Universidade de Genebra, como sucessor de Claparède, e continuou também como editor dos *Archives de Psychologie*, junto com André Rey e Lambercier. Foi também eleito presidente da Sociedade Suíça de Psicologia e co-diretor da Revista Suíça de Psicologia. Após a Segunda Grande Guerra, passou a lecionar na Universidade de Paris, sucedendo a Merleau-Ponty.

Os trabalhos de Piaget encaminhavam-se, cada vez mais, para a "maturidade epistemológica". Em 1942, publicou *Classes, Relations et Nombre*; em 1946, *La Formation du Symbole chez l'Enfant*; *Le Developpement de la Notion du Temps chez l'Enfant* e *Les Notions de Mouvement et de Vitesse chez l'Enfant*; em 1947, *La Psychologie de l'Intelligence*; em 1949, *Traité de Logique: Essai de Logistique Opératoire*. Outras obras foram produzidas em parceria com colaboradores, como Bärbel Inhelder, cuja colaboração duraria mais de quarenta anos. Em 1948 publicou, com Inhelder, *La Représentation de l'Espace chez l'Enfant* e com Inhelder e Szeminska, *La Geometrie Spontanée de l'Enfant*. Da produção desses livros participou um grupo de outros colaboradores, dentre os quais Hans Aebli, cuja tese de doutorado inaugurou uma série de trabalhos sobre as relações entre a psicologia genética e a didática.

Em 1950, Piaget publicou *Introduction a l'Épistémologie Génétique*, que seria a conclusão de seus trabalhos até então produzidos. Nessa obra, resumiu todas as investigações numa "síntese" com que sonhara durante muitos anos, desde que havia começado seu trabalho sobre psicologia infantil. Comparou o desenvolvimento mental da criança com a história da ciência e estabeleceu as relações centrais entre a biologia, a sociologia e a teoria do conhecimento. Em sua autobiografia (Piaget, 1976, p. 2), teceu o seguinte comentário sobre a obra:

Aproximação entre Piaget e a Educação no Brasil 53

> *Em vez de consagrar cinco anos à psicologia infantil, conforme havia previsto, em 1921, passei mais de trinta anos nisso, era um trabalho fascinante e não me arrependo absolutamente. Mas já era tempo de concluí-lo e foi isso que tentei nessa obra geral, que é fundamentalmente uma análise do mecanisno de aquisição de conhecimento (...)*

Com essa obra, Piaget alcançou, a "maturidade epistemológica" e inaugurou, em 1955, em Genebra, o Centro Internacional de Epistemologia Genética, onde desenvolveu um trabalho cooperativo e interdisciplinar, a que aspirava havia longa data. Era o início de uma nova fase.

3. Piaget no Bureau International d'Éducation e na UNESCO

> *Já o dissemos alhures, a função própria do Bureau International d'Éducation não é a de defender ou combater tal ou tal processo pedagógico, mas antes a de fazer compreender, graças aos métodos puramente científicos da pedagogia comparada, como as diferentes tendências educativas se desenvolveram e a que resultados chegaram do ponto de vista de seus próprios iniciadores.*
>
> Jean Piaget

Dentre as participações institucionais, talvez as que mais concorreram para que as idéias de Piaget fossem associadas à educação foram suas vinculações, de 1929 a 1967, ao Bureau International de l'Éducation e, de 1946 até 1980, à UNESCO.

Suas relações com o Bureau vêm praticamente desde a criação dessa instituição. A história do Bureau começa sob a influência dos horrores causados pela Primeira Guerra Mundial. Nessa época, vários países, procurando construir um futuro melhor, passaram a investir em educação, acreditando em seus resultados para a elevação da cultura e a preservação da paz. Procurando imprimir maior velocidade a esse processo, incentivavam as propostas educacionais inovadoras e com respaldo científico. Com esse propósito foram criadas, em todo o mundo, entidades e núcleos de pesquisa para realizar estudos comparativos sobre as experiências educativas e para promover a cooperação educacional entre os países. Ao influxo dessas idéias, criou-se, em 1925, junto ao Instituto Jean-Jacques Rousseau, em Genebra, o Bureau International d'Éducation.

Em 1929, Piaget assumiu a direção do Bureau, convencido de que, graças à sua organização intergovernamental, poderia "contribuir para a melhoria dos métodos pedagógicos e para a adoção oficial de técnicas melhor adaptadas ao espírito infantil" (Piaget, 1976, p. 17). Organizou as Conferências Anuais do Bureau International, com o objetivo de promover debates sobre experiências pedagógicas e direitos educacionais. Inicialmente, eram poucos os governos que participavam dessas convenções (Alemanha, Polônia, Equador e o Cantão de Genebra), mas, com o passar dos anos, Piaget conseguiu elevar o número de governos participantes para quarenta e cinco. Ao encerramento das Conferências, Piaget fazia os relatórios finais, que eram distribuídos a todos os participantes e divulgados em seus países. Convém ressaltar que, ao assumir as funções no Bureau, Piaget teve seu nome mundialmente conhecido como diretor de uma instituição de cooperação educacional, fato que o colocava em evidência nos meios educacionais.

Através do intercâmbio entre os Ministérios da Educação dos países representados no Bureau, discutia-se, mediante relatórios anuais, a situação educacional desses países e elaboravam-se as "recomendações" para o futuro. Em 1932 e 1933, o Bureau organizou as duas primeiras Conferências Internacionais de Instrução Pública. Em 1934, o Bureau, juntamente com o governo suíço, realizou a terceira Conferência Internacional de Instrução Pública, aberta a todos os países membros ou não do Bureau. Essa conferência foi consagrada aos problemas da prolongação da escolaridade obrigatória, da

Aproximação entre Piaget e a Educação no Brasil 55

admissão às escolas secundárias e das verbas para educação. As Conferências de Instrução Pública foram interrompidas em 1940, com a Segunda Guerra Mundial, e retomadas em 1946.

Ao ser criada, em 1945, a ONU, Organização das Nações Unidas, entidade que veio substituir a Sociedade das Nações, ampliou-se o número de órgãos devotados ao estudo da vida dos povos, nas condições de organização, desenvolvimento econômico, saúde e educação. Quanto à educação, já não bastaria pensar em órgãos que difundissem estudos sobre reformas educacionais e pedagógicas, como fazia o Bureau, mas era necessária uma instância mais abrangente, para promover estudos interdisciplinares de maior amplitude e com maior poder de execução de seus projetos.

Foi assim que nasceu, em 1946, em Genebra, a Organização Educativa, Científica e Cultural das Nações Unidas (UNESCO), com o apoio imediato de 43 países. "Propõe-se ela a contribuir para a manutenção da paz e da segurança entre os povos, estreitando pela educação, ciência e cultura a colaboração entre as nações, a fim de assegurar o respeito universal pela justiça, a lei, os direitos do homem e as liberdades fundamentais de todos, sem distinção de raça, sexo, língua e religião" (Lourenço Filho, 1978, p. 30). Em 1960 a UNESCO contava com 82 países membros.

Com a criação da UNESCO, os trabalhos do Bureau International d'Éducation foram praticamente incorporados aos dessa entidade. Por ocasião da fundação da UNESCO, o Bureau participou das convenções preliminares e, mais tarde, das convenções gerais que decidiam a política de conjunto e o trabalho a ser efetuado pelas duas entidades. Depois que a Suíça aderiu à UNESCO, Piaget foi nomeado Presidente da Comissão Suíça da UNESCO e conduziu as delegações suíças às Conferências Gerais de Beirute, Paris e Florença. Após a Conferência de Florença, Piaget tornou-se membro do Conselho Executivo da UNESCO e assumiu, por alguns anos, as funções de Subdiretor Geral, ficando, assim, responsável pelo Departamento de Educação. A UNESCO também o enviou, enquanto seu representante, às Conferências de Sèvres e do Rio de Janeiro.

4. O epistemólogo Jean Piaget detestou as "luzes" da Baía da Guanabara

Em 1949[1], Piaget esteve visitando o Rio de Janeiro, como representante da UNESCO. Portanto, veio ao Brasil, numa missão político-educacional. Nessa ocasião, recebeu o título de Professor *Honoris Causa* da Universidade do Brasil. No Boletim número 11, do Conselho Universitário dessa Universidade, datado de 9 de setembro de 1949 (Proc. nº 12176/49), pude localizar a seguinte proposta apresentada pelo conselheiro Nilton Campos:

> *Proponho que seja conferido o título de Professor* Honoris Causa *ao Prof. Jean Piaget, considerando a sua condição de Catedrático da Universidade de Genève e da Universidade de Lausanne. Cabe ressaltar ser o Prof. Jean Piaget notável especialista no campo da psicologia da infância, em toda Europa, tendo se tornado célebre pela sua obra original de investigador da evolução mental da criança, reputada como sendo a mais completa nesse difícil setor da psicologia infantil. Não somente na pesquisa puramente psicológica, mas também nos estudos filosóficos referentes aos processos do pensamento, o Prof. Jean Piaget vem revelando alta contribuição para a lógica moderna. Exercendo a direção do Instituto Jean-Jacques Rousseau, o Prof. Jean Piaget ocupa também o elevado cargo de Diretor do Bureau Internacional de Educação, sendo presentemente alta personalidade representativa da UNESCO, e nessa qualidade acaba de visitar o Brasil, como enviado do Seminário de Educação e Alfabetização de Adultos.*

Assinaram essa proposta, além de Nilton Campos, os conselheiros Maurício Medeiros, Peregrino Jor e Farias Goes Sobrinho. Na verdade, o título foi reconhecido oficialmente após o retorno de

---

[1] Não conseguimos precisar o período que Piaget permaneceu no Brasil. O mais provável é que tenha ficado cerca de dez dias, entre a última semana de agosto e o início do mês de setembro.

Aproximação entre Piaget e a Educação no Brasil 57

Piaget a Genebra, mas havia sido simbolicamente concedido em uma cerimônia durante a qual ele proferiu uma palestra na Universidade do Brasil. O Prof. Antônio Gomes Penna esteve presente e recorda-se da situação:

Piaget me pareceu um tipo muito curioso. Ele era um aldeão, muito vermelho, fumando um cachimbo. Ficou muito irritado com um colega meu, que fez uma pergunta acerca das restrições que se faziam às doutrinas dele na América do Norte. Disse que eles não entendiam nada. Teve aquela mesma atitude que havia tido com Berlyne, quando este dissera que existia uma semelhança entre a teoria do pensamento dele e a teoria de Hull. Ele ficou irritado dizendo que não tinha nada a ver, porque ele trabalhava com o conceito de assimilação e não com o conceito de associação de Hull. Também fizeram muitas perguntas sobre pedagogia e ele respondia, mas dizia que pessoalmente não estava fazendo pesquisas pedagógicas, embora fosse da UNESCO. Dizia que tinha interesse por questões educacionais, mas que preferia fazer pesquisas sobre o pensamento. A platéia era formada mais por educadores e normalistas do que professores universitários e alunos de filosofia. Na escola normal fortificava a influência de Lourenço Filho que, nessa época, já tinha assumido a influência da psicologia norte-americana. Lourenço foi um dos responsáveis pela vinda de Piaget ao Brasil, mas deixou na escola normal uma forte influência da psicologia norte-americana. Então, as perguntas dos normalistas traziam as marcas da psicologia norte-americana. Talvez por isso Piaget tenha mostrado certa irritação.

Alguns anos depois, em Genebra, ao visitar o casal Therezinha e André Rey, este último seu colega de trabalho no Instituto de Ciências da Educação e co-editor dos *Archives de Psichologie*, Piaget disse que havia gostado da beleza do Rio de Janeiro, mas de um modo geral não gostou do que ouviu. Therezinha Rey, mineira de Belo Horizonte (MG), e em visita ao Brasil, relatou o acontecido:

*Ele chegou em casa, e não sei se foi para me incomodar,
disse que tinha odiado o Brasil. Disse que as pessoas
deram um título a ele apenas para se reunir e receber
jetons, porque não entendiam a sua teoria. Disse que havia
gostado da beleza da cidade, de algumas pessoas, mas
achou o Brasil um país atrasado, com muita sujeira e
miséria. Eram poucas as pessoas que conheciam
profundamente sua obra no Brasil. O que ele queria eram
debates mais profundos sobre biologia e epistemologia.
Mas, ele tinha ido para o Rio representando a UNESCO,
que é um órgão educacional, então, é lógico que a maioria
das pessoas, com quem se encontrou, não estava
interessada em problemas de biologia ou de epistemologia,
mas sim em problemas imediatos de educação.*

5. Os artigos educacionais e a defesa dos Métodos Ativos

Os encargos que Piaget assumiu no Bureau Internacional e na
UNESCO, sem dúvida, o influenciaram a produzir alguns artigos
educacionais. Além dos *Relatórios das Conferências* realizadas
pelo Bureau e pela UNESCO, esses artigos também tiveram grande
repercussão internacional. Localizei onze dessas publicações, em
sua versão original ou traduzida[1]. Dessas publicações, as que ganharam maior divulgação no Brasil foram: "O Trabalho por Equipes na
Escola: bases psicológicas" (1935b), "Psicologia e Pedagogia"
(1969), que inclui a primeira parte do texto "Os Métodos Novos,
Bases Psicológicas e o Exame dos Métodos Novos" (1935) e o tex-

---

[1] São as seguintes: Les Méthodes Nouvelles, leurs Bases Psychologiques et Examen des Méthodes
Nouvelles (Piaget, 1935); O Trabalho por Equipes na Escola: bases psicológicas (Piaget, 1936); O
Direito à Educação no Mundo Moderno (Piaget, 1948); La Nueva Educación Moral (Piaget *et alii*,
1962); A Report of the Conference on Cognitive Studies and Curriculum Development (Piaget,
1964); L'Enseignement des Mathématiques (Piaget *et alii*, 1965); Éducation et Instruction depuis
1935. (Piaget, 1965); La Autonomía en La Escuela (Piaget & Heller, 1968); Psychologie et
Pedagogie (Piaget, 1969); Où va l'Éducation? (Piaget, 1972); Fundamentos Científicos para a
Educação do Amanhã (Piaget, 1972). A datas que aqui apresentamos referem-se ao ano provável de
publicação dos artigos em primeira edição.

Aproximação entre Piaget e a Educação no Brasil 59

to "Educação e Instrução" (1965); "O Direito à Educação no Mundo Moderno" (1948) e "Para onde Vai a Educação?" (1971).

Essas publicações trazem três pontos comuns: a defesa dos métodos ativos, a revelação dos resultados da psicologia genética como corroboradores dos princípios da Escola Ativa e a proposta de trabalho cooperativo, como estratégia pedagógica para o desenvolvimento do pensamento experimental, da razão, da autonomia e dos sentimentos de solidariedade.

Piaget, embora não seja considerado um escolanovista, mesmo porque nunca foi um educador, era um defensor dos métodos ativos. Essa postura tornou-se evidente quando, em 1935, por solicitação do Bureau, escreveu o artigo "Os Métodos Novos, Suas Bases Psicológicas e o Exame dos Métodos Novos". Nesse artigo, Piaget salientava que as descobertas da psicologia genética iam ao encontro da escola ativa e descrevia algumas implicações educacionais dessas descobertas. Realçando as vantagens dos métodos ativos sobre os tradicionais, posicionava-se de modo contundente contra as doutrinas psicológicas que não consideram as leis do desenvolvimento mental da criança, como é o caso das teorias "receptivas", que traduzem a essência do ensino tradicional. Sobre Herbart (1776-1841), por exemplo, dizia que este "fornecera o deplorável modelo de uma pedagogia inspirada por uma psicologia ainda não genética" (Piaget, 1970, p.145) e, mais adiante, concordando com Dewey e Claparède, afirmava que o trabalho obrigatório (imposição característica dos métodos tradicionais) era uma "anomalia antipsicológica" (Piaget, 1970, p. 153). Por outro lado, ressaltava os méritos dos métodos ativos, pois estes consideravam as diferenças das crianças em relação aos adultos, bem como suas variações estruturais no desenvolvimento. Afirmava que:

De fato, a educação tradicional sempre tratou a criança como um pequeno adulto, um ser que raciocina e pensa como nós, mas desprovido simplesmente de conhecimentos e de experiência. Sendo a criança, assim, apenas um adulto ignorante, a tarefa do educador não era tanto a de formar o pensamento, mas, sim, de equipá-lo; as matérias fornecidas de fora eram consideradas suficientes ao exercício. O

60 A Difusão das Idéias de Piaget no Brasil

problema é todo outro, quando se parte da hipótese das variações estruturais. Se o pensamento da criança é qualitativamente diferente do nosso, o objetivo principal da educação é compor a razão intelectual e moral; como não se pode moldá-lo de fora, a questão é encontrar o meio e os métodos convenientes para ajudar a criança a constituí-la ela mesma, isto é, alcançar, no plano intelectual, a coerência e a objetividade e, no plano moral, a reciprocidade

(Piaget, 1970, p. 163)

Nessa linha, Piaget considera importante, para a escola moderna, saber qual é a estrutura do pensamento da criança, para que se possam adequar os procedimentos didáticos aos estágios de desenvolvimento. Ao acompanhar a evolução do intelecto, o estado egocêntrico e o processo de socialização da criança, a escola poderia, segundo ele, promover ações verdadeiramente ativas que levassem à cooperação e à solidariedade.

A evolução das pesquisas piagetianas acerca do desenvolvimento das operações racionais e da construção das noções fundamentais forneceu, com efeito, dados que se revelaram decisivos para as suas posições a favor dos métodos ativos. Assim, em 1948, Piaget, em texto intitulado "O Direito à Educação no Mundo Moderno", escrito por solicitação da UNESCO, reitera seu posicionamento:

(...)Na realidade, a educação constitui um todo indissociável, e não se podem formar personalidades autônomas no domínio moral se, por outro lado, o indivíduo é submetido a um constrangimento intelectual de tal órdem que tenha de se limitar a aprender por imposição, sem descobrir por si mesmo a verdade: se é passivo intelectualmente, não conseguirá ser livre moralmente. Reciprocamente, porém, se a sua moral consiste exclusivamente em uma submissão à autoridade adulta, e se os únicos relacionamentos sociais que constituem a vida da classe são os que ligam cada aluno individualmente a um mestre que detém todos os poderes, ele também não conseguirá ser ativo intelectualmente.

Aproximação entre Piaget e a Educação no Brasil 61

Da mesma forma, os métodos chamados ativos, que são os únicos capazes de desenvolver a personalidade intelectual, pressupõem necessariamente a intervenção de um meio coletivo ao mesmo tempo formador de traços intelectuais organizados. Não seria possível constituir, com efeito, uma atividade intelectual verdadeira, baseada em ações experimentais e pesquisas espontâneas, sem uma livre colaboração dos indivíduos, isto é, dos próprios alunos entre si, e não apenas entre professor e aluno. A atividade da inteligência requer não somente contínuos estímulos recíprocos, mas ainda e sobretudo o controle mútuo e o exercício do espírito crítico, os únicos que conduzem o indivíduo à objetividade e à necessidade de demonstração. As operações da lógica são, com efeito, sempre cooperação e implicam em um conjunto de relações de reciprocidade intelectual e de cooperação ao mesmo tempo moral e racional. Mas a escola tradicional não conhece outro relacionamento social além daquele que liga um professor, espécie de soberano absoluto, detentor da verdade intelectual e moral, a cada aluno considerado individualmente: a colaboração entre alunos e mesmo a comunicação direta entre eles acham-se assim excluídas do trabalho da classe e dos deveres da casa (por causa das "notas" a serem atribuídas e da atmosfera de exame). A escola ativa pressupõe, ao contrário, uma comunidade de trabalho, com alternância entre o trabalho individual e o trabalho de grupo, porque a vida coletiva se revelou indispensável ao desenvolvimento da personalidade, mesmo sob seus efeitos mais intelectuais. Toda uma técnica de trabalho de equipe foi assim elaborada em inúmeros países e com diversos nomes.
(Piaget, 1972, pp. 69-70)

Essa posição favorável aos métodos ativos continuou a ser manifestada em todos os seus artigos educacionais até os anos setenta, mas, já nos anos trinta, cruzou o oceano e era conhecida no Brasil[1]. A

---

[1] Piaget valorizava os métodos ativos, admitindo que a ação praticada na maioria dos sistemas escolares não ultrapassava o nível intuitivo, por carecer de um efetivo conhecimento e aplicação da psicologia genética quanto ao fundamento das operações e das estruturas operatórias.

Prof$^{\underline{a}}$ Graciema Pacheco, presente no magistério desde o final da década de vinte, afirmou que, em Porto Alegre, o artigo "Os Métodos Novos e Suas Bases Psicológicas e o Exame dos Métodos Novos" chegou nos anos trinta e foi facilmente assimilado, inclusive porque muitos professores e alunos da escola normal eram simpatizantes do escolanovismo e procuravam inteirar-se das novas descobertas da pedagogia e da psicologia da criança.

> *Naquela época, nós tínhamos muito interesse pelas coisas da França, principalmente pela língua, que era a língua estrangeira mais difundida, trabalhada e falada nos meios intelectuais de Porto Alegre. Assim nós nos interessávamos pelas publicações francesas e foi através de uma delas, não me lembro qual, talvez a* Pour l'Ère Nouvelle, *que recebemos, acho que em 1937, o artigo de Piaget sobre a psicologia dos métodos modernos. Daí em diante, Piaget, que já era conhecido, passou a ser visto também como um adepto da Escola Nova, mesmo porque a Escola Ativa ou Funcional de Claparède era uma ramificação da Escola Nova e a adesão de Piaget aos métodos ativos era quase natural, pois ele havia trabalhado com Claparède e era do Bureau Internacional de Educação. Foi com esse artigo que começamos a prestar maior atenção no desenvolvimento da inteligência operatória das crianças. Os escritos de Piaget, que foram publicados nos anos seguintes, passaram a ser lidos com muita atenção.*

6. O Trabalho por Equipes na Escola: o primeiro artigo de Piaget traduzido e publicado no Brasil

O texto "Remarques psychologiques sur le travail par équipes", escrito por Piaget (1935b) por solicitação do Bureau, revela uma certa "tendência socializadora", compatível com as preocupações educacionais que predominavam nos anos trinta. Desde o início do século, os avanços da psicologia e da pedagogia forneceram material teórico capaz de sustentar a importância do aluno

Aproximação entre Piaget e a Educação no Brasil 63

como elemento central do processo de aprendizagem (ao contrário do que a escola tradicional vinha há muito tempo praticando). Essa condição provocou inicialmente uma forte tendência dos educadores a valorizar demasiadamente as qualidades psicológicas dos educandos. Após a Primeira Grande Guerra, porém, as preocupações com a socialização dos povos exerceram acentuada influência sobre os métodos educativos empregados nas escolas privadas e nas redes públicas de ensino. Assim, começaram a aparecer, cada vez mais, modalidades pedagógicas com justificativas de caráter sociológico, além das concepções psicológicas já consagradas teoricamente pelos escolanovistas. Durante os anos trinta, essa tendência socializadora foi incorporada aos princípios da Escola Ativa, destacando que seus procedimentos se inspiravam nos aspectos psicológicos da criança e, ao mesmo tempo, nas características da vida social dos adultos. Difundiu-se nos meios educacionais, em conformidade com o ideário liberal da época, a concepção de que o pensamento racional se desenvolvia pela atividade do educando e pela cooperação social. Começaram então a surgir formas didáticas de trabalho em sala de aula, que desenvolviam princípios pertinentes às relações humanas da vida em coletividade. Porém, não se tratava de impor valores sociais aos estudantes — conforme pretendia o ensino tradicional —, mas sim de criar condições para que os aprendizes evoluíssem do egocentrismo infantil à sociabilidade própria da adolescência. Entendia-se que o desenvolvimento da criança caminhava no sentido da ampliação dos contatos sociais, cabendo à escola aproveitar esse processo para fazer despertar no educando os princípios solidários da vida em sociedade.

Foi nesse contexto que Piaget (1935b) publicou o artigo "Remarques psychologiques sur le travail par équipes". Trata-se de um texto que despertou interesse dos educadores, por abordar as relações entre o desenvolvimento psicológico da criança e a socialização. Nesse artigo, Piaget analisa particularmente os principais mecanismos psicológicos envolvidos no método de trabalho por equipes, procurando demonstrar sua eficácia para o desenvolvimento da inteligência e da razão do indivíduo. Criticando a concepção passiva de educação, na qual investe-se apenas no enriquecimento da memória, Piaget defende o investimento na formação do pensamento, através de métodos ativos que impliquem o elemento social de cooperação. Pressupondo que a colaboração contínua das crianças no trabalho em grupo contém os elementos essenciais para o desenvolvimento de uma racionalidade de características criativas, Piaget elege o trabalho por equipes como sendo o trajeto natural para esse fim. Desse modo, o trabalho por equipes é fundamentado nos mecanismos da psicologia da criança, principalmente na sua socialização intelectual, que tem na "cooperação" seu elemento básico.

Alguns pontos nos permitem compreender melhor essa posição. Em primeiro lugar, Piaget considera que o indivíduo, a princípio encerrado no egocentrismo, que é uma das características iniciais do desenvolvimento, não se descobre a si próprio senão na medida em que aprende a conhecer os outros. Em segundo lugar, julga que a cooperação é necessária para conduzir o indivíduo à objetividade, sem o que permanece escravo de sua perspectiva particular. Em terceiro lugar, considera que a cooperação é, essencialmente, fonte de regras para o pensamento. Em relação a esses pontos ele observa:

> *Vê-se, assim sendo, que a cooperação não age somente sobre a tomada de consciência do indivíduo e sobre o seu senso de objetividade, mas termina, afinal, por constituir toda uma estrutura normativa que remata sem dúvida o funcionamento da inteligência individual, mas contemplando-a no sentido da reciprocidade, essa norma fundamental que é a única a conduzir ao pensamento racional. Pode-se, pois, dizer, parece-nos que a cooperação é verdadeiramente criadora, ou, o que vem a ser o mesmo, constitui a condição indispensável para a completa formação da razão.*
>
> (Piaget, 1935b/1936, p. 10)

Através da análise psicológica da evolução da cooperação, na criança, Piaget estabelece um certo número de períodos na evolução do trabalho por equipes, que devem ser considerados na prática pedagógica. Essa análise demonstra que, dos 7 aos 8 anos, as crianças

Aproximação entre Piaget e a Educação no Brasil 65

gostam de se aproximarem umas das outras, sem que isso modifique sua atitude individual: não se trata ainda de grupos organizados. Durante esse período, o egocentrismo da criança predomina ainda sobre a socialização do pensamento. Dos 8 aos 10 anos, aproximadamente, aparece uma crescente necessidade nas crianças de se agruparem, mas sem que a cooperação ou o contato mútuo sejam suficientes para assegurar a existência de grupos duráveis. Esse esboço de reciprocidade, porém, anuncia o aparecimento de regras e seus jogos, pelo menos por algum tempo. Por volta dos 10 ou 11 anos, o respeito à regra conduz a uma cooperação completa. Nesta idade, com efeito, a observação das regras do jogo mostra uma inversão de sentido na consciência da regra, que deixa de ser uma realidade exterior, para adquirir o valor de uma realidade interior e autônoma. Para Piaget, portanto, o trabalho por equipe proporciona o exercício das regras (exteriores e interiores) e contribui para o desenvolvimento do indivíduo autônomo e cooperativo.

Ressaltando as vantagens desse procedimento, Piaget (1935b/1936, p. 16) conclui:

Os frutos específicos do método são, assim, o espírito experimental, de um lado, e, de outro, a objetividade e o progresso do raciocínio. Acerca desses pontos, as respostas enviadas por nossos correspondentes concordam de modo muito notável com os resultados da análise psicológica. Quando o grupo funciona normalmente, isto é, quando não há abuso de poder por parte do chefe, preguiça ou automatismo por parte de certos sequazes, as relações sociais que definem o trabalho em comum consistem essencialmente em troca de idéias e discussões: vale dizer que a atividade pessoal se desenvolve livremente, mas em uma atmosfera de mútuo controle e de reciprocidade. Invenção e verificação, tais são, portanto, os dois pólos dessa atividade. Ora, toda a formação da inteligência está no equilíbrio destes dois fatores. A invenção peculiar ao espírito experimental e à dedução não se torna racional senão quando regulada, graças às normas da objetividade e da coerência lógica, e estas normas não se revestem de

66 · *A Difusão das Idéias de Piaget no Brasil*

valor vivo senão na medida em que se apliquem a uma atividade construtiva. O equilíbrio do trabalho pessoal e do controle mútuo, próprio das equipes de trabalho, é, pois, um meio mais propício para o estabelecimento deste outro equilíbrio, que caracteriza o desenvolvimento da razão infantil.

Esse artigo foi traduzido no Brasil, em 1936, com o título "O trabalho por equipes em escolas: bases psicológicas", por Luiz G. Fleury e publicado na *Revista de Educação*, números 15 e 16, periódico oficial da Diretoria Geral do Ensino do Estado de São Paulo. Nessa época, diretoria tinha por funções dirigir e fiscalizar as instituições de ensino primário e secundário, administrar o Instituto de Educação — responsável pela formação de normalistas — e promover reformas no ensino público paulista. Entre 1930 e 1945, esse órgão foi dirigido por educadores como Lourenço Filho, Luch Mennucci, João Toledo, Fernando de Azevedo, Francisco Azzi, Luiz da Motta Mercier, Almeida Jr. e Malten da Silva Rodrigues.

Em 1930, quando Lourenço Filho assumiu a Diretoria Geral do Ensino, a publicação do órgão, que se chamava *Educação* desde 1927, passou a chamar-se *Escola Nova*. Em 1931, voltou a se chamar *Educação* e em 1933 foi adotado o título de *Revista de Educação*. As matérias publicadas nesses períodos eram de temas variados e continham desde relatos práticos de trabalhos pedagógicos até discussões teóricas mais profundas. Mas existia grande preocupação editorial em divulgar artigos que estimulassem a renovação pedagógica.

A *Revista de Educação*, seguia uma linha editorial escolanovista e publicava, quase sempre, artigos que formulavam críticas ao ensino tradicional e apresentavam novas propostas (Vinícius da Cunha, 1992). Em função disso, em quase todas as edições havia artigos traduzidos de autores estrangeiros que eram considerados inovadores.

Apesar do interesse dos educadores brasileiros em se atualizar e promover mudanças pedagógicas em direção a uma educação moderna, as alterações oriundas dos métodos ativos ficaram mais "no pa-

Aproximação entre Piaget e a Educação no Brasil 67

pel" e tiveram poucas conseqüências inovadoras na prática escolar. Uma das estratégias pedagógicas mais difundidas foi, sem dúvida, o "trabalho por equipes", reduzido rapidamente a um simples procedimento técnico-didático de trabalho em grupo, muito aquém dos mecanismos dinâmicos referenciados por Piaget para a formação da personalidade e da sociabilidade do educando. De modo geral, as idéias piagetianas eram conhecidas teoricamente e geravam alguns princípios educacionais, porém, na prática, não se traduziam numa pedagogia essencialmente ativa. Isso porque, entre o discurso pedagógico e a práxis, houve um desvirtuamento do ideário piagetiano e escolanovista, com a apreensão estritamente técnica dos princípios ativos. O princípio da atividade, entendido como o ponto inicial de um processo em que os interesses da criança se coordenam em propósitos mais abrangentes, passou a ser praticado, nas escolas brasileiras, através de procedimentos didáticos que tinham um fim em si mesmos, anulando a compreensão dinâmica da atividade como ponto de partida num processo que conduziria a níveis mais elaborados da vida mental. Em decorrência disso, não é possível a construção de conhecimentos que partam do interesse da própria ação da criança — o que invalida a proposta da Escola Ativa de uma prática pedagógica centrada na concepção de sujeito ativo, capaz de produzir conhecimento e de se voltar para a vida solidária em sociedade.

A maioria dos piagetianos entrevistados referiu-se a esses desvirtuamentos, que aconteceram e acontecem com a teoria piagetiana em terras brasileiras. Alguns chegam a afirmar que quase todas as leituras de Piaget, no Brasil, são parciais e distorcidas. É comum, por exemplo, ouvir falar do "pedagogo" Piaget (que ele nunca foi) e do "método" piagetiano (termo que utilizou apenas na defesa do trabalho por equipes). A presença de Piaget, ao longo dos anos, em organizações educativas (Bureau International d'Éducation e UNESCO), e suas sugestões pedagógicas, nos artigos educacionais, que produziu, são fatores que, com certeza, contribuíram para a construção dessas representações. Em relação ao desvirtuamento dos construtos de sua teoria, porém, cabem indagações da seguinte natureza: por que essas distorções ocorreram? Teriam sido

68 A Difusão das Idéias de Piaget no Brasil

provocadas por dados da própria teoria e/ou em função do contexto de sua apropriação?[1]

7. O otimismo em aplicar a teoria psicogenética à didática

Ninguém estava mais qualificado que Hans Aebli para extrair as aplicações pedagógicas das pesquisas que pudemos fazer sobre o desenvolvimento das operações intelectuais da criança. Sempre tínhamos pensado que os materiais que havíamos conseguido reunir, com o auxílio de numerosos colaboradores, assim como as interpretações a que nos conduziram esses fatos poderiam dar ensejo a uma utilização pedagógica e, especialmente, didática.

Jean Piaget

Durante os anos quarenta, as pesquisas em psicologia genética ganharam um novo impulso com a participação de um grupo de colaboradores que passou a trabalhar com Piaget, entre eles, Bärbel Inhelder, Alina Szeminska e Hans Aebli. Obras como *Le Développement des Quantités chez l'Enfant* (1941), *La Représentation de l'Espace chez l'Enfant* (1948) e *La Géometrie Spontanée de l'Enfant* (1948) traziam títulos que evidenciavam, por si sós, os novos interesses despertados nos educadores. Hans Aebli, no início dos anos cinqüenta, expressou a direção desse interesse ao afirmar que a psicologia de Jean Piaget "não se limita a es-

---

[1] Respostas a essas questões estiveram fora dos propósitos desta pesquisa, motivo pelo qual não foi feita uma análise da qualidade da apropriação das idéias de Piaget que cada difusor apresentou. Nas páginas finais deste livro faremos alguns comentários a respeito das origens dessas distorções. Em relação à apropriação deformadora das idéias que vêm de outros países para o Brasil, Sérgio Buarque de Holanda apontava, em 1936, em seu livro, hoje clássico, *Raízes do Brasil*, uma espécie de "bovarismo nacional grotesco e sensaborão" (Buarque de Holanda, 1956, p. 244) que culminou na apreensão parcial e distorcida dos princípios do liberalismo, que, como vimos, é o berço do ideário escolanovista. É provável que, com a teoria de Piaget, tenha ocorrido algo semelhante.

Aproximação entre Piaget e a Educação no Brasil 69

tudar as reações características do adulto ou de um período isolado da infância, mas analisa a própria formação das noções e operações durante o desenvolvimento da criança. Resulta daí não só uma compreensão profunda dos estudos finais de desenvolvimento mental, mas também, um conhecimento preciso de seus mecanismos formadores. É evidente que estes últimos interessam ao máximo ao didata, pois este não se propõe outro objetivo senão provocar, de maneira consciente e sistemática, os processos de formação intelectual, que a psicologia genética estuda, por sua vez, na atividade espontânea da criança" (Aebli, 1971, p. XXI). Nessa perspectiva, o conhecimento desses processos é absolutamente necessário ao professor.

Piaget, que já havia enunciado em várias situações algumas implicações pedagógicas das descobertas da psicologia genética, manifestou preocupação em relação à atitude do profissional que poderia extrair as aplicações pedagógicas das pesquisas que fazia sobre o desenvolvimento das operações intelectuais da criança. Defensor do trabalho interdisciplinar, Piaget declarava-se apreensivo com a dificuldade dos psicólogos em fazê-lo, por faltar-lhes a experiência da escola, e com relação aos educadores, por terem insuficiente formação em psicologia. Com essas preocupações, reconheceu que ninguém estava mais habilitado que Hans Aebli para desenvolver esse trabalho, pois era professor e conhecia a psicologia genética.

Hans Aebli, psicólogo com experiência no ensino primário e secundário, percebeu, através das pesquisas de Piaget, possibilidades de realizar novas experiências didáticas. Em Genebra, ingressou no Instituto de Ciência da Educação e tornou-se assistente, trabalhando com Piaget no Laboratório de Psicologia Experimental, e com Bärbel Inhelder na Seção de Psicologia Infantil. Recorrendo às escolas públicas do cantão de Zurique, desenvolveu pesquisas comparando métodos apoiados na didática tradicional com métodos apoiados em princípios didáticos que, a seu ver, haviam resultado da psicologia piagetiana. Partindo do estudo da teoria de Piaget, mais especificamente dos processos formadores das funções mentais superiores (noções, operações e representações, que constituem sistemas de conjuntos formadores do pensamento), deduziu os princípios metodológicos sobre os quais deveria repousar o ensino de todas as matérias fundamentais. Com base nesses estudos, propôs uma nova pedagogia ativa: a didática operatória. A esse respeito, Piaget (Aebli, 1971, p. XX) diz que:

Hans Aebli compreendeu admiravelmente que a necessidade de apelar para a atividade coletiva ou individual dos alunos — aquele apelo à atividade que constitui a reivindicação central da educação progressiva contemporânea — não se baseia unicamente, como freqüentemente se imagina, em razões extraídas da psicologia do interesse ou da motivação geral dos comportamentos, mas, também, no próprio mecanismo da inteligência: a assimilação real dos conhecimentos, igualmente sob seu aspecto mais intelectual, supõe a atividade da criança e do adolescente, porque todo ato da inteligência implica um jogo de operações e essas operações não chegam a funcionar verdadeiramente (isto é, a produzir pensamento e não somente combinações verbais), senão na medida em que foram preparadas por ações propriamente ditas; as operações outra coisa não são, com efeito, senão o produto da interiorização e da coordenação das ações, de tal maneira que, sem atividade, não poderia haver inteligência autêntica.

Em 1951, Hans Aebli publicou o livro *Didactique Psychologique: application à la didactique de la psychologie de Jean Piaget*, editado, em Genebra, pelo Instituto de Ciências da Educação. O livro faz parte da coleção *Actualités Pédagogiques et Psychologiques* e sela o interesse de Piaget por questões educacionais, explicado neste comentário de Aebli (1971, p. 23):

O próprio Sr. Piaget nos sugeriu que escrevêssemos este trabalho; suas observações e conselhos foram para nós dos mais úteis durante todo o decorrer de sua realização. Além disso, permitiu-nos chamar esse livro uma aplicação de sua psicologia à didática.

Aproximação entre Piaget e a Educação no Brasil 71

O livro de Hans Aebli é apresentado em quatro partes: histórica, psicológica, didática e experimental. A parte histórica confronta a didática tradicional com a didática da escola ativa e examina as obras de Lay, Dewey, Claparède e Kerschensteiner, grandes representantes do movimento ativo. Na segunda parte, numa perspectiva educacional, dá destaque à psicologia genética e propõe os fundamentos de uma didática operatória. Na terceira parte, desenvolve os aspectos práticos da nova metodologia proposta, enfatizando a construção das operações a partir da pesquisa do aluno, a situação-problema que estimula a ação, e destaca a cooperação entre os alunos como o elemento dinâmico favorável à mobilidade operatória. Finalmente, apresenta o trabalho didático-experimental, realizado em salas de aula das escolas públicas de Zurique.

A partir de sua publicação, o livro chegou ao Brasil, através de várias fontes. Em Porto Alegre, por exemplo, desembarcou sob encomenda de professores e alunos do Instituto de Educação Flores da Cunha e da Profª Graciema Pacheco, que lecionava didática psicológica na Faculdade de Filosofia. A Profª Graciema Pacheco disse:

Desde a década de trinta, Piaget esteve presente com suas obras originais. Daí por diante, permaneceu contribuindo para nossos estudos. Eu, inclusive, tenho suas obras em francês, trazidas para nós através da livraria Globo, que foi uma fonte relevante no apoio ao trabalho dos cientistas, intelectuais e professores e nos fornecia o material através de catálogos. Éramos nós que fazíamos os pedidos. Em 1954, solicitamos o livrinho de seu discípulo Hans Aebli. Foi uma presença muito significativa, inclusive para os grupos de estudo do Colégio de Aplicação, no qual fui diretora desde a sua fundação, em 1954, até 1980. Bem, o livro de Hans Aebli ganhou muita importância, porque buscávamos novas experiências didáticas e ele abriu para os educadores o horizonte de uma didática ativa e operatória de base piagetiana. Nós traduzíamos os textos junto com os alunos. Nunca deixei de utilizar os estudos piagetianos em meu trabalho. Nesse sentido, durante um certo período, considerei Hans Aebli uma leitura muito importante.

A obra de Hans Aebli foi bem recebida pelos educadores brasileiros, que tinham algum conhecimento das idéias de Piaget, principalmente por aqueles que, influenciados pelo escolanovismo, procuravam redirecionar a pedagogia para os quadros estritos da ciência e reconheciam na psicologia do desenvolvimento o melhor caminho para atingir esses fins. Nessa época, o referencial piagetiano, apesar de criticado e combatido pelo behaviorismo, ganhava *status* científico e as pesquisas de epistemologia genética davam, cada vez mais, sustentação às "antigas" descobertas de Piaget sobre a psicologia da criança. O aspecto que mais entusiasmou os educadores, porém, foi o fato de Hans Aebli ter conseguido elaborar, a partir das idéias de Piaget, práticas pedagógicas que explicitavam as relações entre a ação e a atividade mental. Embora essas relações viessem sendo discutidas por Piaget desde os primeiros trabalhos sobre o pensamento da criança, na prática, muitos educadores vinculavam o conceito de atividade quase que exclusivamente à manipulação de objetos e à exploração dos interesses e motivações dos alunos. Trabalhando o construto piagetiano de equilibração, Hans Aebli situou-se na perspectiva de uma didática operatória, que preencheu, com um novo significado, o conceito de atividade. Acrescentou uma nova perspectiva de motivação, integrada à própria necessidade de ação dos esquemas assimiladores, desafiados pelas perturbações do meio. A ação prática assumiu um caráter de ponto de partida para a vida intelectual, num processo que levava a níveis mais elaborados da vida mental. A experiência e a manipulação dos objetos pelo sujeito atuavam sobre sua vida intelectual, na medida em que, através do processo adaptativo de assimilação e acomodação, desencadeavam o pensamento operatório, perturbando o equilíbrio atingido e desafiando o sujeito a pensar mais e melhor.

A Profª Amélia Domingues de Castro, conhecedora dos trabalhos de Hans Aebli, detalhou o significado que essa obra representou para um grupo de professores de didática da Universidade de São Paulo, no início da década de cinqüenta:

> *Quando tomamos conhecimento do livro de Hans Aebli,*
> *conhecíamos pouca coisa de Piaget, mas verificamos, no*

Aproximação entre Piaget e a Educação no Brasil 73

decorrer da obra, o quanto esse estudo seria importante para a didática. Os fundamentos conceituais que apresentava eram baseados em Piaget e eram aqueles necessários a uma noção de atividade operatória mobilizadora dos esquemas de assimilação. Focalizava também os efeitos do trabalho cooperativo sobre a formação do pensamento. Eu acho que, com Hans Aebli e Piaget, foi preenchida a lacuna entre a ação e a atividade mental, resolvendo o problema da imprecisão teórica entre a ação prática e a ação interiorizada. Apontava uma solução para o problema das imprecisões da Escola Nova sobre o conceito de atividade (...) A obra de Hans Aebli significou uma nova motivação e uma redescoberta de Piaget para a didática.

O livro *Didactique Psychologique: application à la psychologie de la didactique de Jean Piaget* foi traduzido no Brasil, em 1971, pelo Prof. João Teodoro D'Olin Marote e publicado pela Companhia Editora Nacional e Editora da USP, com a apresentação da Profª Amélia Domingues de Castro. Existem mais duas traduções de livros de Hans Aebli, lançadas no Brasil, nos anos setenta: *Prática de Ensino*, que foi escrito em 1959, traduzido por Maria Terezinha de Oliveira Huland e publicado em 1970, pela Editora Vozes, com apresentação de Lauro de Oliveira Lima e *A Evolução Mental da Criança*, escrito em 1963, traduzido por Cláudio Benemann e publicado pela Editora Vozes em 1975. Dentre todos, porém, foi sem dúvida, o livro *Didática Psicológica: Aplicação à Didática da Psicologia de Jean Piaget*, aquele que mais circulou nas estantes do Brasil. Para exemplificar, durante os anos cinqüenta, o livro esteve presente no Instituto de Educação e nas Universidades do Rio de Janeiro, na Escola de Administração Escolar de Belo Horizonte e em repartições educacionais de Salvador. Nos anos sessenta circulou na Universidade Católica de Campinas e na Universidade de Brasília.

No entanto, em termos de difusão da obra de Hans Aebli e conseqüentemente das idéias de Piaget pelo Brasil, nada, até então, seria comparável à determinação com que o professor Lauro de Oliveira Lima encampou as idéias contidas na obra *Didática Psicológica*,

74 **A Difusão das Idéias de Piaget no Brasil**

para a elaboração do *Método Psicogenético*, divulgado por ele em centenas de cidades brasileiras, nos anos sessenta e setenta. Houve quem chegasse a denominá-lo "Hans Aebli brasileiro".

8. A peregrinação de Lauro de Oliveira Lima

Prezado Colega:

Faz mais de trinta anos que nos chegou às mãos, em Fortaleza, um livrinho de um alemão (ex-discípulo de Jean Piaget, em Genebra) chamado Hans Aebli (Didactique Psychologique), obra já traduzida para o português. Na época, vivíamos empolgados pelos problemas pedagógicos, tentando novas experiências, a partir das idéias englobadas pela designação de Escola Nova. Nossa bíblia era a Introdução ao Estudo da Escola Nova, *obra de Lourenço Filho, inovador da instrução pública no Ceará (1922), orientado por Anísio Teixeira.*

Considerávamos papas da renovação, nos Estados Unidos, J. Dewey e, na Europa, E. Claparède. Inútil citar as inúmeras experiências em curso, na ocasião, mundo afora, a partir da escola "selvagem" de Neil, em Sumerhill, na Inglaterra. Tentávamos a aplicação da "dinâmica de grupo", a partir de Roger Cousinet, pedagogo francês (trabalho por equipe). Com a leitura de Hans Aebli, verificamos que, apesar de não ser pedagogo, J. Piaget era o desaguadouro de todos os inovadores, em pedagogia, sobretudo de Dewey e Claparède, com a vantagem de, pela primeira vez, poderem ser dadas sólidas bases científicas aos processos pedagógicos (as escolas novas, criadas inicialmente para crianças excepcionais, tinham muito de idealismo romântico: eram conseqüências da descoberta de um novo ser chamado criança, indivíduo, até então considerado um adulto em miniatura. Piaget foi o pioneiro absoluto na descrição dos estádios do desenvolvimento intelectual da criança. Foi, também, o criador de uma nova ciência denominada epistemologia genética, que descreve como o conhecimento é gerado no organismo, precisamente o

Aproximação entre Piaget e a Educação no Brasil 75

problema nevrálgico da didática (como se aprende). Estas idéias criaram em nós um deslumbramento. Aderimos, imediatamente, ao grande epistemólogo suíço, tentando transformar suas descobertas e teorias em processos didáticos. Piaget, inclusive, justificava a atividade escolar em forma de dinâmica de grupo (trabalho por equipe) que já adotávamos, afirmando que a interação (conflito, discussão, debate) era o melhor estímulo para "descongelar" o egocentrismo do pensamento infantil, transformando as puras intuições em operações mentais (bastava isso para provocar uma "revolução copernicana", em educação, eliminando-se o professor-conferencista). Piaget refutou as duas teorias (empirismo e racionalismo), em que se baseava, até então, a reflexão pedagógica. Negava a validade tanto do behaviorismo (universalmente difundido pelos norte-americanos e pela reflexologia de Pavlov), quanto do apriorismo kantiano (teoria das faculdades mentais ou psicologia dos dons). Para ele, o conhecimento era construído pelo organismo, em sua atividade de assimilação do meio. A partir destas afirmações de Jean Piaget, criamos o método psicogenético, inspirado nos estudos de desenvolvimento mental (a atividade didática modificando-se, de acordo com o nível do desenvolvimento da inteligência, donde o modelo chamar-se educação pela inteligência). Um grupo de professores cearenses, que foram apelidados de capita plana (cabeças chatas), aglutinou-se em torno da Inspetoria Seccional, que comandávamos na ocasião (1958). Começamos a divulgar o método que chamamos de psicogenético, em Fortaleza, nos cursos da CADES (MEC) e nas missões pedagógicas que fazíamos no interior do Estado. O Ministério da Educação convidou nossa equipe para dar cursos em várias cidades do país. Foi uma espécie de "Coluna Prestes": missão altamente inovadora, mas tremendamente hostilizada. Daí pra cá, escrevemos mais vinte livros sobre o método psicogenético e fizemos dois congressos internacionais a que compareceram os discípulos de Piaget de vários países, sobretudo de Genebra. Piaget autorizou-nos, em 1972, a fundar o Centro Experimental e Educacional Jean Piaget, no Rio de Janeiro, instituição que criou um modelo de escola piagetiana, hoje conhecido mundialmente, onde demos cursos e formamos professores (completou, agora, vinte anos de funcionamento).

Finalmente, as idéias de Piaget, que eram repudiadas pela classe acadêmica, nas universidades (ver nosso artigo Piaget, o mal-amado), começaram a se tornar populares, agora com o nome de construtivismo. Não é fácil transformar a epistemologia genética de Piaget em pedagogia. Estamos assistindo às mais pitorescas propostas pedagógicas, feitas em nome de Piaget (construtivismo). Apareceu até um prédio escolar inspirado em Piaget, a exemplo do CIEP de Brizola e do CIAC de Collor. Mas não faz mal certa demagogia (o construtivismo até já se tornou bandeira de um partido político). O principal é que Piaget foi aceito, começando a ser estudado nas faculdades, trinta anos depois da descoberta do livrinho de Hans Aebli...

Carta do Prof. Lauro de Oliveira Lima, intitulada "Finalmente Piaget"[1]

Como ressalta nessa carta, o Prof. Oliveira Lima, influenciado por autores como Dewey, Claparède, Lourenço Filho e Anísio Teixeira, conclamava, desde 1958, os educadores a refletirem sobre as técnicas pedagógicas de base científica que poderiam suscitar a atividade do aluno, conforme os preceitos liberais do escolanovismo. Recentemente, discorrendo sobre as relações entre ciência e pedagogia — uma das questões do eixo desse ideário — Lauro de Lima foi enfático ao reafirmar que "pedagogia sem ciência é macumba". Convicções semelhantes o levaram a divulgar o *slogan* escolanovista "o professor não ensina: ajuda o aluno a aprender", frase que se tornou amplamente conhecida entre os professores durante os anos sessenta.

No entanto, foi a partir do contato com a obra de Hans Aebli e Jean Piaget, que o professor Lauro consolidou a linha teórica e pedagógica que adotaria na obra *Escola Secundária Moderna: Organização, Métodos e Processos* (1962) e nos anos subseqüentes.

---

[1] Carta que foi enviada ao autor em setembro de 1992.

Aproximação entre Piaget e a Educação no Brasil

Partindo da leitura de Hans Aebli, percebeu o "horizonte didático" da obra de Piaget e, absorvendo também as idéias de Kurt Lewin, passou a aplicar e a divulgar aquilo que denominou *método psicogenético*, que inclui a concepção de uma didática operatória e a dinâmica sugerida por Piaget para o trabalho por equipes em escola. Neste caso, a teoria piagetiana se apresentava como uma opção de reformulação pedagógica em busca da formação de sujeitos autônomos e solidários, tal como almejava o ideário escolanovista.

8.1. O grupo Capita Plana e o Método Psicogenético

Lauro de Oliveira Lima formou-se bacharel em direito, mas sempre mostrou-se interessado em educação. Foi professor de Psicologia Educacional na PUC de Fortaleza e de Psicologia Social no Instituto Social do Ceará. Durante dez anos ocupou o cargo de Inspetor Seccional do Ministério da Educação e Cultura, e foi nesse período que montou, em Fortaleza, a "equipe piagetiana", apelidada de Capita Plana (Cabeça Chata), composta por aproximadamente sessenta pessoas. Do trabalho desse grupo originou-se, em 1962, o livro *Escola Secundária Moderna: Organização, Métodos e Processos*, apresentado como guia prático para os educadores empenhados na renovação pedagógica da escola secundária brasileira[1]. Esse livro

---

[1] Neste livro, prefaciado por Anísio Teixeira, constaram como membros da equipe as seguintes pessoas: Lauro de Oliveira Lima, José Aloísio Aragão, Luís Alberto Santos Brasil, Raimundo Sobreira Goes de Oliveira, Isolda Castelo Branco, Almir Brasil Pires, Luísa Teodoro Vieira, Aldemir Silvério Reis de Souza, Zaíra Maria Parente Vasconcelos, João Filgueiras Lôbo, Hipólito Peixoto de Oliveira, Francisco Assis Fernandes Bastos, Amaurilho Monteiro de Oliveira, Iracema Oliveira Santos, José Eduardo Ribeiro Pamplona, Eduardo Diatay Bezerra de Menezes, João Edson Rôla, Inácio Montenegro, Orlando Leite, Letícia Tarquínio Parente, Luselene Veras, Álvaro Menezes Craveiro, Idelzuíte Tavares Carneiro, Roberto Carvalho Rocha, José Lúcio Melo, Pe. Marcomi Montezuma, Almir Caiado, Evaristo Linhares Lima, Edgard Linhares Lima, José Marques Cavalcante. Elizabeth Oliveira Lima, Pe. Francisco de Assis Pitombeira, Raimunda Maciel Medeiros, Francisco Ary Othon Sidou, José Gerardo Miranda Leão, Agerson Tabosa, Irmã Elisabeth Silveira, Zilma Duarte, José da Silva Nogueira, Renato Rodrigues Mota, João Hipólito Campos de Oliveira, Irene Barbosa Arruda, Pe. Luisito Rodrigues, Manuelino Peixoto, Leônidas Cavalcante, Dom Francisco Austregésilo Mesquita Filho, Jaime Alberto Silva, Paulo Rouquayrol, Edilson Brasil Soárez, Maria José de Fontes, Maria Sulamita Bezerra, Maria Neodêmia Reis Martins, Manuel Lima Soares, Heloísa Maria B. Fiúza, Francisco de Assis Garcia, Ari de Sá Cavalcante, Fernando Maia de Oliveira, José Rebouças Macambira, Otávio Terceiro de Farias, Walmiki Sampaio Albuquerque, Paulo Ribeiro Pamploma, Leônidas Magalhães Lima, Lauro de O. *Escola Secundária Moderna: Organização, Métodos e Processos*. Petrópolis: Vozes, 1962. pp. 10-11.

78 *A Difusão das Idéias de Piaget no Brasil*

trazia, como novidade, para a época, a proposta de implantação, nas escolas, do *método psicogenético*.

Procurando avançar na compreensão do desenvolvimento intelectual da criança e nas suas relações com a prática pedagógica, Oliveira Lima adotou a concepção de que a criança é um ser ativo, cuja ação adaptativa é primordial para se despertar o interesse e o desenvolvimento intelectual. Para consolidar o método psicogenético, incorporou os conceitos piagetianos de cooperação e reciprocidade à dinâmica de grupo e à prática pedagógica. O método psicogenético assumiu, como ponto de partida, o aspecto evolutivo e seqüencial do desenvolvimento da criança.

A aplicação desse método significava que, em cada etapa do desenvolvimento infantil, até chegar à adolescência, os desafios didáticos apresentados aos alunos corresponderiam, rigorosamente, aos níveis de estruturação do pensamento previstos na teoria de Piaget (sensório-motor, pré-operatório, operatório concreto e operatório formal). Considerando que a aprendizagem é cada vez mais complexa à medida que o indivíduo se desenvolve, propõe uma didática para cada fase do desenvolvimento, tendo por finalidade atingir uma "assimilação integrativa". Ao definir esse conceito, Oliveira Lima (1971, p. 430) diz:

> *A assimilação integrativa é feita por acomodação, em que o equilíbrio psicológico se refaz (momentaneamente), recompondo a estrutura e produzindo a sensação de organização interior. É o que chamamos em linguagem lógica de síntese: uma perfeita (ou aparente) adequação dos esquemas do indivíduo e o objeto assimilado. A síntese não é senão uma reorganização tanto mais complexa quanto mais superior tiver sido o processo assimilativo. É como o fechamento de uma gestalt após o período (Analítico) de completação (...). À medida que se torna mais móvel, adquire as qualidades do grupo matemático.*
>
> *Posso dizer, portanto, usando a linguagem lógica (em vez da psicológica), que a aprendizagem (o processo*

Aproximação entre Piaget e a Educação no Brasil 79

assimilação-acomodação) vai do Sincrético (impacto indiscriminado e preceptivo com a realidade), pelo Analítico (tateio assimilativo, tentativa de aplicação do esquema de assimilação) para o Sintético (equilíbrio reorganizador das estruturas internas). Este caminho, que é de natureza lógica, pode ser encontrado, embrionariamente, nas adaptações puramente motoras em que à percepção se segue um tateio (ensaio e erro), até que o indivíduo encontra a forma de equilíbrio (síntese), que o faz voltar ao repouso (sentimento de que a estrutura interna não está mais lacunosa, isto é, de que o indivíduo resolve o problema).

A partir dessa formulação teórica, o Prof. Oliveira Lima (1971, pp. 430-431) sistematizou as orientações que os professores deveriam seguir, no método psicogenético, para provocar a aprendizagem:

a) Propor uma situação-problema (se a situação não é nova, a assimilação se faz sem acomodação, isto é, sem aprendizagem);

b) Cuidar para que esta situação-problema chegue a provocar a atividade do indivíduo na direção desejável (a situação-problema já deve conter em si sugestão de ação-esquema antecipador, idéia diretriz). Para isto deve:

1. ativar os esquemas de assimilação (necessário se a situação-problema não estiver dentro do campo assimilativo natural do aprendiz);

2. a ativação deve deixar o indivíduo em estado de "alarma psicológico" (área emocional). Isto se faz dramatizando a situação. A dramatização visa criar um estado afetivo (emocional) de equilíbrio, como se a afetividade tivesse uma lógica (enredo), que procura também completar-se como nossos processos intelectuais.

c) Dar um período de tateio ao aluno (fase analítica). Este tateio, para que seja efetivo, deve (na educação sistemática):

80   *A Difusão das Idéias de Piaget no Brasil*

1. trazer uma sugestão de direção (a própria forma de propor a situação já deve sugerir o caminho da atividade, isto é, o tipo de esquema necessário à sua resolução);

2. ver uma situação global para sustentar-se em vista de constituir parte de um conjunto, ao contrário do hábito que é uma ação isolada;

3. ser feito (pelo menos de início) em situação socializada, porque o próprio grupo vigia os erros pela necessidade de coerência que existe na atividade socializada.

d) Terminar esta fase de assimilação (de escolha de aplicação), ajudando o aluno (fase sintética) a concluir a tarefa, suprimindo suas falhas e tentando ordenar (esquematizar) sua atividade. Se o aluno chegar a isso sozinho (alguns chegarão), a presença do professor é puramente estimuladora.

Oliveira Lima conclui os passos a serem seguidos por esse método com a observação de que, estruturado o esquema, feitas as acomodações, o professor deve propor nova atividade que envolva o mesmo processo.

A formulação do método psicogenético ou método piagetiano, como passou a ser chamado comumente, recebeu críticas de piagetianos brasileiros e de outros países, principalmente de Genebra. As principais críticas ocorreram sob o argumento de que as pesquisas de Piaget não eram voltadas para a relação pedagógica, e sim para a construção do conhecimento do sujeito epistêmico. Segundo esses críticos, Oliveira Lima estaria descaracterizando a obra de Piaget ao instituir uma prática pedagógica denominada método piagetiano.

Do final da década de cinqüenta até o início da de setenta, Oliveira Lima divulgou intensamente as idéias de Piaget no Brasil. Segundo seus cálculos, ministrou cursos na maioria dos Estados brasileiros, atingindo uma clientela de aproximadamente cinqüenta mil pessoas e publicou mais de vinte livros relacionados à educação, principalmente, às implicações pedagógicas da teoria de Jean Piaget. Sobre a expansão de sua obra, relatou:

Aproximação entre Piaget e a Educação no Brasil

Minha influência foi grande, embora ninguém se lembre disso, nem tenha ficado registrada historicamente. Foi acentuada na mentalidade das pessoas que consumiram meus livros Escola Secundária Moderna (1962) e Dinâmica de Grupo (1969), em várias edições com dez mil exemplares, quer dizer, livros que circularam por esse país. Ainda hoje recebo pedidos. Com os outros livros, vendi milhares de exemplares. Éramos contratados para dar cursos em Manaus, Porto Alegre, Vitória, Juiz de Fora, Londrina, Recife, em todo o Brasil. Tínhamos história para isso, porque desde 1959 tínhamos uma equipe piagetiana. Era a única no Brasil, que eu saiba. Ouvi falar de pessoas de Minas Gerais, na época de Helena Antipoff. Depois de algum tempo, vi no Recife o Sílvio Rabello, que publicou um livro que fazia referência a Piaget e Antonio Penna, aqui no Rio de Janeiro, que dava cursos na Universidade. Bem depois, encontrei o pessoal de São Paulo, a Amélia Domingues de Castro, a Zélia Chiarottino, o Cláudio Saltini e o Lino de Macedo.

Durante os anos oitenta, Oliveira Lima organizou, no Rio de Janeiro, três congressos piagetianos: 1º Congresso Brasileiro Piagetiano (1980), 2º Congresso Brasileiro Piagetiano (1984) e 1º Encontro Internacional de Educação Piagetiana (1984). Este último contou com a presença de mais de três mil participantes.

Atualmente, as atividades do Prof. Oliveira Lima concentram-se, principalmente, em acompanhar os trabalhos desenvolvidos em sua escola, A Chave do Tamanho, mantida pelo Centro Experimental e Educacional Jean Piaget, criado na cidade do Rio de Janeiro, em 1972, com a finalidade de elaborar um processo pedagógico baseado na teoria de Piaget. Essa escola tornou-se amplamente conhecida desde a sua criação, por ter sido "autorizada" por Piaget. O Prof. Lauro contou que escreveu para Piaget porque

(...) tinha um certo contato epistolar com ele. Então disse a ele para patrocinar, do ponto de vista intelectual, uma experiência em que o objetivo era ver se Piaget se traduz em pedagogia ou não, ampliando as sugestões de Hans Aebli.

82 · A Difusão das Idéias de Piaget no Brasil

E Piaget respondeu;

Genève, le 6 de novembre de 1972.

Cher Monsieur,

Je vous remercie très vivemente de votre aimable letive du 15 septembre.

Après l'avoir reçue, j'ai consulté M. Pierre Furier, que vient seulemente de me répondre. C'est donc avec plaisir très vivement d'associer mon nom à votre nouveau centre expérimental et pédagogique.

J'espère que vous voudrez me tenir au courant de vos travaux et je vous prie, cher Monsieur, de creire à mes sentiments les meilleurs et les plus dévoués[1].

Dessa troca de cartas, pode-se perceber que Oliveira Lima persistiu na possibilidade de aplicação pedagógica das pesquisas epistemológicas de Piaget. Conclui-se também que Piaget, por sua vez, embora em várias ocasiões tivesse insistido no fato de que as questões educacionais estavam descartadas de seu universo de investigações, manifestava interesse por elas e admitia a "tradução" de sua teoria em fundamentos pedagógicos, como já havia feito com Hans Aebli, ao sugerir-lhe que escrevesse um trabalho sobre a aplicabilidade, à didática, de sua psicologia genética.

---

[1] Carta enviada por Piaget, de Genebra, ao Prof. Lauro de Oliveira Lima.

SEGUNDA PARTE

Os Núcleos Piagetianos no Brasil

Na Primeira Parte deste livro (capítulos I e II), foi descrito o quadro propiciador da difusão das idéias piagetianas no Brasil. Esta Segunda Parte, centra-se no mapeamento do trajeto da teoria de Piaget no contexto brasileiro.

Em geral, estudos com esta característica de mapeamento, que assumem um caráter bibliográfico, documental e histórico implicam, em função desse procedimento, uma organização do material coletado a partir de critérios emergentes dos próprios dados. Seguindo essa orientação, foi feita a opção de apresentá-los organizados em **núcleos**, principalmente em torno da "configuração geográfica" de localização das fontes. Justificam essa opção de sistematização os fatos a seguir. Primeiramente, vale lembrar que, na primeira metade do século XX, os contatos entre os difusores de Piaget se davam muito em função da proximidade geográfica. Foi a partir dos anos cinqüenta, com o advento do desenvolvimento tecnológico, que se tornaram mais ágeis as comunicações, o que possibilitou maior intercâmbio a favor de interesses temáticos entre os piagetianos. Além disso, é importante observar que, atualmente, em centros de pós-graduação, acabam acontecendo, em torno de determinadas linhas de pesquisa, concentrações de pesquisadores identificados em função da sua localização geográfica. Há o "Grupo de São Paulo" ou a "Equipe de Pernambuco", denominações que ficaram conhecidas entre os piagetianos, após o debate que se travou sobre a questão dos déficits cognitivos e das diferenças cognitivas em crianças de populações marginalizadas no Brasil[1]. Portanto, a disposição dos dados em núcleos, nesta exposição, obedece a uma configuração intrínseca à própria história que eles constituem.

---

[1] Debate que se iniciou a partir do texto "A Criança Marginalizada para os Piagetianos Brasileiros: Deficiente ou Não?" (Patto, 1984).

Foram, então, detectados os núcleos de Minas Gerais, Rio de Janeiro, São Paulo, Rio Grande do Sul, Pernambuco, Paraíba e Brasília, que serão caracterizados pelos fatos mais significativos de sua formação, relatados preferencialmente em ordem cronológica.

1. O núcleo de Minas Gerais

As idéias de Piaget começaram a circular, em Minas Gerais, incorporadas às atividades realizadas por Helena Antipoff no Laboratório de Psicologia da Escola de Aperfeiçoamento de Belo Horizonte. O Laboratório foi criado em 1929, como parte de um conjunto de medidas implementadas pelo então Secretário do Interior, Francisco Campos, para promover a reforma do ensino no Estado, que previa a inclusão da pesquisa e o diagnóstico psicológico como instrumentos de modernização da prática pedagógica, de acordo com os princípios escolanovistas. Com essa finalidade, estiveram em Belo Horizonte, apresentando suas pesquisas e propostas educacionais, vários pesquisadores que trabalharam com Antipoff no Instituto Jean-Jacques Rousseau, em Genebra. Dentre eles destacava-se Edouard Claparède, Diretor Chefe do Instituto Rousseau que, juntamente com Helena Antipoff, foram os primeiros a divulgar os trabalhos de Jean Piaget em Minas Gerais e em todo o Brasil.

1.1. Helena Antipoff e o Laboratório da Escola de Aperfeiçoamento: idéias escolanovistas com a presença de Piaget

> *Diante do céu estrelado, em pé no convés do "Júlio César", de mãos postas, Helena reza (...). Na mesma noite, adquirindo cartões-postais do próprio navio, começa a escrever para todos os entes queridos deixados no continente. No dia seguinte, na segunda escala, em Barcelona, poderá postar a correspondência e dar um pouco de si àquela gente boa que deixara ali: os seus familiares, Claparède, Bovet, Piaget, Meilli, enfim, os*

Baranoff, os Belaieff, que a hospedaram em Genebra (...). Após quatorze dias de viagem, chega ao porto de Santos, ponto final da viagem programada. Deveria avistar-se logo com o Prof. Lourenço Filho, único psicólogo brasileiro que conhecia, de nome (...).

Qual não foi sua surpresa, ao desembarcar no porto de Santos? Depara com os professores Leon Walther, Lourenço Filho e Noemi Silveira Rudolfer, que tinham ido especialmente para o desembarque do "Júlio César", naquele 6 de agosto de 1929. Helena Antipoff mostra-se sensibilizada com tanta gentileza por parte dos dois brasileiros. Leon Walther, vindo ao Brasil por indicação da própria Helena Antipoff, estava ali também em vésperas de voltar para Genebra, findo o seu contrato de três meses com o governo de Minas Gerais (...).

O Prof. Lourenço Filho explica à assistente de Edouard Claparède que o Brasil precisa de técnicos experimentados. Faz um rápido levantamento de nomes brasileiros ligados à psicologia, alguns na Bahia, outros em Pernambuco e no Rio de Janeiro e formula votos para que Belo Horizonte se torne um novo centro (...).

Em seu quarto dia de permanência no Brasil, Helena Antipoff chega a Belo Horizonte. Estabelece logo contato com os elementos do governo responsáveis pelo seu contrato inicial de dois anos. O Dr. Mário Casassanta, inspetor-geral da Educação Pública, é destacado pelas autoridades para visitá-la. Helena Antipoff já está instalada no Grande Hotel, à Rua da Bahia, e os jornais do dia assinalam sua presença na cidade.

Em companhia da Srª Arthus, professora estrangeira e hóspede do mesmo hotel, Helena Antipoff recebe as boas-vindas do representante do governo mineiro, que se faz acompanhar da Profª Amélia de Castro Monteiro, diretora da Escola de Aperfeiçoamento, onde a psicóloga vai trabalhar. O Dr. Casassanta aborda diversos aspectos do trabalho que seria entregue à ex-assistente de Claparède. A Profª Amélia Monteiro, recém-vinda dos Estados Unidos,

88   *A Difusão das Idéias de Piaget no Brasil*

onde permaneceu mais de um ano, também fala muito bem o francês e responde a todas as perguntas feitas por Helena Antipoff.

Para a tarde do mesmo dia, é prevista uma visita ao Secretário do Interior, responsável pela educação pública do Estado: o Dr. Francisco Campos, cujo nome se achava mencionado no contrato, assinado em Genebra. Tudo segue um ritmo bastante rápido, dentro de uma atmosfera calorosa e de simpatia que Helena julga sendo tipicamente brasileira, por não ter sentido de tal forma em nenhum outro país.

No dia seguinte, seria recebida pelo presidente do Estado, Dr. Antônio Carlos de Andrada, acompanhada pelos Drs. Francisco Campos e Mário Casassanta.

(Daniel Antipoff, 1975, pp. 108-111)

O relato da chegada pitoresca de Helena Antipoff ao Brasil, de certa forma, traduz o entusiasmo que se vivia no Brasil em torno dos projetos de reformas educacionais. A vinda da psicóloga russa Helena Antipoff, para cá, adentra-se nesse contexto e foi parte integrante do projeto de reforma do ensino público, proposto por Francisco Campos no Estado de Minas Gerais, em 1927 e 1928. Esse projeto previa um conjunto de medidas destinadas à realização de um diagnóstico da instituição escolar e à implementação e divulgação de uma nova postura teórica e metodológica, condizentes com os princípios do escolanovismo. Foram duas as principais medidas tomadas para a implantação desse projeto. A primeira incluiu a publicação da *Revista do Ensino*, órgão oficial da Inspetoria Geral da Instrução da Secretaria do Interior do Estado. Nessa revista, divulgavam-se exaustivamente os novos métodos de ensino, publicavam-se artigos traduzidos de revistas especializadas da Europa e EUA, os discursos do Secretário do Interior, seus atos oficiais e relatórios de experiências de ensino levadas a efeito no Estado. A segunda foi a criação da Escola de Aperfeiçoamento de Professores, destinada a atrair professores de todas as regiões do Estado, para um curso de dois anos, com mestres experimentados, de modo a se tornarem verdadeiros técnicos do ensino (Francisco Campos,1930).

Os Núcleos Piagetianos no Brasil 89

Como a psicologia era considerada "ciência fonte" dos novos métodos pedagógicos, foi criado, na Escola de Aperfeiçoamento, o Laboratório de Psicologia, onde eram promovidos cursos com pesquisadores e psicólogos vindos de outros Estados e de outros países, com a finalidade de transmitir aos professores mineiros os conhecimentos de psicologia. Com esse objetivo, Francisco Campos enviou a Genebra o Dr. Alberto Alvares, cuja missão era a de contratar profissionais do Instituto Jean-Jacques Rousseau, que pudessem organizar e dirigir o Laboratório. Edouard Claparède, diretor do Instituto Rousseau, indicou Leon Walther e Helena Antipoff. No início de 1929 veio Walther, dando início aos trabalhos. No final do mesmo ano, Antipoff chegava ao Brasil para substituí-lo. Seu contrato era de dois anos, mas ela acabou ficando definitivamente no Brasil e dirigiu o Laboratório até a sua extinção, em 1946.

A chegada de Helena Antipoff a Belo Horizonte anunciou o início da presença das idéias de Piaget em Minas Gerais e no Brasil[1].

Piaget era amigo de Helena Antipoff e também assistente de Edouard Claparède, no Instituto Jean-Jacques Rousseau, em Genebra[2]. Sendo assim, é compreensível que, nas primeiras atividades realizadas por Antipoff no Brasil, já aparecesse o nome de Piaget.

Em seus primeiros anos de trabalho, em Belo Horizonte, Helena Antipoff ministrou cursos e realizou aulas práticas voltadas para a formação de professores, de acordo com os princípios da Escola Ativa, cuja orientação tinha em Claparède um dos principais representantes. Esses cursos incluíam autores de várias orientações teóricas. No primeiro curso que ministrou, o programa proposto constituía-se de três partes. A primeira era uma introdução à psicologia experimental, incluindo estudos de orientação gestaltista, associacionista e freudiana, com aulas práticas que visavam iniciar os alunos nas investigações ci-

---

[1] Provavelmente Leon Walther citava Piaget quando esteve, em 1928, em Belo Horizonte, pois também era colega de Piaget, mas não temos nenhum documento que comprove o fato. Existiam outras pessoas no Brasil que também se interessaram por Piaget antes de 1929, como é o caso de alguns médicos da cidade do Rio de Janeiro. Porém, não localizamos nenhum registro de que o divulgavam nessa época.

[2] A esse respeito, ver capítulo sobre Piaget e a educação no Brasil.

90   A Difusão das Idéias de Piaget no Brasil

entíficas, para cultivar sua observação, experimentação e controle. A segunda parte do curso versava sobre a pedagogia, seguindo as orientações da evolução física e psíquica das crianças, tais como se deduzem das investigações de Straz, Goudin, S. Hall, K. Groos, Stern, Kerschensteiner, Binet, Claparède, Descoeuvres e Terman. A terceira compreendia o ensino e a aplicação de testes psicológicos e escolares. Seu objetivo era "dar aos educadores o meio para formar classes homogêneas, selecionar as crianças retardadas e anormais, fornecer a possibilidade de estudar alunos em vista de sua inteligência e de suas outras aptidões e acompanhar seu desenvolvimento físico e psíquico" (Santos, 1929, p. 33).

Nesses cursos, Antipoff também incluía, no conteúdo programático, suas pesquisas, bem como as dos colegas pesquisadores do Instituto Rousseau. Entre os trabalhos relacionados, constavam comentários críticos, artigos e pesquisas do jovem Piaget. Algumas idéias de Piaget sobre a psicologia da criança e o desenvolvimento moral foram, nessa época, conhecidas pelos alunos da Escola de Aperfeiçoamento de Belo Horizonte, pois Antipoff, interessada em que seus alunos se informassem sobre o desenvolvimento da criança e aprendessem a pesquisar, fazia circular, no Laboratório, as publicações do *Archives de Psychologie*, periódico do Instituto Rousseau. Divulgou, por exemplo, o "Comentário de Piaget" (1928, pp. 11-12) sobre seu artigo "Observações sobre a compaixão e o sentimento de justiça na criança" (Sociedade Pestalozzi do Brasil, 1971, pp. 5-10).

Nesse artigo, destacando aspectos do desenvolvimento infantil, Antipoff relatava que o caráter particular do objeto de comiseração da criança muito pequena sugeria a existência de uma percepção afetiva de justiça. A sensibilidade à dor alheia não apresentava uniformidade de reações nas crianças. Existiam reações sadistas, raramente encontradas, e reações masoquistas, mais encontradas nas meninas. Crianças que sentiam intensamente o infortúnio dos outros só se libertavam deste sentimento quando encontravam meios de polarizá-lo, transformando a compaixão pela vítima em ira pelo culpado. Finalmente lembrava, no artigo, a necessidade

Os Núcleos Piagetianos no Brasil 91

de aprofundamento desse estudo para a sua devida utilização na educação do caráter moral do indivíduo. Piaget (1928), ao comentar esse artigo, disse o seguinte:

Entre as tendências instintivas, devem-se lembrar, essencialmente, as tendências vindicativas e a compaixão. Ambas, com efeito, se desenvolvem independentemente da pessoa adulta. As reações de defesa e de luta são suficientes para explicar como o indivíduo, infligindo sofrimentos ao adversário para proteger-se a si próprio, chega a fazê-lo sofrer como resposta a todas as ofensas. A vingança é, assim, contemporânea das primeiras manifestações de defesa e é muito difícil, por exemplo, dizer se os acessos de raiva de um bebê exprimem simplesmente a necessidade de resistir ao trato que lhe dão ou se existe, já, a vingança. Em todo caso, desde que apareçam golpes de punho (e eles surgem singularmente cedo e independentemente de toda a influência adulta) não se saberia dizer onde acaba a luta e onde começa a vingança. Ora, como muito bem o demonstrou Mme. Antipoff, em uma breve nota sobre a compaixão, as tendências vindicativas são suscetíveis de ser "polarizadas" muito cedo sob a influência das simpatias: sofrendo com aquele que sofre, graças às suas surpreendentes faculdades de introjeção e de identificação afetiva, a criança tem necessidade de vingar o infeliz tanto quanto a de se vingar a si própria, e experimenta uma alegria vindicativa por todo sofrimento infligido ao autor dos sofrimentos alheios.

No entanto, a nosso ver, é ir um pouco longe demais estabelecer o sofrimento de justiça sobre tais reações e invocar, como Mme. Antipoff, uma manifestação moral nata, instintiva, e que, para desenvolver-se, não tem necessidade, em suma, nem de experiências anteriores nem de socialização da criança entre seus semelhantes.

O debate entre os profissionais que atuavam no Laboratório de psicologia da Escola de Aperfeiçoamento de Belo Horizonte e o Instituto Rousseau era intenso e favoreceu um forte intercâmbio, a

92   *A Difusão das Idéias de Piaget no Brasil*

ponto de artigos monográficos, produzidos pelas alunas-professoras ao final de curso, serem selecionados e publicados nos *Archives de Psychologie*, em Genebra.

Embora alguns desses artigos citassem Piaget, nessa época, as maiores referências eram reservadas ao mestre Claparède, que em 1930 viria pela primeira vez ao Brasil, visitar a amiga Helena Antipoff, supervisionar os trabalhos do Laboratório e comunicar suas novas pesquisas. A estada de Claparède em Belo Horizonte foi rápida e conturbada, mas representou uma maior penetração do nome de Piaget, no Brasil, pois Claparède, em seus cursos e conferências, referia-se ao jovem pesquisador de Genebra. Essa passagem de Claparède pelo Brasil é narrada por Daniel Antipoff (1975, pp. 126-127), filho de Helena, da seguinte maneira:

A correspondência não cessara entre Helena Antipoff e seu mestre e amigo Edouard Claparède, que estava procurando cumprir uma velha promessa — a de fazer uma visita àquela que foi a preferida entre todas as suas assistentes. Claparède já ultimava os preparativos, conseguindo visto para uma viagem ao Brasil que não durasse mais de sessenta dias.

Helena, por sua vez, ultimava diversos trabalhos em seu laboratório da Escola de Aperfeiçoamento. Pretendia submetê-los à apreciação do mestre. As próprias alunas do Curso estavam ansiosas por conhecer o famoso psicólogo e educador, cujos livros manuseavam diariamente. Conheciam-no por um retrato que ornamentava o laboratório. Consideravam que, com o conhecimento de francês adquirido no curso normal e ultimamente praticado ao vivo na Escola de Aperfeiçoamento, poderiam perfeitamente entendê-lo. Palestras e debates estavam sendo programados para a primeira semana de outubro, além de um curso intensivo sobre psicologia da criança.

Em fim de agosto, Helena Antipoff novamente viaja até o Rio para ir ao encontro do grande amigo. Claparède fica maravilhado com a cidade do Rio de Janeiro, que já conhecia através de cartões-postais que lhe haviam enviado

Simon, Walther e sua própria assistente. Ao chegar em Belo Horizonte, estranha um pouco a secura da atmosfera e o calor da entrada do sertão. Lembra-lhe um pouco a atmosfera que conhecera em sua última viagem ao Egito, para onde aliás queria enviar Helena Antipoff, tão solicitada pela Universidade do Cairo.

Mal inicia o curso junto às alunas do 2.° ano de Aperfeiçoamento, estoura um motim da polícia militar mineira, contra o 12º Regimento Federal sediado em Belo Horizonte. Hóspede do Grande Hotel, que Helena Antipoff lhe recomendara, acaba se assustando com o sibilar das balas, geralmente atiradas na direção do hotel, onde figuras políticas da oposição estavam hospedadas. Era o início da Revolução de 1930, quando três Estados – Rio Grande do Sul, Minas e Paraíba – se rebelavam contra o governo de Washington Luís. Por sugestão de sua assistente, Claparède muda-se para a pensão da D. Nicolina, onde a própria Helena residia.

Os incidentes de outubro estragam a viagem de passeio de Claparède. Assustado, já não quer sair de casa, com receio de ser alvejado pelos atiradores, que poderiam confundi-lo com algum agente vindo do Rio. Sitiado naquela cidade, somente recebe a visita de uns poucos brasileiros que falam o francês, entre eles o Prof. José Lourenço de Oliveira, suficientemente corajoso para transpor as ruas desertas do bairro dos Funcionários. Embora isolado da Europa e da Suíça, em particular, devido ao corte de todas as comunicações, assim mesmo Claparède aproveita o confinamento na pensão da Rua Pernambuco para terminar uma obra: L'Education Fonctionelle. Em fim de outubro, Helena fica satisfeita em poder embarcar são e salvo o seu grande amigo, que, com a viagem, mais uma vez lhe demonstra o grau de sua amizade.

Claparède voltou ao Brasil em 1932, num clima político mais tranqüilo, ministrando cursos e palestras em Belo Horizonte e na cidade do Rio de Janeiro. Nessa viagem, Claparède fez referências às seguintes obras de Piaget: *Le jugement et le raisonnement chez*

94 *A Difusão das Idéias de Piaget no Brasil*

l'enfant (1924) e *Le langage et la pensée chez l'enfant* (1923). Anunciou, também, a metodologia inovadora utilizada por Piaget (o método clínico) e as pesquisas que o jovem cientista vinha realizando, desde 1928, sobre o desenvolvimento moral da criança, que foram publicadas em 1932, sob o título *Le jugement moral chez l'enfant*.

Após a volta de Claparède para Genebra, Helena Antipoff continuou citando Piaget em Minas Gerais e também no Rio de Janeiro. Em 1934, no artigo "A personalidade e o caráter da criança", divulgado pela Secretaria da Educação e Saúde Pública do Estado de Minas Gerais, Helena Antipoff referiu-se a Piaget ao enfatizar o papel da infância na formação da personalidade. Esse mesmo artigo foi apresentado no Congresso de Proteção à Infância, realizado no Rio de Janeiro, nesse mesmo ano. Havia no texto o estudo da personalidade da criança educada em asilo, recorrendo a Piaget, Preyer e Bovet para conceituar a evolução da personalidade. Discutia o caráter das crianças asiladas, mediante a observação e os testes psicológicos, lembrando a necessidade do diagnóstico médico-psicológico para uma melhor orientação pedagógica das mesmas. Concluía o artigo apresentando cinco teses, nas quais defendia os princípios e as práticas da Escola Ativa (Antipoff, 1934).

De 1929 a 1946, período em que esteve em funcionamento o Laboratório de Psicologia da Escola de Aperfeiçoamento, alguns professores dessa escola e ex-alunos de Helena Antipoff, passaram a citar Piaget como o principal pesquisador do desenvolvimento intelectual da criança. Incluíam-se nesse grupo Zilah Frota, Maria Silvia Machado, Maria Luiza de Almeida, Zenaide Cardoso Schultz, Geralda Ávila, Maria José Starling, Irene Pinheiro, Zenita Souza Cunha, Heloísa Menezes Aguiar, Antônio Plínio Mascarenhas, Helena Dias Carneiro e Dirce Ferreira.

Com a transformação por lei, em 1946, da Escola de Aperfeiçoamento em curso de Administração Escolar, fechou-se o Laboratório de Psicologia. Nessa época, Helena Antipoff resolveu dedicar-se a seu novo empreendimento educacional e de pesquisa, a Fazenda do Rosário, localizada nas imediações de Belo Horizonte, em Ibirité (MG), onde já vinha trabalhando há quatro anos.

1.2. Piaget na Fazenda do Rosário

A preocupação de Helena Antipoff com as crianças institucionalizadas, desamparadas e "excepcionais", levou-a a criar, em 1932, a Sociedade Pestalozzi de Minas Gerais e, em 1935, o Instituto Pestalozzi de Belo Horizonte. O princípio geral que norteava tal empreendimento era o de assistir a criança e o adolescente "classificados acima ou abaixo da norma de seu grupo, visto serem portadores de características mentais, físicas ou sociais que façam de sua educação um problema especial" (Regina Campos, 1980, p. 48). Interessada em proporcionar a essas crianças algum tipo de treinamento profissional e, ao mesmo tempo, adequar os métodos de tratamento a um ambiente propício, a Sociedade Pestalozzi[1] adquiriu, em 1939, uma área rural, onde se instalou a Fazenda do Rosário, uma unidade de reeducação de menores "excepcionais" carentes. O projeto pedagógico da fazenda-escola seguiu os princípios da Escola Ativa, partindo principalmente das orientações dos pesquisadores de Genebra, entre eles Piaget, incluindo suas sugestões de trabalho em equipes. O professor Pedro Parafita de Bessa, conhecedor da história de Helena Antipoff, teceu alguns comentários sobre o contexto daquela época e indicou em que sentido Piaget foi incluído nesse projeto:

A Fazenda do Rosário nasceu graças ao empenho de Dona Helena, que mais tarde também se empenharia em formar professores para as escolas rurais do Estado de Minas, fundando, com esse objetivo, na Fazenda, o Instituto Superior de Educação Rural. Para retomar as pesquisas psicológicas criou, também na Fazenda, o Laboratório de Psicologia Edouard Claparède. Em 1948 instalou, na Fazenda, a Escola Normal Rural Oficial, onde se realizavam os cursos de aperfeiçoamento para professores rurais. Lembro-me que, em 1952, Pierre Bovet veio de Genebra para participar do Seminário de Educação Rural, promovido na

---

[1] Sociedade Assistencial criada por Helena Antipoff em 1932.

Fazenda do Rosário. Dona Helena estava preocupada em introduzir conhecimentos inovadores em nosso meio. Era aquela idéia de educar para uma civilização em mudança, para os novos tempos. Aquela idéia pregada pela Escola Nova. Não era só uma idéia, era uma experiência que estávamos vivendo no Brasil de transição de uma sociedade agrária, arcaica, para uma sociedade industrial ou em processo de industrialização. Até 1929, com exceção de ilhas isoladas de indústrias, a sociedade era realmente essencialmente agrária. O café representava 90% da exportação. Só havia pequenas indústrias. Belo Horizonte, na década de trinta, só tinha algumas fábricas de seda, fábrica de prego, coisas muito pequenas. O interesse das pessoas era muito voltado para a terra, para as fazendas. Daí a preocupação de Dona Helena em elevar a educação rural, mas com características inovadoras de modernidade. Piaget, que não era um educador, mas um simpatizante dos projetos ativos de Ferrière e Claparède, entrava no plano pedagógico da Fazenda no conteúdo de disciplinas e como sugestão para o trabalho em grupo com as crianças, o trabalho por equipes.

Seguindo a orientação de desenvolver um trabalho científico, Helena Antipoff convidou vários pesquisadores que trabalharam no Instituto Rousseau, em Genebra, para ministrarem cursos e conferências. Estiveram na Fazenda do Rosário os pesquisadores Pierre Janet, Pierre Bovet, Henri Piéron, Léon Walther, Bela Szekely, Mira Y Lopes e André Rey. Desses pesquisadores, André Rey foi quem mais falou de Piaget, embora, como relatou Terezinha Rey, discordasse da "pouca valorização dos estímulos sociais e do excesso de fundamentos adaptativos biológicos da teoria de Piaget". André Rey permaneceu cerca de quatro meses na Fazenda do Rosário, onde ministrou um curso sobre psicologia experimental e outro curso sobre treinamento para o diagnóstico clínico em psicologia. Terezinha Rey, brasileira, casou-se com André Rey, em 1957, e foi sua aluna nesses cursos ministrados na Fazenda do Rosário. Relatou como as idéias de Piaget foram divulgadas nessa ocasião.

Os Núcleos Piagetianos no Brasil   97

Estudávamos Piaget, porque ele era considerado o psicólogo que trabalhava com a inteligência, principalmente a inteligência da criança. Era um conteúdo que os professores precisavam conhecer, para poder respeitar a criança no processo de aprendizagem. Mas Piaget já era conhecido por alguns alunos do curso. Um ano antes, quando eu fiz o curso de psicopedagogia na Sociedade Pestalozzi do Brasil, na cidade do Rio de Janeiro, eu já ouvia falar em Piaget. Foi lá que encontrei Helena Antipoff, e ela falou um pouco da psicologia genética de Piaget. Porém o conhecimento era muito livresco, sem muita crítica, e os livros dele ainda não eram traduzidos. Líamos tudo em francês. Eu me lembro que, na minha biblioteca aqui no Brasil, quando eu morava com meus pais, em Goiânia, eu tinha todos os livros de Piaget em francês. Foi um médico de Goiânia, Dr. Simão Carneiro, que me fez presente desses livros. Ele conhecia e estudava Piaget. Então, quando André Rey citava Piaget, no curso, alguns de seus livros já eram conhecidos. Mas André Rey citava Piaget como citava também Claparède, Binet, Simon, Pierre Janet e outros psicólogos da época. Nós estavamos na fase de aplicar o Binet-Simon ou então os testes ABC, de Lourenço Filho, que era o nosso psicólogo da época. O pouco que se trazia de fora, era, como disse, muito livresco. Faltavam pesquisas no Brasil, naquela época. As pesquisas de Piaget ainda nem eram replicadas.

A presença dos pesquisadores europeus em Belo Horizonte serviu de estímulo para que algumas professoras, discípulas de Helena Antipoff, procurassem aperfeiçoamento em Genebra e Paris. Esse é o caso de *Maria Luiza de Almeida Cunha Ferreira* que, conseguindo em 1959 uma bolsa da UNESCO, foi à Europa para estudar. Em depoimento a Iris Goulart (1985, p. 95), retrata esse momento:

(...)A gente notava que a Dona Helena conhecia a obra de Piaget, mas o Piaget que eu fui encontrar na Suíça, Dona Helena estava bem distante dele. Na entrevista que tivemos,

ele me disse que já tinha feito muitas outras experiências. Ela mantinha correspondência com Genebra e estava mais ou menos a par, mas Piaget tinha evoluído em termos de laboratório de psicologia, da psicologia genética e científica e de todo aquele incremento que ele deu ao laboratório com Mlle. Inhelder. Eu me lembro que levei para Genebra uma carta de apresentação de Dona Helena para Piaget (...) Ao voltar, comecei a traduzir as técnicas que eu havia trazido.

Maria Luiza de Almeida Cunha Ferreira fez cursos com Piaget em Genebra e na Sorbonne, durante um ano e meio. Também fez cursos com André Rey, em Genebra, e com Renée Zazzo, no Instituto Henri Rousselle, em Paris.

Embora a influência dos europeus fosse a mais marcante nos trabalhos educacionais desenvolvidos em Minas, desde 1946 começou-se a sentir a presença cada vez mais forte do funcionalismo norte-americano e, em seguida, do behaviorismo. Segundo Iris Goulart (1985), pesquisadora da História da Educação em Minas Gerais, as alterações que ocorriam na legislação educacional já eram sintomas dessas mudanças. Na verdade, essas alterações "ofuscariam", mais tarde, por mais de uma década, as idéias de Piaget, em Minas Gerais.

Com a lei que criou os Institutos de Educação, em 1946, a Escola de Aperfeiçoamento de Professores deixou de existir e surgiu o Instituto de Educação, composto da Escola Normal Modelo e do Curso de Administração Escolar. A Escola de Aperfeiçoamento era, como vimos, um centro de intercâmbio com o Instituto Jean-Jacques Rousseau, de Genebra. Portanto, havia uma forte influência européia. Porém, com as mudanças legais que ocorreram, professoras mineiras viajavam para os EUA para freqüentar cursos na Universidade de Colúmbia, centro de influência do funcionalismo americano. As informações que recebiam sobre Piaget, eram marcadas pela ótica funcional americana.

Passado esse período, no final dos anos cinqüenta, ocorreram novas alterações na área educacional em Minas. Surgiu o Programa de Auxílio Brasileiro-Americano ao Ensino Elementar. Mais uma

Os Núcleos Piagetianos no Brasil   99

vez, um grupo de professores foi enviado aos EUA para fazer cursos. Isso gerou uma reação nos discípulos da antiga Escola de Aperfeiçoamento, que preferiam a influência européia. Por isso, algumas dessas professoras foram a Genebra revitalizar seus conhecimentos e encontraram um Piaget renovado, com as idéias da epistemologia genética. Nessa época, Piaget já havia publicado a *Introduction a l'Epistémologie Génétique* (1950). Com perseverança, passaram a divulgar as novas descobertas piagetianas. Porém, nos anos sessenta, Minas sofreu uma forte influência do behaviorismo norte-americano. Nesse período, falou-se pouco em Piaget, com exceção daquelas professoras que haviam voltado de Genebra.

1.3. A Faculdade de Filosofia: um novo espaço de difusão

Em 1940, inaugurou-se o "ciclo universitário" de apropriação das idéias de Piaget. Nesse ano, foi criada, em Belo Horizonte, a Faculdade de Filosofia da Universidade de Minas Gerais. Helena Antipoff foi uma das suas fundadoras e tornou-se professora catedrática da cadeira de psicologia educacional, disciplina que também era oferecida a outros cursos que integravam a Faculdade de Filosofia. Em 1941, começou a funcionar o curso de Ciências Sociais, onde também foi oferecida a disciplina de psicologia educacional. Helena Antipoff incluiu, no conteúdo da disciplina, a psicologia genética e a metodologia de pesquisa de Jean Piaget. Pedro Parafita de Bessa, aluno da primeira turma de Ciências Sociais, lembrou-se dos principais aspectos abordados por Helena Antipoff.

Ela demonstrava e dava treinamento sobre a aplicação do método clínico e fazia referências a várias contribuições de Piaget sobre o conhecimento da criança, o desenvolvimento moral, o desenvolvimento da regra, a relação entre o desenvolvimento da regra e o jogo, a representação do mundo pela criança e a evolução dessa representação. Fazia demonstrações sobre o método clínico e mandava a gente discutir as dificuldades e apresentar soluções. Ela colocava Piaget como uma pessoa que tinha estabelecido

100   A Difusão das Idéias de Piaget no Brasil

os parâmetros para nos dar um método, que antes dele ainda não tinha sido usado. Falava também da questão da conservação de massa e daquelas experiências clássicas de provas operatórias.

Em 1946, Helena Antipoff foi trabalhar na cidade do Rio de Janeiro, e o Prof. Pedro Bessa substituiu-a na cadeira de psicologia educacional. Continuou ministrando o mesmo conteúdo programático que vinha sendo desenvolvido na disciplina, incluindo, também, a psicologia funcional de Claparède, o associacionismo de Pavlov e estudos sobre a psicologia da Gestalt. Sobre Piaget, acrescentou ao programa apenas alguns capítulos do livro *La naissance de l'intelligence chez l'enfant* (1936) e *Le jugement moral chez l'enfant* (1932).

Segundo Pedro Bessa, assistente de Helena Antipoff nessa época, ainda não havia, em Minas Gerais, nenhum especialista em Piaget. Em 1955, porém, a convite de Helena Antipoff — que há alguns anos havia retornado de seu trabalho no Rio de Janeiro —, esteve em Belo Horizonte o Prof. Ruis Flores de Lopes, que ministrou, na Faculdade de Filosofia da UMG, um curso de extensão universitária sobre psicologia genética. Especializado em Piaget, fazia uma leitura sistemática da teoria e também replicações de pesquisas, tendo crianças como sujeitos dos exercícios operatórios de Piaget.

No início dos anos sessenta, época da criação da maioria dos cursos de psicologia no Brasil, cresceu rapidamente a influência do behaviorismo em Minas Gerais e a teoria de Piaget permaneceria latente por alguns anos.

1.4. O behaviorismo chega ao curso de psicologia da UFMG e "ofusca" Piaget

Em 1962, o Prof. Pedro Parafita de Bessa fundou, junto à Faculdade de Filosofia, o Curso de Psicologia da Universidade Federal de Minas Gerais, e foi chefe do Departamento de Psicologia, ministrando, até a sua aposentadoria, em 1969, disciplinas que incluíam a psicologia genética de Jean Piaget[1]. Nos anos setenta, o Curso de Psicologia passou por uma reestruturação curricular, adotando predominantemente uma orientação behaviorista. Manteve, porém, a disciplina psicologia de Piaget, que foi inicialmente ministrada por Paulo Vidal e Terezinha Nunes e, ainda que discretamente, garantiu a presença da psicologia genética nesse curso. O Prof. Paulo Vidal narrou essa vivência:

Até os anos sessenta, as influências piagetianas mineiras provinham, basicamente, de Helena Antipoff e de Pedro Bessa. Nos anos setenta, vieram também de alguns professores da Faculdade de Educação. Mas aqui na Psicologia o que predominava era o behaviorismo. (...) Em 1975, depois de formado, influenciado por Terezinha Nunes que foi minha colega de turma, na UFMG, fui fazer mestrado nos EUA. Ela também fez o mestrado nos EUA, em outra universidade, com um trabalho tipicamente piagetiano. Voltamos dos EUA, mais ou menos na mesma época, e começamos a trabalhar na UFMG com uma nova disciplina sobre Piaget. Fora isso, a maioria dos trabalhos eram behavioristas. Atualmente, no Curso de Psicologia da UFMG, são poucos os professores que trabalham com referencial piagetiano. Além de mim, tem apenas a Prof[a] Márcia Carneiro.

O avanço do behaviorismo, no cenário brasileiro, a partir dos anos sessenta, relacionava-se com a realidade política e educacional do país, onde ocorrera a intensificação do autoritarismo e do tecnicismo pedagógico. No campo educacional, nessa época, o escolanovismo, juntamente com seus pressupostos psicológicos, apresentou sinais de exaustão. Em resposta a um sentimento de desilusão que começava a se alastrar nos meios educacionais, articulou-se a pedagogia tecnicista. Sob a bandeira da neutralidade científica e inspirada nos princípios de racionalidade e produtividade, essa

---

[1] Pedro Parafita de Bessa também foi o fundador, em 1958, do Curso de Especialização em Psicologia da Universidade Católica de Belo Horizonte, posteriormente transformado em Curso de Psicologia.

102 *A Difusão das Idéias de Piaget no Brasil*

pedagogia almejava uma educação objetiva. Para tanto, foi necessário instrumentar o processo de aprendizagem, sem interferências subjetivas. Fez-se valer, portanto, o paradigma estímulo-resposta para o condicionamento "saudável" ao novo sistema educacional. Daí a proliferação de propostas pedagógicas mecânicas sob a técnica da instrução programada e das máquinas de ensinar. Retrocedendo a esses fatos e aos movimentos educacionais que os precederam, lembramos os dizeres de Saviani (1985, pp. 16-17):

> *Se na pedagogia tradicional a iniciativa cabia ao professor que era, ao mesmo tempo, o sujeito do processo, o elemento decisivo e decisório; se na pedagogia nova a iniciativa desloca-se para o aluno, situando-se o nervo da ação educativa na relação professor-aluno, portanto, relação interpessoal, intersubjetiva, na pedagogia tecnicista, o elemento principal passava a ser a organização racional dos meios, ocupando professor e aluno posições secundárias, relegados à condição de executores de um processo cuja concepção, planejamento, coordenação e controle ficavam a cargo de especialistas supostamente habilitados, neutros, imparciais. A organização do processo convertia-se na garantia da eficiência, compensando e corrigindo as deficiências do professor e maximizando os efeitos de sua intervenção.*

Em Minas Gerais, o final da década de setenta e o início dos anos oitenta foram caracterizados, na psicologia, pela polarização entre correntes psicológicas. Primeiro entre o behaviorismo e a teoria de Carl Rogers. Posteriormente, assistiu-se à ascensão da psicanálise e do construtivismo, sustentado pelas idéias de Emília Ferreiro que, ao lado de teses de influência marxista, como as de Vygotsky e Leontiev, provocaram uma diminuição da influência behaviorista nos cursos de psicologia.

Nesse contexto, Piaget, que foi ofuscado pelo behaviorismo, surgiu novamente como uma opção alternativa, inclusive com uma nova "roupagem" construtivista, de acordo com os preceitos de Emília Ferreiro.

1.5. Piaget é "abafado" na Faculdade de Educação

No início da década de setenta, com o surgimento da Faculdade de Educação da UFMG, Piaget passou a ser pouco citado em Minas Gerais. Em meados dos anos setenta, porém, começou a ressurgir o interesse por Piaget, e alguns piagetianos "teimosos", que lecionavam na Faculdade de Educação, conseguiram mantê-lo em voga. Logo em seguida, a propagação de teorias que permitiam uma análise histórica da realidade ocuparam o espaço do debate educacional e as teorias psicológicas foram novamente relegadas. Iris Goulart, ex-professora da Faculdade de Educação, contou como ela e mais alguns professores da Faculdade de Educação perpassaram esse trajeto:

Minha experiência com Piaget é anterior à onda behaviorista. Fui uma das pessoas que sempre esteve informada sobre Piaget, apesar da onda behaviorista que se acentuou a partir dos anos sessenta. Defendi a dissertação de mestrado em Educação na UFMG, em 1976, e procurei fazer meu trabalho com base em Piaget. O engraçado é que, embora eu trabalhasse com Piaget, fiz a dissertação seguindo o modelo experimental clássico, utilizado pelo behaviorismo, que estava na moda. Um trabalho absolutamente contraditório, tal era a influência dos modelos comportamentais. Passei, então, a estudar Piaget. Outros professores aplicaram esforços no sentido de formar grupos de estudo, estudar a teoria e aplicá-la. Os meus colegas do Departamento de Ciências Aplicadas à Educação formaram grupos de estudos da obra de Piaget. A Profª Agnela Giusta foi para São Paulo estudar Piaget e fez uma tese sobre Piaget e Vygotsky. A Profª Magda Soares, numa determinada época, se entusiasmou com o construtivismo e alguns de seus orientandos começaram a trabalhar nessa linha. O pessoal da área de Letras entrou em contato com a experiência de Emília Ferreiro e passou a estudar Piaget. Por outro lado, nessa época, o mestrado em Educação assumiu uma orientação essencialmente política para a análise das práticas educacionais e, com

104   A Difusão das Idéias de Piaget no Brasil

isso, a psicologia e os piagetianos foram abafados na Faculdade de Educação. A psicologia da educação foi responsabilizada pelo fato de não ter resolvido historicamente os problemas educacionais. Para esses críticos, Piaget teria uma teoria reacionária e tecnicista e não trazia nenhum benefício à educação.

Essa orientação política repetia erro semelhante ao cometido pelos educadores do início do século, ao atribuir ao escolanovismo e à escola a responsabilidade pela erradicação dos problemas estruturais da sociedade. Se, naquela época, criticou-se a escola tradicional e elegeram-se os novos métodos como instrumento para essa missão, na década de oitenta, culpava-se a escola e a psicologia por não resolverem os problemas sociais e procurava-se uma nova fórmula para a solução desses problemas. Dessa forma, continuava sendo supervalorizado o papel da escola, delegando-se a essa instituição maiores atribuições do que podia ter.

A "orientação política", assumida pela Faculdade de Educação, iniciou-se por volta de 1977, quando houve grande repercussão, entre os professores, das idéias de Louis Althusser sobre ideologia e os aparelhos ideológicos de Estado, as quais constituíram um modo de análise que atribuía à instituição escolar o papel de reprodutora da ideologia dominante. Para a Profª Agnela Giusta[1], nesse momento, a psicologia perdeu espaço na Faculdade de Educação, por causa da falta de uma abordagem mais sociológica, por parte dos psicólogos e piagetianos, existindo também uma visão distorcida do indivíduo psicológico, por parte dos "professores políticos". Tendo trabalhado dez anos na Faculdade de Educação, pôde relatar tais acontecimentos.

Conheço bem esses fatos, pois entrei na Faculdade de Educação da UFMG em 1976, momento em que muitos

---

[1] A Profª Agnela Giusta, atualmente, trabalha no mestrado em Psicologia da UFMG e estuda questões epistemológicas propostas por Piaget. Em Belo Horizonte, as professoras Mércia Moreira e Maria da Graça Bregunce também trabalham com epistemologia genética, acrescentando a esses estudos, como faz Agnela Giusta, autores como Wallon, Vygotsky, Luria e Leontiev.

Os Núcleos Piagetianos no Brasil   105

cursos de pós-graduação se voltaram para uma análise histórica da realidade, porém, a meu ver, distorcida. Era necessária uma abordagem sociológica para a gente entender a história e se situar no mundo enquanto ser histórico. Ela foi, na época, uma abordagem muito sedutora. Porém, ela foi transmitida como se fosse oposta a uma abordagem psicológica, contra o sujeito psicológico. Os sociólogos não entendiam psicologia, os psicólogos não entendiam o social, assim, a síntese ficou prejudicada. Não houve quem dissesse um basta a essa questão mal-colocada. Havia um erro básico, porque não existia uma oposição entre o ser psicológico e o ser social. Como conseqüência disso, os psicólogos passaram a ser vistos, na Faculdade de Educação, como conservadores e reacionários, do ponto de vista de um avanço político. Uma antítese era necessária, mas a gente precisava, com urgência, chegar a uma síntese. Não pudemos mais ficar nessa antítese de sujeito psicológico e sujeito social. Isso significava ficar num discurso esquizofrênico. Enquanto o discurso fosse por aí, a gente não resolvia os problemas pedagógicos, os problemas de ensino. Esse equívoco não ocorreu só aqui, mas em muitos cursos do Brasil. Todas essas questões fizeram com que eu me voltasse para os estudos epistemológicos, estudando Piaget e também Vygotsky, mas preocupada com os problemas da educação. Em muitas instituições persiste a mentalidade de que a psicologia é "individualista" e mais prejudicial do que útil à formação escolar. Por causa disso, Piaget entrou em esquecimento por algum tempo na área da educação e só voltou recentemente, com a disseminação do construtivismo de Emília Ferreiro.

1.6. O construtivismo e o ensino de ciências

A partir dos anos oitenta, o trajeto de difusão de Piaget em Minas Gerais caracterizou-se principalmente por convênios entre instituições educacionais e grupos de trabalho que organizaram assessorias, numa perspectiva construtivista. Em 1986, por exemplo, a Secretaria da Educação do Estado de Minas Gerais elaborou um programa de implantação do construtivismo piagetiano no Estado, con-

106 A Difusão das Idéias de Piaget no Brasil

tratando, inicialmente, os serviços do PROEPRE (Programa de Educação Pré-Escolar), coordenado pela Profª Orly Mantovani de Assis, da Faculdade de Educação da UNICAMP. Com a chegada das idéias de Emília Ferreiro ao Brasil, várias Delegacias de Ensino do Estado passaram a contratar consultorias de "Grupos Construtivistas", para implantarem a "novidade" educacional nos municípios. A expansão do construtivismo foi tão acentuada no Estado, que, em 1992, a professora Iris Goulart, ocupando o cargo de Superintendente Educacional da Secretaria da Educação, declarou que, "ao andar pela rua, topava com um construtivista a cada dois passos" e, espantada com as diversas versões de construtivismo que encontrou, observou que "eram tantos os retratos construtivistas quanto eram os pintores".

Outra vertente de aplicação da teoria de Piaget a princípios educacionais, que mais se desenvolveu em Minas Gerais, a partir dos anos oitenta, relacionava-se com o ensino de ciências no primeiro e segundo graus.

No Brasil, a curiosidade de professores de ciências por Piaget começou desde a publicação de suas primeiras obras sobre as noções das quantidades físicas na criança. No final dos anos cinqüenta, porém, após a criação do Centro Internacional de Epistemologia Genética, em Genebra, acentuaram-se as pesquisas nessa área e aumentou o interesse dos professores de ciências por Piaget.

Nos anos sessenta, em Minas, ainda eram raras as pessoas que citavam Piaget relacionando-o ao ensino das ciências. As que falavam de Piaget, o faziam de modo pouco sistemático. Porém, em 1971, falava-se das pesquisas piagetianas no curso de Instrumentação para o Ensino da Física, uma disciplina pedagógica dada no Curso de Física da UFMG pelo Prof. Francisco Lopes de Prado. Em 1976, foi constituído um grupo de ensino no Departamento de Física, interessado no estudo de Piaget, que passou a travar contato com as pesquisas que estavam sendo desenvolvidas no ensino de física. Esse grupo interessou-se pelas pesquisas voltadas para os conceitos espontâneos ou conceitos intuitivos. A idéia básica desse tipo de pesquisa era investigar os conhecimentos que as crianças já possu-

Os Núcleos Piagetianos no Brasil

em quando entram na escola, no que se refere à conceitos da física, eletricidade, mecânica, calor, ótica, relatividade, etc.

João Antônio Filocre Saraiva[1], professor de física da UFMG, integrante desse grupo de trabalho, relatou essa experiência:

Achamos curioso esse tipo de trabalho, porque muitas das respostas que apareciam nos artigos que andávamos lendo, nós encontrávamos com facilidade nas crianças em salas de aula das escolas em que lecionávamos. Essas maneiras espontâneas das crianças estavam registradas nesses artigos. Isso foi o ponto de partida para o estudo sistemático de Piaget, porque nós acreditávamos que, com sua teoria, era possível saber porque aquelas crianças e adolescentes pensavam e interpretavam daquela maneira. Os autores diziam, deliberadamente, que a teoria de Piaget era insuficiente para tal explicação, tanto que, na época, não havia, nem no Brasil, nem no exterior, nenhum grupo que procurasse interpretar aqueles resultados à luz das idéias piagetianas. Alguns anos mais tarde, evoluindo nesses estudos, procuramos estabelecer algumas bases indispensáveis para se construir uma proposta construtivista de ensino das ciências. A idéia não foi apresentar uma pedagogia construtivista, mas simplesmente indicar os elementos indispensáveis que não poderiam estar fora de uma proposta construtivista de cunho piagetiano. (...)Trabalhamos com um modo positivo de se compreender Piaget. Eu acho que, mais do que revelar o que a criança não pode fazer, Piaget nos revela o que a criança pode fazer em cada momento de sua vida, qual a sua capacidade, qual o seu potencial. Em que isso muda o nosso modo de trabalhar com a criança dentro da escola e organizar seu conteúdo? Muda no seguinte aspecto: é que os fenômenos, em princípio, não estão proibidos a ninguém. Veja na física, por exemplo, o arco-íris é um fenômeno aparente-

---

[1] O Prof. João Filocre fez mestrado e doutorado no Instituto de Física na USP, orientado pela Profª Jesuína Lopes de Almeida. Durante o período que ficou em São Paulo, freqüentou cursos de Lino de Macedo e Ana Maria Pessoa de Carvalho, especialista em Piaget e no ensino de ciências.

mente complexo. Há pouco tempo atrás, um físico ganhou um prêmio por ter conseguido explicar, pela mecânica quântica, o fenômeno do arco-íris. Mas veja, não é porque o arco-íris é explicado de uma maneira tão complexa que eu vou impedir a criança de olhar o arco-íris e dar a sua própria explicação, a sua própria interpretação. Ela tem uma posição em relação a ele e sua própria maneira de interagir e compreendê-lo. Então a escola, em vez de proibir as crianças de terem acesso e de viverem certas circunstâncias, precisa aproveitar aquela maneira peculiar da criança interagir e compreender. A escola tem que aprender a trabalhar com isso. É com essa orientação construtiva que temos trabalhado.

O Prof. João Filocre e sua equipe, constituída por nove piagetianos, vem há algum tempo trabalhando com os professores da área de ciências, vinculados à Secretaria de Educação da cidade de Contagem (MG). Além disso, coordenou, junto à Secretaria da Educação do Estado, um programa de assessoria a 2.400 professores de ciências e a 3.200 professores de matemática. Fundamentalmente, esse trabalho consiste em destacar alguns aspectos, no caso de ciências, que são negligenciados durante os cursos que os professores fazem em sua formação — aspectos que se referem ao conhecimento científico. Em Piaget vão buscar informações sobre causalidade, investigando como o sujeito constrói uma explicação científica. Essa teorização é discutida numa perspectiva psicogenética, enquanto produto da história da ciência e do processo de construção do conhecimento. A evolução desse trabalho proporcionou a abertura, na UFMG, de um curso de especialização, voltado para os professores da rede pública mineira.

***

Em Belo Horizonte, há outras pessoas desenvolvendo trabalhos parecidos em outras áreas de conhecimento, como, por exemplo, o Prof. Eduardo Fleury, que trabalha com os pressupostos piagetianos na área da química. Além disso, as idéias de Piaget começaram a circular em diversos lugares desta cidade desde os anos oitenta. No Centro de Ciências de Minas Gerais (CECIMIG), o coordenador, Reginaldo Souza Lima, organizou os trabalhos seguindo os moldes de uma proposta piagetiana. A Escola Recreio se baseia nos trabalhos do Prof. Lauro de Oliveira Lima. O Instituto Educacional Pitágoras, A Escola da Serra e a Fundação AMAE também se interessaram pela idéia de incorporar Piaget às suas propostas educacionais. Em grande escala, existem, em algumas Regionais da Secretaria Municipal de Educação, a circulação do jornal *Sala de Aula*, que publica relatos de experiências construtivistas.

2. O núcleo carioca

Na cidade do Rio de Janeiro, o nome de Piaget começou a circular nos anos vinte, época em que se intensificaram os contatos entre os profissionais que trabalhavam no Laboratório de Psicologia Experimental do Pedagogium (museu pedagógico do antigo Distrito Federal que foi, posteriormente, transformado num centro cultural) e laboratórios de psicologia europeus, incluindo, o Instituto Jean-Jacques Rousseau. Nessa época, professores das escolas públicas, impulsionados pelas reformas educacionais de caráter escolanovista, passaram a buscar maiores conhecimentos sobre a psicologia infantil, o que fez com que, nos anos trinta, as idéias de Piaget ganhassem uma certa projeção, tendo como agentes pesquisadores estrangeiros do porte de Edouard Claparède, Helena Antipoff e Waclaw Radecki, e pesquisadores brasileiros como Lourenço Filho e Nilton Campos.

2.1. O Pedagogium: o pensar e o dizer de Manoel Bonfim

Quando Jean Piaget concluiu sua obra *La langage et la pensée chez l'enfant*, em 1923, com certeza não poderia imaginar que, no mesmo ano, na cidade do Rio de Janeiro, o médico sergipano Manoel Bonfim (1868-1932) realizava um estudo sobre a função do símbolo no pensamento e na linguagem, intitulado *Pensar*

110 A Difusão das Idéias de Piaget no Brasil

e Dizer, que trazia algumas preocupações semelhantes às de Piaget. O livro compunha-se de dezoito capítulos com os seguintes temas: a função da simbolização; mecanismo mental dos símbolos; a simbólica das idéias; a simbólica subjetiva; função do símbolo; símbolo de conjuntos; símbolos subjetivos; símbolos estéticos; simbólica na literatura; condições de comunicação das consciências; a consciência refletida; pensamento e expressão; o símbolo verbal; o labor mental; o pensamento na expressão; caracterização da linguagem; o lexicon e, finalmente, o purismo gramatical (Manoel Bonfim, 1923). Manoel Bonfim foi diretor do Pedagogium, onde instalou, em 1906, o primeiro Laboratório de Psicologia Experimental do Brasil. Sua preocupação em dominar as técnicas da psicologia experimental levou-o a Paris, em 1902, onde conheceu Claparède.

O contato de Manoel Bonfim com Paris deu início a uma troca de correspondências entre os profissionais que trabalhavam no Laboratório de Psicologia Experimental do Pedagogium e profissionais que trabalhavam em laboratórios de psicologia europeus. A partir de 1912, houve intercâmbios com o Instituto Jean-Jacques Rousseau, fundado por Claparède, a tal ponto que Claparède fez referência, em sua obra *Psicologia da Infância*, o *Ensaio sobre a Fadiga Intelectual nos Escolares*, a um texto escrito por Plínio Olinto, então assistente voluntário de Manoel Bonfim no Pedagogium.

O Pedagogium foi extinto em 1919, porém, o contato com a produção pedagógica e psicológica européia intensificou-se nos anos vinte, quando Plínio Olinto e Manoel Bonfim conheceram os trabalhos de Jean Piaget, o jovem assistente de Claparède.

2.2. Piaget na Escola Normal do Instituto de Educação: o trabalho de Lourenço Filho

De 1922 a 1926, as reformas educacionais implantadas por Carneiro Leão no Distrito Federal e as orientações do movimento escolanovista recomendavam, aos educadores, que se inteirassem das novas descobertas da psicologia da criança, para serem aplicadas à pedagogia científica almejada na época. Esses fatos contribuí-

Os Núcleos Piagetianos no Brasil

ram para que as idéias de Piaget começassem a aparecer com mais freqüência no Rio de Janeiro, porque os temas pesquisados por Piaget interessavam aos educadores. Ao final da década de vinte, as obras *Le langage et la pensée chez l'enfant* (Piaget, 1923) e *Le jugement et le raisonnement chez l'enfant* (Piaget, 1924) já eram conhecidas na Escola Normal do Distrito Federal. Antonio Gomes Penna (1992, pp. 13-14), em sua obra sobre a *História da Psicologia no Rio de Janeiro*, ao discorrer sobre as figuras mais expressivas de língua francesa que influenciaram a psicologia carioca, diz o seguinte:

> *Sobre as fontes, cabe o registro de que foram as francesas as que mais contribuíram para a formação de nossos primeiros psicólogos (...). A referência a Piaget obviamente não pode faltar, embora suíço e não francês. De língua francesa, contudo, sua presença neste breve exame das fontes francesas impõe-se como se há de impor a de Claparède. No caso de Piaget, sua influência foi bem marcante antes dos anos sessenta, embora incomparavelmente menor do que a alcançada na atualidade. De qualquer modo, sua primeira obra, dedicada ao estudo da* Linguagem e Pensamento da Criança, *esteve presente nos cursos de psicologia dados especialmente nas Escolas Normais, ou seja, nas escolas de formação de professores primários ou de primeiro grau. Particularmente o conceito de egocentrismo foi em extremo difundido, cabendo, ainda, algum destaque a outras obras mais representativas do período de maior maturidade do mestre de Génève.*

Em 1932, Anísio Teixeira, responsável pela instrução pública do Distrito Federal, criou o Instituto de Educação, que incorporou, em um só estabelecimento, a Escola Normal, o Jardim da Infância e o Colégio de Aplicação. Para dirigir o novo estabelecimento, convidou o Prof. Lourenço Filho, que conhecia as primeiras obras de Piaget e as incluiu no programa da disciplina "psicologia experimental aplicada à educação", ministrada aos alunos do Curso Normal, procedimento que já adotara, nos anos anteriores, quando leci-

112 A Difusão das Idéias de Piaget no Brasil

onou a disciplina de psicologia e dirigiu o Laboratório de Psicologia da Escola Normal de São Paulo.

O Prof. Lourenço Filho não era um piagetiano, pois sua formação sempre esteve mais identificada com o funcionalismo norte-americano do que com as influências de Genebra. No entanto, era amigo de Helena Antipoff e Edouard Claparède, desde a época em que o criador do Instituto Jean-Jacques Rousseau visitou o Brasil, em 1932. Através dessas pessoas, Lourenço Filho entrou em contato com as pesquisas de Piaget e começou a citá-las em suas aulas. Em seus livros também aparecem referências a Piaget, como pode ser observado na *Introdução ao Estudo da Escola Nova* (1929/1958, pp. 27-255). Mas, o principal aqui é destacar que Piaget freqüentemente surge no trajeto biográfico de Lourenço Filho.

Lourenço Filho teve inicialmente formação de professor primário e exerceu esse tipo de atividade em Porto Ferreira (SP), onde nasceu. Em 1917, matriculou-se na Faculdade de Medicina, em São Paulo, visando a formação psiquiátrica. Abandonou os estudos, porém, graduando-se finalmente em Direito pela Faculdade de Direito de São Paulo, em 1929. Mantendo seu interesse pelo ensino, passou a integrar o quadro de professores da Escola Americana, acontecimento que lhe deu acesso a uma extensa biblioteca de livros de psicologia e psicologia educacional, de procedência norte-americana, e que também marcaria a influência de Dewey em suas obras. Em 1922, por solicitação do governo do Ceará, foi convidado para reorganizar o ensino público nesse Estado, onde permaneceu até 1924. Em 1925, tornou-se professor de psicologia e pedagogia da Escola Normal de São Paulo e passou a citar, em suas aulas, os primeiros livros de Piaget sobre o desenvolvimento infantil. Em 1927 organizou, para a Editora Melhoramentos, a Biblioteca de Educação, a primeira grande coleção de textos de divulgação pedagógica no país, onde, junto com um grupo de professores da Escola Normal de São Paulo, empreendeu a tradução de títulos destinados a dar maior clareza às relações entre a psicologia e a educação, incluindo obras que citavam Piaget, como os livros de Claparède e Ferrière. Em 1930, foi nomeado Diretor Geral do Ensino do Estado de São Paulo. Em 1934, tornou-se professor de psicologia

Os Núcleos Piagetianos no Brasil 113

educacional da Universidade de São Paulo. Em 1938, organizou e dirigiu o Instituto Nacional de Estudos Pedagógicos, o INEP. Em 1939, tornou-se catedrático de psicologia educacional da Universidade do Brasil, hoje Universidade Federal do Rio de Janeiro. Em 1947, assumiu as funções de Diretor Geral do Departamento Nacional de Educação, órgão que mantinha intercâmbio com o Bureau International d'Éducation, instituição vinculada à UNESCO e da qual Piaget foi Subdiretor de 1929 a 1967. Nessa época, Lourenço Filho planejou e dirigiu a Campanha Nacional de Educação de Adultos. É importante lembrar que Piaget esteve no Brasil em 1949, para participar do Seminário de Educação e Alfabetização de Adultos, como representante da UNESCO, a convite de Lourenço Filho e Nilton Campos. Em 1949, Lourenço Filho, juntamente com Mira y Lopes, fundou a Associação Brasileira de Psicologia e foi eleito seu presidente. Como último trabalho presidiu a comissão que organizou o programa de pós-graduação em Psicologia no Instituto Superior de Estudos e Pesquisas Psicossociais (ISOP), da Fundação Getúlio Vargas, na cidade do Rio de Janeiro. Desde 1962 o Instituto vem desenvolvendo pesquisas que têm Jean Piaget como um dos autores mais citados.

Dada a grande produção de Lourenço Filho e sua importância para a história da educação e da psicologia no Brasil, podemos presumir que suas referências funcionaram como importantes estímulos para que seus alunos e leitores procurassem conhecer as obras de Piaget.

2.3. A viagem dos cariocas para estudos psicológicos

Na década de vinte, profissionais da área médico-psiquiátrica também se interessaram pelas descobertas de Piaget sobre o desenvolvimento da criança. Nessa área, os cariocas ouviram falar em Piaget pela primeira vez, provavelmente, a partir de 1924, ano em que Waclaw Radecki (1887-1953) foi contratado para chefiar, na cidade do Rio de Janeiro, o Laboratório de Psicologia da Colônia de Psicopatas, no Engenho de Dentro, e a Fundação Gaffrée-Guinle. Antes de vir da Europa para o antigo Distrito Federal, Radecki ocu-

114 *A Difusão das Idéias de Piaget no Brasil*

pou a cátedra de psicologia na Universidade Livre de Varsóvia, além de ter sido Diretor do Laboratório de Psicologia da Universidade de Cracóvia e, um dos colaboradores de Claparède na Universidade de Genebra, onde teve a oportunidade de trabalhar próximo a Jean Piaget, no Instituto Jean-Jacques Rousseau.

Assumindo a chefia do Laboratório da Colônia de Psicopatas, Radecki dedicou-se, nos anos subseqüentes, ao aperfeiçoamento do Laboratório e à formação de um grupo de profissionais para o desempenho do trabalho experimental. Esse propósito levou-o a organizar, em 1928, uma viagem à Europa para "estudos psicológicos", com uma comissão de médicos brasileiros. Em sua programação de viagem, lembrou-se de incluir um encontro com Piaget. Essa comissão foi integrada por Flávio Dias, Artur Fajardo da Silveira, Antônio Moniz de Aragão, Nilton Campos e Waclaw Radecki, patrocinada pela Fundação Gafrée-Guinle. A viagem tinha quatro propósitos: conseguir informações sobre os objetivos que preenchiam o foco da ciência na época; aprofundar e completar noções técnicas relativas à montagem dos laboratórios e sistemas de aparelhos; obter dados sobre a organização didática dos estudos psicológicos e, finalmente, colher informações sobre as várias aplicações práticas e sociais da psicologia dentro dos organismos visitados (Antonio Penna, 1992, p. 41). As cidades visitadas foram Paris, Bruxelas, Louvain, Colônia, Bonn, Berlim, Varsóvia, Cracóvia, Viena, Munique e Genebra. A respeito da passagem da comissão por Genebra, Antonio Penna (1992, p. 44) fez o seguinte resumo do "Relatório de uma Viagem Realizada à Europa para Estudos Psicológicos", organizado por Milton Campos e registrado em 1928 nos *Annaes* da Colônia de Psicopatas do Engenho de Dentro.

> *O grande destaque, contudo, é concedido ao Instituto Jean-Jacques Rousseau, que é uma instituição autônoma, mas ligada à Universidade. Fundada em 1912 por Claparède, desde logo tornou-se o grande centro de pesquisas sobre psicologia infantil, ao mesmo tempo que se destacava como núcleo de estudos pedagógicos. Nele, realmente,*

Os Núcleos Piagetianos no Brasil 115

trabalharam os mais importantes representantes da psicologia de Genebra(...). O relatório lamenta não ter a comissão podido visitar os laboratórios de Lipps, toda a organização psiquiátrica dos professores Bleuler e Jung, em Zurique, o laboratório do Prof. Larguier des Bancels em Lausanne e o laboratório de Piaget em Neuchâtel.

2.4. Piaget na Universidade do Brasil: os primeiros livros traduzidos

Em 1937 foi fundada, na cidade do Rio de Janeiro, a Universidade do Brasil. Em 1939, criou-se, nessa instituição, a faculdade Nacional de Filosofia, que incluía duas cátedras de psicologia, das quais participariam três importantes nomes que contribuíram para a difusão de Piaget. A cátedra de psicologia educacional foi assumida por Lourenço Filho até a sua aposentadoria, em 1960, e a de psicologia geral foi assumida pelo Prof. Nilton Campos, durante o período de 1944 a 1963, e pelo Prof. Antonio Gomes Penna, de 1944 em diante.

O Prof. Nilton Campos, especialista em psicologia filosófica e teoria da Gestalt, além de incluir a psicologia genética como um dos preceitos científicos que ministrava na disciplina de psicologia geral, contribuiu com fatos importantes para a difusão das idéias de Piaget.

Quando Piaget esteve no Rio de Janeiro, em 1949, Nilton Campos e Lourenço Filho o convidaram para participar do Seminário de Educação e Alfabetização de Adultos. Piaget representava a Unesco e, por solicitação de Nilton Campos, Maurício de Medeiros, Peregrino Jor e Farias Goes Sobrinho, o Conselho Universitário da Universidade do Brasil concedeu-lhe o título de *Professor Honoris Causa*. Na ocasião, proferiu, nas dependências da Faculdade Nacional de Filosofia, uma conferência sobre epistemologia genética[1].

---

[1] A esse respeito, ver neste livro tópico intitulado "O epistemólogo Jean Piaget detestou as 'luzes' da Baía de Guanabara".

A Difusão das Idéias de Piaget no Brasil

Outra importante contribuição de Nilton Campos para a divulgação das idéias piagetianas refere-se ao apoio que deu para que se realizasse a primeira tradução de um livro de Piaget no Brasil. Até o final dos anos cinqüenta havia apenas alguns ensaios traduzidos, de circulação restrita, o que dificultava muito a aceitação da teoria em maior escala. Somente uma pequena parcela da população que conhecia a língua francesa, que recorria às traduções em espanhol, ou tinha acesso a esses poucos ensaios em português conhecia suas idéias. Mas com o aparecimento das traduções, nos anos sessenta, as estantes de dezenas de Escolas Normais espalhadas pelo Brasil ganharam os livros de Piaget.

Seu primeiro livro traduzido no Brasil foi *La Psychologie de l'Intelligence* (Piaget, 1947). Trata-se de uma seleção de textos do curso que Piaget ministrou, em 1942, no Colégio de França, e que foram publicados em Paris, pela Librairie Armand Collin. Traduzido por Egléa de Alencar, com o título *Psicologia da Inteligência*, foi publicado pela Editora Fundo de Cultura, do Rio de Janeiro, em 1958. No prefácio à edição brasileira, o Prof. Nilton Campos expressa sua opinião sobre a importância de Piaget para abrir novas perspectivas para a psicologia no Brasil, particularmente no que se refere à concepção de inteligência:

> (...) *Jean Piaget, como um dos mais notáveis construtores da psicologia contemporânea, preocupando-se com o difícil problema da natureza dos fenômenos da inteligência, mostra que seu esclarecimento tem por base a análise conjunta da estrutura biológica e da essência lógica de uma série de processos mentais de acomodação e assimilação adaptativas. O eminente professor das Universidades de Genebra e de Paris, também honrado honorário da Universidade do Brasil, demonstra que a inteligência não é uma faculdade, nem uma categoria isolada e descontínua, pois o que existe é uma continuidade funcional entre as formas superiores do pensamento e a atividade primitiva sensitivo-motora. A inteligência é assim uma função reguladora desses processos intelectuais adaptativos.*

Os Núcleos Piagetianos no Brasil

> *Entretanto, o postulado da continuidade não significa serem esses processos homogêneos, porquanto exprimem níveis evolutivos diferenciados, anulando qualquer tipo de explicação reducionista que tente identificar o pensamento lógico abstrato com a gênese sensório-motora.*
>
> *(...) As valiosas concepções de Piaget, um dos mais notáveis psicólogos contemporâneos, justamente por reunir as mais altas qualidades de pensador e de cientista experimental, a ponto de ter deslumbrado Robert Oppenheim, o famoso físico atômico, diante do brilho de sua experimentação na pesquisa psicológica, tem, finalmente, uma de suas obras traduzidas para o idioma nacional. Isso significa o advento de uma nova perspectiva para o conhecimento autêntico da psicologia no Brasil. Assim se inicia o saneamento da bibliografia psicológica, expurgando-a das falsas divulgações que tanto têm afetado a sua pureza científica.*

A ênfase nos processos adaptativos e dinâmicos da psicologia genética, nos aspectos evolutivos do desenvolvimento e nos procedimentos experimentais, que atestam o enquadramento de Piaget dentro da psicologia científica, norteou os poucos debates que ocorreram sobre a "psicologia da inteligência", no Rio de Janeiro. O Prof. Antonio Penna, na época assistente do Prof. Nilton Campos, lembrou que:

> *Foram razoáveis os debates e a repercussão do livro, considerando que não eram muitas as pessoas que conheciam Piaget. Uns acharam o livro muito difícil, outros, da área psicológica e médica, criticaram a concepção de inteligência de Piaget, por não se referir em detalhes ao sistema nervoso e à maturação individual. Mas, mesmo assim, a repercussão fez com que logo se traduzisse outro livro de Piaget.*

Seu segundo livro traduzido no Brasil foi *Le Langage et la Pensée chez l'Enfant* (Piaget, 1923), com tradução de Manuel Cam-

118   *A Difusão das Idéias de Piaget no Brasil*

pos, para a Editora Fundo de Cultura, no Rio de Janeiro, em 1959. Quando foi lançado, em 1923, em Neuchâtel e Paris, o livro teve apresentação de Claparède. A apresentação da edição brasileira, intitulada *A Linguagem e o Pensamento da Criança*, foi feita pelo Prof. Antonio Penna que, depois de trabalhar como assistente de Nilton Campos durante dezesseis anos, o substituiu na cátedra de Psicologia da Faculdade Nacional de Filosofia, após a sua morte, em 1963. Na apresentação, destacou o seguinte:

No que concerne ao presente trabalho, Piaget aqui reformula totalmente, e em bases funcionais, o problema do pensamento e da linguagem. Sua pergunta inicial é: para que serve a linguagem? Que necessidade procura a criança satisfazer, logo que fala? Piaget recusa considerar a linguagem infantil como um instrumento de comunicação social. A criança fala para si mesma. É aqui que Piaget estabelece a célebre oposição entre a linguagem infantil e a do adulto, e entre o pensamento egocêntrico e o socializado. Tais oposições, que indicam diferenças de qualidade e não apenas de quantidade, como até então se supunha, aproximavam Piaget de Levy-Bruhl e de Blondel, que igualmente procuram encontrar diferenças, dessa espécie, entre as mentalidades dos primitivos e dos civilizados, e entre a mentalidade do normal e do alienado. Observe-se, contudo, que Piaget não chega a sustentar total heterogeneidade entre a estrutura da criança e a do adulto, inclusive porque, como observou Gilbert Robin, uma delas seria, nesta circunstância, impenetrável à outra. Na realidade, sua maneira de conceber o processo evolutivo excluía essa oposição radical. Como afirma, o desenvolvimento individual se faz na base de elementos inalteráveis, que perseveram independente do nível evolutivo e de elementos que se transformam e se substituem, em função da idade. Isso vai justificar o comentário de Guillaume, quando, em sua magnífica Introduction a la Psychologie, *sustenta a perseveração dos traços egocêntricos no adulto. É de observar que Piaget, concebendo o processo genético como ficou indicado, pretende superar tanto o preformismo ou o inatismo radical, quanto o empirismo absoluto, e se fixa numa posição que os integra dialeticamente. De resto, esse caráter dialético, que cobre toda a obra de Piaget, levou a sugerir uma inconsciente vocação marxista que realmente nunca foi por ele reconhecida.* (Penna, Em: Piaget, 1923/1973, pp. 12-13)[1]

O livro *A Linguagem e o Pensamento da Criança* promoveu, em curto prazo, ampla divulgação do conceito de egocentrismo, principalmente entre os educadores da Escola Normal, interessados em conhecer melhor o mundo da criança, observando os monólogos e os monólogos coletivos com a intenção de organizar brincadeiras e atividades escolares mais próximas do desenvolvimento infantil.

Nos anos que se seguiram, as traduções de obras de Piaget aumentaram consideravelmente no Rio de Janeiro. Durante os anos sessenta e setenta, as editoras cariocas Zahar, Record, Fundo de Cultura, Forense, Livraria Freitas Bastos e José Olympio produziram cerca de quarenta traduções de obras de Piaget para o português. A Zahar, por exemplo, lançou, em 1968, os nove volumes do *Tratado de Psicologia Experimental* (Piaget e Fraisse, 1963) e, entre 1970 e 1971, os livros *O Nascimento da Inteligência na Criança* (Piaget, 1936), *A Construção do Real na Criança* (Piaget, 1937), *O Desenvolvimento das Quantidades Físicas na Criança: Conservação e Atomismo* (Piaget, 1941), *A Gênese do Número na Criança* (Piaget, 1941), *A Formação do Símbolo na Criança* (Piaget, 1946) e *A Gênese das Estruturas Lógicas Elementares* (Piaget, 1959).

---

[1] Com essa apresentação, Antonio Penna faz, na sua leitura, uma antecipação de duas décadas dos debates que ocorreriam no Brasil entre piagetianos e vygotskyanos, a respeito do papel da linguagem e do egocentrismo no desenvolvimento do pensamento. Além disso, atualmente existem piagetianos que vislumbram, como Penna, uma certa "vocação" marxista em Piaget, conforme tem sido indicado nos debates sobre Piaget e Vygotsky ou sobre Piaget e Paulo Freire.

120 A Difusão das Idéias de Piaget no Brasil

2.5. Piaget no Curso de Psicologia da UFRJ e na Fundação Getúlio Vargas

Por empenho dos professores Eliezer Schneider e Antonio Gomes Penna foi criado, em 1963, o Curso de Psicologia da Faculdade Nacional de Filosofia, que, em 1967, estabeleceu-se como Instituto de Psicologia da Universidade Federal do Rio de Janeiro. As idéias de Piaget estiveram presentes nesse curso desde o início de seu funcionamento, por iniciativa de Antonio Penna, que as incluiu no conteúdo da disciplina que ministrava.

O Prof. Antonio Penna nunca foi um piagetiano convicto, perseverando em sua influência gestaltista. Porém, em mais de cinqüenta anos de magistério, procurou tomar conhecimento das obras de Piaget e as difundiu. Incluía, sempre que possível, tópicos da psicologia do desenvolvimento de Piaget em seus cursos, desde a época em que foi professor do Instituto de Educação, na década de cinqüenta, até o tempo em que trabalhou no Instituto de Psicologia, onde se aposentou em 1987. Durante esse período publicou vários artigos sobre Piaget, entre os quais: "Alguns aspectos da teoria da percepção de Jean Piaget" (1977), "Introdução à Psicologia Genética de Jean Piaget" (1977), "A teoria do pensamento de Jean Piaget" (1977) e "Ação e Razão" (1987). Publicou, também, treze livros e em alguns deles aparecem capítulos sobre Piaget, como, por exemplo, em *Introdução à História da Psicologia Contemporânea* (1978). A respeito dessas produções diz o seguinte:

Talvez eu tenha feito os mais longos capítulos sobre Piaget, aqui no Rio de Janeiro, até os anos setenta. Existem capítulos de até oitenta páginas sobre Piaget. No que se refere à psicologia do pensamento, a abordagem piagetiana era feita dentro da perspectiva do desenvolvimento, que era também focalizada pelos professores de psicologia do desenvolvimento da UFRJ, que trabalhavam com a teoria de Piaget. A maioria das leituras que se faziam de Piaget, até 1970, enfocava os estágios e se voltava para as questões do desenvolvimento infantil.

Os Núcleos Piagetianos no Brasil

No final dos anos sessenta, a contratação do Prof. Franco Lo Presti Seminério faz chegarem, ao Instituto de Psicologia da UFRJ, pesquisas sistematizadas que envolvem a teoria de Piaget. Desde 1962, preocupado com as teorias acerca da infra-estrutura da cognição humana e com as possíveis implicações pedagógicas e ideológicas dessas teorias, o Prof. Seminério desenvolveu, no Instituto de Psicologia da UFRJ e no Instituto Superior de Estudos e Pesquisas Psicossociais da Fundação Getúlio Vargas, pesquisas em que as idéias de Piaget apareciam como referencial. O Prof. Seminério contou sobre seu envolvimento com esses estudos e outras atividades relacionadas a Piaget:

Há muito tempo eu já ouvira falar em Piaget, e talvez por isso eu tenha me interessado em estudá-lo. No nível das Escolas Normais, me consta que existiam informações na década de cinqüenta e sessenta. Existiam pessoas que há muito tempo falavam em Piaget. O Prof. Antonio Penna, que é anterior a mim aqui na Universidade, falava sobre a teoria de Piaget. Talvez Carlos Sanches de Queiros e Eliezer Schneider. Com certeza Lourenço Filho e a Profª Mariana Schryer, assistente de Piaget em Genebra, nos anos trinta. Ela é a primeiríssima piagetiana que se instalou no Rio de Janeiro. Na área de Educação, é provável que o Prof. Narcisos Alves Matos, catedrático de Didática da Faculdade Nacional de Filosofia, e sua assistente Irene Estevão de Oliveira tenham falado de Piaget. Eles não eram piagetianos, mas introduziram a didática da Escola Nova aqui no Brasil (...). No que me diz respeito, em 1968, assumi, no curso de Psicologia da UFRJ, a cadeira de técnica de exame. Foi então que pela primeira vez introduzi claramente um estudo sistematizado de Piaget aqui no curso de Psicologia. Até então, só havia informações gerais. Uma apresentação sistemática da teoria de Piaget, suponho ser eu o primeiro a fazê-lo em nível universitário no Rio de Janeiro. Trabalhei também na Fundação Getúlio Vargas, no Centro de Pós-Graduação em Psicologia, extinto, em 1990, pelo governo Collor. Venho há três décadas desenvolvendo projetos seqüenciais de pesquisas que envolvem conceitos piagetianos e, nos últimos anos, elaboramos uma proposta sobre o desenvolvimento metaprocessual da cognição humana e a técnica da elaboração dirigida[1].

Nesses projetos, o Prof. Seminério vem, através de reiterada verificação experimental, considerando progressivamente uma perspectiva teórica que busca definir, em termos semióticos, os determinantes da cognição humana. Suas indagações o orientaram rumo ao problema dos universais da cognição e à perspectiva do "núcleo fixo", apontado por N. Chomsky. Após pesquisar o desenvolvimento das operações concretas em crianças faveladas, concluiu que o caráter recursivo da linguagem influi na elaboração de estratégias cognitivas e é capaz de produzir metalinguagens orientadas para a resolução de problemas (Seminério, 1988). Propôs, como caminho pedagógico, a ampliação dos códigos, isto é, admitindo a existência de linguagens morfogenéticas inatas em todo ser humano, caberia fornecer para cada um os paradigmas necessários à multiplicação de seu processamento. O principal recurso para tal construção, deveria ocorrer através de interações bipessoais e multipessoais. Essa atividade metaprocessual constituiu a preocupação central de seus estudos[2].

Em seu artigo "Uma reavaliação da pedagogia de nossos tempos: o lugar do oprimido e os conflitos contemporâneos" (1990), o Prof. Seminério contextualiza historicamente sua proposta e apresenta a técnica da elaboração dirigida, fazendo uma análise compa-

---

[1] A respeito do desenvolvimento metaprocessual, ver Seminério *et alii* (1987) e Seminério *et alii* (1988).

[2] Os dados conclusivos desse trabalho decorrem de uma investigação que vem sendo realizada pelo autor, desde 1962, e contou sucessivamente com a coordenação de Márcia Mello de Lima Barreto Dias, Isabel Costa Bezerra e Elaine de Souza Jorge. Têm atuado no trabalho Claudia Maria Alves Ferreira, Claudia Raimundo, Denise Amorim Rodrigues, Denise Kreidelman Kale, Gisela Vianna de Araujo, Lilian Carla Cerqueira Lopes, Maria da Glória Botelho, Rosinda Martins Oliveira, Simone Gaigin, Sônia Maria Kerstenetzky, Vanda Gomes de Oliveira. A equipe é atualmente coordenada por Tânia Cristina de Araújo, com a participação de Cely Miranda da Silva, Denise Berrondo, Luiz Cláudio Martino e Maria Elizabete Neves.

Os Núcleos Piagetianos no Brasil 123

rativa de três momentos essenciais da pedagogia contemporânea. Seguindo a evolução dos métodos de ensino sugerida por Piaget (1969) no livro *Psicologia e Pedagogia*, avalia, inicialmente, os métodos receptivos, quer na forma tradicional, quer nas suas modalidades reformuladas pela instrução programada no Ocidente e pela sistemática educativa de base pragmática adotada no Leste Europeu. Em seguida, analisa os trabalhos escolanovistas à luz dos métodos ativos e intuitivos. Segue-se uma apreciação da proposta de uma escola fundada no desenvolvimento operatório, seja na modalidade clássica de Piaget, seja nas derivações do Projeto Logo, que remonta a S. Papert e a outras aplicações em Inteligência Artificial. Analisa também alguns usos da teoria piagetiana na América Latina, voltados para uma pedagogia do oprimido, como os trabalhos conduzidos por Emília Ferreiro, Bárbara Freitag e Analúcia Schliemann. Com essas considerações, aponta a técnica da elaboração dirigida, que inclui o diálogo elaborado, com um amplo repertório de paradigmas designativos, imaginativos e lógicos, como o instrumento pedagógico de fomento à atividade metaprocessual (o desenvolvimento cognitivo) em qualquer tipo de educando (Seminério, 1990, pp. 3-17).

As conclusões do Prof. Seminério representam uma crítica à proposta de Piaget (1975) de uma escola operatória, pois, em sua análise, essa proposta incorre nos mesmos erros proporcionados pelos escolanovistas com suas escolas intuitivas[1].

Além das atividades de pesquisa, o Prof. Seminério tem atuado na área das publicações científicas. Dirige os *Arquivos Brasileiros de Psicologia* e os *Cadernos do ISOP*, duas revistas do Instituto Superior de Estudos e Pesquisas Psicossociais, anteriormente vinculado à Fundação Getúlio Vargas. Os *Arquivos Brasileiros de Psicologia* são a única revista de psicologia que circula na América Latina há mais de quarenta anos. Nesse período, ela publicou muitos es-

---

[1] Piaget foi um simpatizante das propostas ativas, mas criticou as propostas escolanovistas de base intuitiva (Piaget, 1975). Segundo P. Galperin (1965) e V. Davidov (1981), Piaget incorreu no mesmo erro que criticou.

124 — A Difusão das Idéias de Piaget no Brasil

tudos relacionados a Piaget. Fundada em 1949 por Emilio Mira Y Lopes e dirigida, de 1957 a 1970, por Lourenço Filho, funcionou com o nome de *Arquivos Brasileiros de Psicotécnica* de 1949 a 1968 e, de 1969 a 1978, com o nome de *Arquivos Brasileiros de Psicologia Aplicada*. Dos anos setenta em diante, foram publicados mais de trinta artigos que trazem Piaget como base referencial. O Prof. Seminério, por exemplo, publicou: "A epistemologia genética: renovação e síntese na psicologia e na filosofia contemporânea" (1977), "O construtivismo e os limites do pré-formismo" (1984), "Ação e Cognição: uma convergência em marcha" (1986) e "Uma rea-valiação da pedagogia de nossos tempos: o lugar do oprimido e os conflitos contemporâneos" (1990).

Em novembro de 1991, após a extinção dos institutos de pesquisa da Fundação Getúlio Vargas, pelo governo Collor, a revista *Arquivos Brasileiros de Psicologia* e os *Cadernos do ISOP* foram transferidos, juntamente com o Centro de Pós-Graduação em Psicologia (mestrado e doutorado), para a Universidade Federal do Rio de Janeiro.

É importante registrar aqui os trabalhos piagetianos desenvolvidos no Instituto de Estudos Avançados da Educação (IESAE), da Fundação Getúlio Vargas, por Circe Navarro Vital Brasil, também professora da PUC do Rio de Janeiro. Além de orientar vários trabalhos nesse centro de pesquisa, ela foi reponsável por um dos primeiros grandes projetos educacionais de base piagetiana que começaram a ser implantados no Brasil, a partir da década de setenta. Nesse sentido, desenvolveu em todo o Estado do Rio de Janeiro o programa de ensino que elaborou no Laboratório de Currículos.

2.6. Laboratório de Currículos

Na década de setenta, o Laboratório de Currículos, instituição de pesquisa vinculada à Secretaria de Educação e Cultura do Estado do Rio de Janeiro, desenvolveu um grande projeto educacional de base piagetiana para ser aplicado nos municípios cariocas. Na época, o governador, Floriano Faria Lima, e a secretária da Educação e Cultura Myrthes de Luca Wenzel convidaram a Profª Circe Navarro

Vital Brasil para dirigir o Laboratório de Currículos e elaborar os subsídios para a organização curricular do ensino de primeiro grau.

Tal projeto fundamentou-se no fato de o governo do Estado estar interessado em desenvolver uma programação de ensino, integrando educação, cultura e trabalho. Essa programação deveria adequar o ensino do primeiro grau às orientações da Lei Federal número 5692/71 e à proposta metodológica contida na sugestão do Parecer 853/71, do Conselho Federal de Educação, que indicava a psicologia genética de Jean Piaget como orientação para a formulação de um currículo que "propicie o desenvolvimento biopsicossocial do indivíduo" (Secretaria de Estado da Educação e Cultura, 1976, p. 25).

Quando a Prof.ª Circe Navarro, responsável pela elaboração e desenvolvimento do projeto, assumiu a diretoria do Laboratório de Currículos, ela já vinha de uma longa história em relação à teoria de Piaget. Em 1959, quando estava fazendo um curso na Universidade Federal Fluminense sobre Lógica Matemática e Filosofia da Ciência, foi solicitada, por um dos coordenadores do curso, o Prof. Jorge Emanuel Barbosa, para falar no Congresso Nacional de Professores de Matemática sobre Piaget e a possibilidade do ensino da lógica matemática no Brasil, tema que tratava da introdução do ensino da Lógica, inclusive, nas escolas do primeiro grau. Nessa época, debruçou-se sobre a obra de Piaget, a *Introduction à l'épistémologie génétique* (1950), composta pelos volumes *La pensée mathématique, La pensée physique* e *La pensée biologique, la pensée psychologique et la pensée sociologique*. Ao participar desse congresso, defendeu a idéia de que era necessário que os professores conhecessem a teoria piagetiana, porque encantou-se com a idéia de que os agrupamentos de classes e relações, o cálculo funcional e a lógica das proposições eram parte do próprio desenvolvimento da criança e do adolescente. Fez, então, nesse congresso, a proposta de incluir Piaget no ensino da matemática. Nos anos seguintes, passou a estudar todos os livros de Piaget, convencida de que ali estavam as possibilidades de estruturação cognitiva da criança.

Em 1975, por acreditar que era possível desenvolver um projeto educacional progressista, baseado nos princípios emanados da teoria

126 A Difusão das Idéias de Piaget no Brasil

de Piaget como um meio para a melhoria do ensino de primeiro grau, Circe Navarro aceitou tal encargo do Governo do Estado do Rio de Janeiro. Em conversa que tivemos, disse o seguinte:

Quando eu tive a oportunidade de dirigir o Laboratório de Currículos, que era um órgão de pesquisa da Secretaria de Estado, a secretária de Educação e Cultura propôs que esse Laboratório não só promovesse currículos que considerassem a educação como um processo, mas que também fossem dotados de filosofia de trabalho. A filosofia que adotamos não só estava baseada na teoria do desenvolvimento mental de Jean Piaget, como também considerava as estruturas lingüísticas, estudadas por Férdinand de Saussure. Trazia, como recurso pedagógico básico o jogo. Na medida em que constitui um desafio, o sujeito não sabe qual é o fim do jogo, então sempre se arrisca e, por isso, ganha ou perde e convive com essa condição, que implica uma adaptação. Fizemos uma programação de maneira a desenvolver o jogo, desde a pré-escola, do nível pré-operatório, até a oitava série, correspondente ao nível operatório concreto e operatório abstrato. Trabalhamos seguindo as etapas do desenvolvimento, de maneira a dar aos professores um conhecimento sobre a época em que, aproximadamente, a criança já teria atingido as estruturas ou estaria próxima de atingir as diferentes etapas do período pré-operatório, operatório concreto e operatório abstrato. Nós elaboramos as propostas para as diferentes áreas de conhecimento: área de matemática, comunicação e expressão, estudos sociais, ciências, língua oral e escrita, educação física, atividades lúdicas e artísticas. Esse trabalho foi divulgado e serviu para que, num momento em que os educadores estavam muito fragmentados na sua ação de grupo, se reunissem ao redor dele para discuti-lo. Nós escrevemos vinte e tantas obras e elas eram distribuídas gratuitamente pelo Estado. Eu lancei uma rede no Estado do Rio de Janeiro.

Nessa rede, cada município tinha cinco professores que atuavam como multiplicadores e divulgadores da proposta nas áreas de

Os Núcleos Piagetianos no Brasil 127

conhecimento. Foi feita uma grande divulgação do trabalho e houve uma situação muito expressiva quando aproximadamente seiscentos professores multiplicadores que atuavam em todas as cidades do Estado do Rio de Janeiro se reuniram para avaliar a proposta do Laboratório, cuja referência principal para a organização das atividades escolares era a tese sobre os jogos, apresentada por Piaget, principalmente em sua obra *A Formação do Símbolo na Criança* (1946). Essa tese previa um processo adaptativo inerente ao conhecimento construído na interação da criança, em diferentes fases de desenvolvimento. Para consolidar a proposta, o Laboratório organizou as atividades seguindo esse princípio.

As atividades com a criança da pré-escola eram direcionadas no sentido de capacitá-la a dominar a imagem, o uso e o controle do próprio corpo, na relação com o mundo dos objetos e o mundo dos outros, através da ativação da psicomotricidade. Essa atividade era favorecida pelo equilíbrio de dois mecanismos básicos de adaptação: assimilação e acomodação. A gênese do jogo se dá no momento em que a criança exercita pelo menos um desses dois pólos de adaptação: a assimilação, quando reproduz ações por mero prazer funcional e a acomodação, quando transforma os esquemas em função de solicitações do meio. A predominância desse processo adaptativo dá origem a imitações e é indispensável ao jogo do pensamento prático. A repetição das atividades, associada ao processo de maturação da criança, leva à interiorização das ações, iniciando-se a representação mental e a atividade simbólica, que possibilita a internalização simultânea do significante e do significado, diferenciados do referente. Inicia-se o jogo simbólico e o pensamento figurativo. Ainda nessa fase, num nível superior de desenvolvimento, o jogo torna-se mais imitativo do real e o pensamento intuitivo possibilita as primeiras coordenações mentais, construções parciais a caminho do conceito operatório. O jogo com regras apresenta recursos para desenvolver estruturas infralógicas e espaço-temporais. Em seguida, a coordenação das operações possibilita a reversão do pensamento e a necessidade de invariância do todo, da conservação de conjuntos e equivalências. O jogo reversível se faz presente nas formas de inversão ou

128   A Difusão das Idéias de Piaget no Brasil

negação e reciprocidade. Na apresentação da proposta metodológica do Laboratório de Currículos (Secretaria de Estado da Educação e Cultura, 1976, p. 27), a recomendação pedagógica, para esse período de operações concretas, aparece com o seguinte texto:

> *O grande risco que a ação educacional pode correr neste momento reside na valorização do perceptivo e na ausência da ativação da capacidade operatória. O exercício da ação cognitiva se faz inconscientemente. É essencial que o professor seja levado ao conhecimento explícito de como se processa a ação cognitiva. Se na sua formação esse aspecto não for devidamente valorizado, o educador não possuirá recursos para trabalhar a ação mental da criança, e poderá, indevidamente, valorizar o perceptivo, em detrimento do operatório. Paralelamente, haverá um prejuízo da linguagem do educando. Partindo-se do algoritmo de Férdinand de Saussure, significante/ significado (S/s), se houver prejuízo na capacidade de operar com o significado, não se constituindo, portanto, no nível do significante, a possibilidade de operar nos planos do sintagma e do paradigma, a criança permanecerá no nível da linguagem-objeto, sem condições de decodificar a metalinguagem do professor.*

No que se refere à passagem das operações concretas para as operações formais, o sujeito constrói o jogo das representações sobre as representações. O processo do pensamento encaminha-se para a formulação dos possíveis, atingida quando a operação mental não se limita mais ao raciocínio sobre o objeto concreto, mas incide sobre proposições enunciadas verbalmente. Emerge o raciocínio hipotético-dedutivo, que possibilita os jogos de combinatórias, tanto de objetos como de proposições. Do ponto de vista prático, de acordo com a proposta metodológica do Laboratório, o professor deveria agir através dos conteúdos teóricos das ciências, solicitando do aluno raciocínio dedutivo e orientando-o na identificação do vocabulário de base das teorias: os axiomas, as regras lógicas ou de transformações e as proposições derivadas. O professor deveria, também, ati-

Os Núcleos Piagetianos no Brasil 129

var o jogo dos antecedentes e conseqüentes, com suas regras lógicas. Quanto aos conteúdos de língua, o professor deveria incentivar o aluno nos "jogos das proposições, através do reconhecimento da organização lógica dos textos, da criação de estruturas lingüísticas de diferentes graus de complexidade, bem como pelo confronto de outros discursos não verbais" (Secretaria de Estado da Educação e da Cultura, 1976, p. 28).

O trabalho do Laboratório de Currículos ficou quatro anos sob a direção de Circe Navarro. Durante esse período, a Secretaria de Estado da Educação e Cultura levou o projeto educacional, de base piagetiana, desenvolvido pelo Laboratório, a todos os municípios do Estado do Rio de Janeiro. Junto a Circe Navarro atuaram, nos trabalhos de coordenação desse projeto, os professores Maria Machado Portes, Marília dos Santos Amorin, Thereza Gomes Veiga da Silva, Maria Jorge Bacil da Silva e Luiz Antônio Garcia[1]. Segundo Circe Navarro, após um período de grande aceitação do projeto, as editoras perceberam que as orientações do Laboratório levariam as escolas do Estado a produzir seu próprio material didático, o que significaria uma grande perda econômica e de espaço comercial para as editoras. Por esse motivo, elas organizaram uma campanha contra os trabalhos do Laboratório e conseguiram, aos poucos, ir "minando" os resultados e as possibilidades de expansão do projeto. Além disso, as dificuldades impostas por mudanças no Governo do Estado fizeram com que vários membros da equipe de trabalho se

---

[1] Na área de pré-escola, os trabalhos foram dirigidos por Antoinette Timberg Sheimberg, Luciana Brazil Lens Cesar, Marília dos Santos Amorin, Olga Azevedo Marques de Oliveira e Terezinha Poubel Hardman. Na área de Comunicação e Expressão, por Eva Jurkiewicz, Helena Gryner, Leda Palmerston, Luiz Carlos Miranda, Lylia Velloso Café, Margarida Ferreira, Maria Cecília Nascimento, Maria Heloisa Vilas Boas Simões, Maria José de Oliveira, Maria Luiza Coimbra, Maria Regina Prado, Maria Theresa de Oliveira, Sonia de Brito Monnerat, Tereza Clarissa Cavalcante e Thereza Gomes da Silva. Na área de Ciências, por Ana Carmen Fernandes, Diva Maria de Noronha, Leila Pereira Pinto Alcure, Luiz Antonio Garcia, Maria de Lourdes Medina e Sonia Maria Brandão. Na área de Estudos Sociais, por Ana Maria Costa, Auxiliadora Duval Cardoso, Cecília Machado de Carvalho, Idê Albernaz Ferreira, Heloísa Fesch Menandro, Rachel Gryner, Terezinha Jane Rocha Maia, Lauryston Guerra e Tomoko Iyda Paganelli. Na área de Diagnóstico Socioeconômico e Socioeducacional, por Albenides Ramos de Souza, Amélia Maria de Queiroz, Glecyldes Mendes Pereira, Iolanda de Oliveira, Lúcia Cunha de Carvalho, Maria da Conceição Rodrigues, Maria Cecília Veloso Nascimento, Maria Filomena Rego, Maria Helena de Mello Vieira e Regina Vitória Rebello de Mendonça.

130 A Difusão das Idéias de Piaget no Brasil

desligassem da coordenação, fato que fez com que, após alguns anos, o projeto fosse desativado e substituído por outras orientações adotadas pela Secretaria de Estado da Educação. Circe Navarro explicou, em 1992, como isso aconteceu:

> *Quando os editores descobriram a grande dimensão de nosso projeto, iniciaram uma verdadeira guerra contra o Laboratório de Currículos. Na época, em duas semanas o* Jornal do Brasil *havia publicado cinco artigos diferentes contra o Laboratório. Para o* Jornal do Brasil *fazer isso, evidentemente, havia algum interesse muito grande, que era o interesse das editoras, vendo que seus livros estavam ficando nas prateleiras, porque os professores, muito envolvidos pela proposta, não precisavam dos livros das editoras para trabalhar. Eles passaram a criar o seu próprio material de trabalho, em função dos interesses e necessidades das crianças. E, como eu tinha criado essa rede em todo o Estado, ficou alguma coisa muito ameaçadora para as editoras, e a pressão contra o projeto foi muito grande. Apareceram críticas de todos os lados, inclusive sobre a viabilidade de se utilizar Piaget em situações formais de educação. Pessoas que nunca tinham lido Piaget escreveram contra a teoria de Piaget. Alguns chegaram a citar o "pedagogo Jean Piaget". Um absurdo!*

Mesmo depois que deixou o Laboratório de Currículos, a proposta da Profª Circe Navarro continuou a "correr" o Estado do Rio de Janeiro. A Profª Tomoko Paganelli, por exemplo, uma das componentes da equipe de trabalho, anos depois passou a dar orientação ao Colégio Pedro II e ao Cieps seguindo as diretrizes da proposta. Circe Navarro coordenava o Curso de Pós-Graduação de Psicologia da PUC do Rio de Janeiro, quando assumiu a chefia do Departamento de Filosofia da Educação do Instituto de Estudos Avançados em Educação (IESAE) da Fundação Getúlio Vargas[1]. Em ambas as

---

[1] O IESAE e outros oito Institutos da Fundação Getúlio Vargas foram extintos logo após Fernando Collor de Melo ter assumido a presidência da República.

Os Núcleos Piagetianos no Brasil 131

instituições, desenvolveu e orientou pesquisas fundamentadas na obra de Piaget. Nos últimos anos, passou também a trabalhar na Universidade Estadual do Rio de Janeiro e a fazer críticas à teoria piagetiana, principalmente ao caráter epistêmico da teoria, que afirmava não dar conta do sujeito social e do sujeito desejante. Trabalhava valorizando o papel da linguagem na formação da personalidade e fazia análise de discurso de crianças de rua, tendo por referência a teoria psicanalítica e as teorias sociolingüísticas, como a de M. Bakhtine e Ch. Perelman. A Profª Circe Navarro Vital Brasil faleceu em dezembro de 1995.

2.7. O Centro Experimental e Educacional Jean Piaget: a escolinha A Chave do Tamanho

Além das pessoas e instituições já referidas no histórico do núcleo do Rio de Janeiro, é fundamental lembrar o Prof. Lauro de Oliveira Lima que, durante muitos anos, foi um dos maiores divulgadores das idéias de Piaget por todo o Brasil. Em 1972, Lauro de Oliveira Lima criou, na cidade do Rio de Janeiro, o Centro Experimental Jean Piaget, sob o endosso do mestre de Genebra. O Centro mantém, desde a sua fundação, a escola A Chave do Tamanho. Sua primeira diretoria foi constituída por Maria Elisabeth Santos de Oliveira Lima, fundadora; Lauro de Oliveira Lima, assessor técnico-científico; Ana Elisabeth Santos de Oliveira Lima, direção pedagógica; Lauro Henrique Santos de Oliveira Lima, direção administrativa.

A Chave do Tamanho foi reconhecida pelo poder público como escola experimental, com liberdade para não seguir o modelo oficial de currículo, de programa e de seriação. Tendo por principal objetivo promover "a educação pela inteligência", adotou o "método psicogenético" (Oliveira Lima, 1983, pp. 31-32). Sobre a aplicação de seu método nessa escola Oliveira Lima relatou:

Nossa proposta pedagógica consiste em criar situações desequilibradas graduadas e seriadas, de tal forma que a criança, tentando, coletivamente, transpô-las, seja

132   *A Difusão das Idéias de Piaget no Brasil*

*forçada a descobrir ou inventar novos meios de ação
(aprendizagem). Descobrir e inventar são as duas formas
básicas de atividade da inteligência. Só a criança pode
indicar em que nível de desenvolvimento está, donde a
necessidade de treinar o professor para diagnosticar a
marcha de seu crescimento mental. A criança deve
conviver com o grupo de crianças cuja idade mais se
aproxima de seu nível de desenvolvimento, a fim de não
ter que enfrentar situação superior à sua capacidade
operativa. A base de todo processo pedagógico é o jogo
(a atividade típica das crianças), de modo que o trabalho
escolar se confunde com uma festa permanente para as
crianças. O jogo é, precisamente, a composição de novas
estratégias, é a melhor maneira de alcançar o objetivo.
Ora, o desenvolvimento da inteligência consiste,
estritamente, no movimento permanente de estratégias de
ação (motora, verbal e mental) (...)Aqui, na escolinha, a
gente recebe as crianças com um ano de idade e as
acompanhamos até onze, doze anos, baseados menos na
idade do que na pesquisa do nível que elas alcançaram. A
gente espera que elas alcancem as operações abstratas.
Dessas três mil crianças que passaram por aqui,
praticamente não tivemos nenhum caso de problema de
crianças que não se alfabetizaram assim com cinco, seis
anos, e se tornaram leitores inveterados na leitura
compreensiva. Nossos ex-alunos são notados logo, dentro
do sistema escolar, pela espécie de comportamento
diferente. Eles são pessoas que passaram dez anos
trabalhando sua dinâmica de grupo, que também é um
postulado de Piaget, de que o desenvolvimento da
inteligência depende da interação, da cooperação. Isso já
vinha sendo aplicado há muitos anos em dinâmica de
grupo. Nosso trabalho é feito em dinâmica de grupo desde
a mais tenra idade. Dificilmente eles aceitam aula
expositiva, clássica, eles provocam debate, criam
problemas para os professores que não estão
acostumados a dialogar com os alunos. Quer dizer,
desenvolvem a inteligência. A inteligência, realmente, se
desenvolve experimentalmente. Com esse trabalho, nós,*

Os Núcleos Piagetianos no Brasil 133

aqui no Brasil, comprovamos que Piaget dá certo na educação[1].

2.8. NOAP — Núcleo de Orientação e de Aconselhamento Psicopedagógico

No final dos anos setenta e nos anos oitenta, muitos piagetianos, vinculados à academia, estiveram preocupados com a dissociação existente entre os trabalhos desenvolvidos pela universidade e as reais necessidades da população brasileira. Na verdade, essa preocupação trazia implícito o debate existente, principalmente nos anos setenta, sobre o significado de realização da pesquisa pura ou da pesquisa aplicada na área das ciências humanas. Trazia também à tona a questão do livre espaço de atuação dos acadêmicos, após a conquista da abertura política, pela sociedade brasileira, e a demanda social. Nessa situação, a universidade, como instituição de "vanguarda", deveria se posicionar e prestar contas à sociedade de suas ações, pois não havia mais nenhum empecilho político que justificasse apenas a atividade intramuros. Foi nesse contexto que, em 1982, a Prof[a] Maria Aparecida Mamede Neves fundou, com um grupo de colegas na Pontifícia Universidade Católica do Rio de Janeiro, o NOAP. Mamede Neves relatou que o NOAP é um "núcleo assistencial de base, que atende crianças com problemas educacionais, promove pesquisas psicopedagógicas sobre a construção do conhecimento e fornece orientação a professores, para que não produzam nos alunos o sintoma de não aprender". Concretamente, para Mamede Neves, foi assim que nasceu a idéia do Núcleo:

Quando nós fundamos o NOAP, havia uma queixa, principalmente de uma senhora muito importante da Favela da Rocinha (a Rocinha fica perto da PUC), a famosa Dona Elisa da Rocinha. Ela disse pra mim, quase botando o dedo

---

[1] A respeito dos trabalhos desenvolvidos pelo Prof. Oliveira Lima ver, neste livro, "A peregrinação de Lauro de Oliveira Lima".

134 A Difusão das Idéias de Piaget no Brasil

no meu nariz: "Vocês da academia vão na favela, tiram os dados, dizendo que estão preocupados com o social, mas não fazem nada." Sem tirar o mérito dos efeitos multiplicativos que uma pesquisa pura ou aplicada, quando publicada, produz no sistema social, eu e minhas companheiras achamos que nós tínhamos que fazer alguma coisa dentro de nossas possibilidades e fundamos o NOAP, uma instituição de pesquisa e assistência educacional, que até hoje mantém um compromisso político e social muito forte.

O núcleo não se define como um centro piagetiano, no que se refere à orientação de suas ações, pois apresenta-se aberto a outros tipos de influências teóricas, como a psicanálise e o interacionismo sócio-histórico, mas a preocupação básica que permeia as atividades do núcleo é estudar a construção do conhecimento, realizando pesquisas voltadas para a realidade social brasileira. Essa preocupação com a construção do conhecimento vem, sem dúvida, da influência de Jean Piaget e, desde 1968, tem sido o grande interesse da fundadora do NOAP.

A Profª Mamede Neves é formada em pedagogia e, em 1958, foi aluna de Lourenço Filho e de Anísio Teixeira, período em que conheceu as idéias escolanovistas. Em 1959, foi estudar nos Estados Unidos, onde as influências de natureza funcionalista e, principalmente, behaviorista, eram muito fortes, mas não a agradavam do ponto de vista da explicação psicológica. Em 1968, quando fazia pós-graduação em psicologia na PUC do Rio, através do físico e médico Carlos Paes de Barros, que era professor do Departamento de Psicologia, ficou conhecendo as idéias de Piaget. Foi nessa época que travou contato com o livro *Seis Estudos de Psicologia* (Piaget, 1964). Começou os estudos piagetianos pelos modelos de equilibração e pelas etapas do desenvolvimento mental, fazendo ressalvas em relação à rigidez dos pressupostos sobre a ordem das conservações. Posteriormente, iniciou-se nas pesquisas transculturais, nas quais percebeu que determinadas conservações eram inevitáveis, mas que suas representações recebiam influência acentuada do meio social. Esses estudos a orientaram para as aplicações da

Os Núcleos Piagetianos no Brasil 135

teoria piagetiana. Entrou em contato com as idéias de Emília Ferreiro, Jorge Visca e Sara Paín e percebeu que essas pessoas tinham muitas idéias que poderiam ser úteis ao exercício pedagógico, quando pensadas do ponto de vista da construção do conhecimento. Nos últimos anos, trabalhando no Departamento de Educação da PUC do Rio de Janeiro e na Universidade Estadual do Rio de Janeiro, desenvolve estudos para desvendar o processo do pensamento e as formas de linguagem que fazem parte da construção do conhecimento, sempre visando objetivos psicopedagógicos.

Atualmente, o NOAP atua nessa mesma linha de pesquisa, incluindo a convergência de teorias. Argumentando que o sistema teórico de Jean Piaget não esgota a complexidade do ser humano, os profissionais do NOAP têm recorrido a outras influências teóricas, associando as leituras de Piaget a alguns autores psicanalistas que estudam o pensamento, como Winnicott, Lacan, Jean-Marie Dolle e Sara Paín, além de autores interacionistas soviéticos como Vygotsky, Luria e Leontiev. Na verdade, essa opção revela-se como uma forte tendência contemporânea dos piagetianos no Brasil.

***

Convém ressaltar que, no Rio de Janeiro, existem várias outras pessoas e instituições que trabalham ou trabalharam com as idéias de Piaget. Na Fundação Getúlio Vargas, além dos trabalhos desenvolvidos por Circe Navarro e Franco Lo Presti Seminério, existiram também no ISOP os trabalhos de Maria Lúcia Seidl de Moura, que, além de realizar pesquisas sobre o desenvolvimento cognitivo e a aprendizagem da leitura, analisou os fundamentos psicológicos da linguagem LOGO e, entre outras atividades, orientou a importante análise crítica de Silvana Maria Aguiar de Figueiredo (1991) sobre os *Estudos Piagetianos Brasileiros*. Também divulgaram o referencial piagetiano os professores Maria Helena Novaes e Luiz Brasil.

136   A Difusão das Idéias de Piaget no Brasil

Em relação à atuação construtivista, baseada em Piaget e Emília Ferreiro, as Secretarias Municipal e Estadual de Educação têm-se encarregado de oferecer aos professores uma complementação à sua formação. Esse trabalho é feito através de encontros promovidos por essas Secretarias em convênio com as Universidades Federal e Estadual do Rio de Janeiro. Na Federal, por exemplo, é oferecida, desde 1987, um curso de extensão, com setenta vagas, para professores da rede pública.

3. O núcleo paulista

Em São Paulo, a difusão das idéias de Piaget teve início nos anos trinta, no Instituto de Educação da Praça da República. Eram apenas poucas citações efetuadas por alguns professores. Em 1936, um fato importante ocorreu: a publicação da tradução de um artigo de Piaget na *Revista de Ensino*, periódico oficial do Estado de São Paulo, fez com que o nome de Piaget alcançasse alguma penetração nos meios educacionais paulistas. A partir dessa época, a circulação das idéias de Piaget ocorreu principalmente dentro da Universidade de São Paulo, iniciando-se um novo ciclo de leituras piagetianas voltadas para as implicações educacionais e, posteriormente, para a pesquisa com preocupações práticas e teóricas. As pesquisas ocorreram especialmente no Instituto de Psicologia e na Faculdade de Educação dessa Universidade. Nos anos seguintes, essas pesquisas aumentariam e, no começo dos anos noventa, seria possível contabilizar quase duas centenas de pesquisas piagetianas realizadas na USP.

3.1. O núcleo da Universidade de São Paulo (USP)

Em São Paulo, as idéias de Piaget começaram a ser citadas no Instituto de Educação Caetano de Campos. Em 1932, a Profª Noemi Silveira Rudolfer, substituindo Lourenço Filho na cátedra de psicologia aplicada à educação, publicou as *Lições de Psicologia Educacional*, em que recomendava a leitura das obras piagetianas

Os Núcleos Piagetianos no Brasil 137

Le Langage et la Penseé chez l'Enfant (1923) e *La Causalité chez l'Enfant* (1927). Posteriormente, em 1936, o Prof. do Instituto de Educação, Luiz G. Fleury, traduziu para a *Revista de Educação* da Diretoria Geral de Ensino do Estado de São Paulo o texto "O trabalho por equipes na escola: bases psicológicas" (Piaget, 1935b). Em seguida, os fatos mais importantes que impulsionaram a difusão das idéias de Piaget em São Paulo ocorreram no âmbito da recém-criada Universidade de São Paulo.

As primeiras citações que foram feitas de Piaget, na USP, ocorreram por "extensão" daquelas já feitas no Instituto de Educação Caetano de Campos. Isso porque, com a criação da USP, em 1934, o Instituto de Educação, por possuir um grande número de professores e técnicos de laboratório voltados para as ciências humanas, passou a colaborar, cedendo, inclusive, repartições para a Faculdade de Filosofia, Ciências e Letras da USP. Assim, por exemplo, o Laboratório de Psicologia Educacional do Instituto de Educação, criado por Lourenço Filho com a colaboração de Noemi Silveira, foi incorporado à cátedra de psicologia educacional da Faculdade de Filosofia. Nesse laboratório, juntamente com outros dezessete técnicos, trabalhavam a Prof[a] Noemi Silveira, responsável, a partir de 1936, pela cátedra de Psicologia Educacional. Entre seus colaboradores, estava a Prof[a] Annita de Marcondes e Castilho Cabral.

A Prof[a] Annita Cabral foi a primeira professora da USP a motivar seus alunos a estudarem Piaget. Graduada em filosofia, buscava estudos de aperfeiçoamento realizando viagens ao exterior. Ao retornar ao Brasil, preocupava-se em informar seus alunos sobre as teorias em evidência nos outros países. Entre as teorias que citava, constava a de Jean Piaget. Mais do que isso, Annita Cabral procurava incentivar os alunos para que buscassem especialização no estudo dessas teorias.

No final dos anos quarenta, além da Prof[a] Annita Cabral, dois outros professores da USP referiam-se às idéias de Piaget: Prof. João Cruz Costa, um dos fundadores da Faculdade de Filosofia, e Prof[a] Amélia Americano Franco Domingues de Castro, que trabalhava na disciplina de didática, na Faculdade de Filosofia.

138 *A Difusão das Idéias de Piaget no Brasil*

A Profª Zélia Ramozzi-Chiarottino, ex-aluna desses difusores pioneiros, lembrou esses acontecimentos:

> *Esses professores tinham interesses diferentes em relação a Piaget. Uns com interesses teóricos, outros práticos. A Profª Annita Cabral e o Prof. João da Cruz Costa falavam com preocupações teóricas. O Prof. Cruz Costa, quando dava aula de teoria do conhecimento, citava Piaget como filósofo. Ele considerava Piaget um filósofo e não um psicólogo. Mas Dona Annita foi a primeira a falar em Piaget, já nos anos quarenta. Ela fazia considerações gerais sobre as idéias piagetianas e solicitava que seus alunos o estudassem. Na pedagogia temos a Profª Amélia, que talvez tenha sido uma das primeiras a tentar uma aplicação científica da teoria de Piaget à prática pedagógica. Eram visões diferentes. Cada um, a seu modo, falava de Piaget.*

Outros professores da Faculdade de Filosofia passaram a se interessar pelas idéias de Piaget, e nos primeiros anos da década de cinqüenta ocorreu um fato relevante para a difusão de suas idéias. Um grupo de docentes, sob a orientação do professor de didática geral e especial da Faculdade de Filosofia, Onofre de Arruda Penteado Júnior, ficou entusiasmado com a obra do educador e psicólogo suíço Hans Aebli, que propunha a aplicação da teoria de Jean Piaget à didática (Aebli, 1971). Interessados em se aprofundarem na obra, pois nela enxergavam novos horizontes pedagógicos, formaram um grupo de estudos que logo constatou a necessidade do domínio dos conceitos piagetianos para poder compreender a didática operatória de Hans Aebli .

A obra de Hans Aebli representou, para esses professores, um grande impulso para o estudo da psicologia genética e, também, uma alternativa para os membros do grupo que estavam insatisfeitos com os avanços da pedagogia de base associacionista e com os limites dos conceitos psicológicos que serviam de base ao escolanovismo que os orientava. Além disso, indicou também um novo caminho para aqueles que estavam exaustos do debate polarizado entre teorias inatistas e teorias empiristas, nas áreas de psicologia e pedagogia.

Os Núcleos Piagetianos no Brasil

A Profª Amélia Domingues de Castro, participante desse grupo e conhecedora dessas vertentes, contou como isso aconteceu:

Formamos um grupo de professores, entendendo que o trabalho de Hans Aebli oferecia à didática uma grande contribuição. Fomos estimulados a estudá-lo e a procurar as fontes em que se fundamentava a obra de Piaget e de seus colaboradores. Nessa época, éramos influenciados por autores da Escola Nova. Para os professores da área, esses estudos significaram um entusiasmo muito grande, porque nós encontramos uma razão extremamente valiosa para uma série de idéias e práticas educativas que a Escola Nova tinha trazido, mas que, para nós, não estavam fundamentadas. Nós conhecíamos muito bem o Movimento da Escola Nova e as teorias psicológicas em voga na época. A Escola Nova Americana veio com Dewey, Kilpatrick e outros, e a Escola Nova Européia tinha Claparède, Decroly, Ferrière e Montessori. Os autores da Escola Nova eram nossa ferramenta de trabalho, mas havia uma insatisfação em relação a seus fundamentos psicológicos. Conhecíamos a psicologia associacionista norte-americana, que vinha de um reduto de Watson e, mais tarde, Skinner. O funcionalismo de Dewey, base do escolanovismo, era muito intuitivo e, de um modo curioso, aceitava o conceito de interação entre o homem e o meio, mas fazia estudos sobre o arco-nervo-reflexo que tinham origem associacionista. Conhecíamos a Lei do Efeito e a Lei do Exercício de Thorndike. Todas essas correntes levavam a uma psicologia insuficiente para sustentar as práticas pedagógicas. Da França, vinha o funcionalismo, de Claparède, que satisfazia mais porque defendia a lei da necessidade e a lei do interesse. Mas Claparède ainda não convencia plenamente. Começamos então a estudar Piaget, procurando respostas para esta lacuna. Fomos direto para o que era acessível aqui: A Psicologia da Inteligência, *que é um livro-síntese elaborado por Piaget, em 1947, mas um livro dificílimo para quem está começando, tanto que nós apanhamos muito. Tivemos, então, a idéia de começar pelo começo. Iniciamos por* O Julgamento

140 A Difusão das Idéias de Piaget no Brasil

e o Raciocínio da Criança, de 1924, O Nascimento da Inteligência, de 1936, e todos os primeiros livros de Piaget. *Fomos seguindo suas pesquisas. Nós líamos tudo em francês. Não havia bibliografia de Piaget em português. A partir desses estudos, nós descobrimos como é que se podia interpretar o intercâmbio entre o homem e o meio, ao modo de Piaget. Então começamos a ficar entusiasmadas com o fato de encontrarmos uma explicação. Não precisávamos aceitar que o homem recebe tudo de fora (os empiristas) ou que o homem já traz tudo pronto por dentro (os inatistas). Começamos a entender a forma do intercâmbio indivíduo-meio e a forma de construção das estruturas mentais. Começamos a perceber novas possibilidades didáticas. Foi isso que nos interessou. Nós encontramos, no livrinho do Hans Aebli e nos estudos piagetianos, os fundamentos para as práticas da Escola Nova. Tirou imprecisões. Situamos melhor o conceito de atividade. Iniciamos uma ponte entre Piaget e a didática.*

Como veremos a seguir, os estudos realizados pelo "Grupo da Didática", denominação que passou a ser atribuída a esses professores, acabaram contribuindo para que, mais tarde, surgissem, na USP, pesquisas piagetianas no campo educacional.

3.1.1. O Grupo da Faculdade de Educação

Entusiasmados com as possibilidades de aplicação dos "princípios piagetianos", o grupo de estudos, que era dirigido pelo Prof. Onofre Penteado, reorganizou-se sob a coordenação de Amélia Domingues de Castro, professora que se tornaria, a partir de 1970, a principal responsável, na Faculdade de Educação da USP, pela evolução das pesquisas piagetianas aplicadas à educação. Para a retomada dos trabalhos, além da obra de Piaget, o grupo procurou estudar outros autores piagetianos e intensificar críticas às correntes psicológicas que não correspondiam às suas aspirações pedagógicas. Para o grupo era apavorante estudar o behaviorismo e o associacionismo americanos, por significar um procedimento worwelliano,

Os Núcleos Piagetianos no Brasil 141

ou seja, que visava condicionar o aluno a não desenvolver suas capacidades. O grupo não concordava com os movimentos tecnológicos da educação, a utilização de testes, a instrução programada e a introdução tecnológica, em aula, de módulos com os quais o mestre pudesse ser dispensado. Isso estimulava seus integrantes a buscar novos conhecimentos e a estudar Piaget. Para eles Piaget era a única pessoa que explicava a aprendizagem como desenvolvimento, que entendia o ser humano construindo-se com a ajuda do outro, sendo capaz de iniciativa e autonomia.

Para a Profª Amélia Domingues de Castro, essa busca de conhecimentos tinha outras conotações:

> *Para mim essa é uma questão até política. É um problema de liberdade, de formar homens pensantes capazes de viver em sociedades democráticas, capazes de discutir e capazes de conviver cooperando. Acho que esta proposta sempre esteve subjacente aos objetivos de nosso trabalho.*

Depois de alguns anos de existência, o grupo assumiu as características de interdisciplinaridade, conforme a tendência de estudo e pesquisa adotada pelo próprio Piaget no Centro de Epistemologia Genética. Durante o período em que o grupo existiu, passaram por ele Adla Neme, Anna Maria Pessoa de Carvalho, Myriam Krasilchik, Nélio Parra, Gilda César Nogueira de Lima, Spicione Di Piero Netto e, por algum tempo, a Profª Zélia Ramozzi-Chiarottino. Essas pessoas participaram desses estudos por terem interesse, ao mesmo tempo, por educação e Piaget, e também por outras áreas do conhecimento, por isso, com o tempo, acabaram criando novos grupos ou novos núcleos de pesquisas em outras áreas.

A formação profissional e as atividades desenvolvidas pela Profª Amélia refletem, em parte, o trajeto de difusão de Piaget em São Paulo. Embora seu contato mais efetivo com essa teoria tenha ocorrido apenas no início dos anos cinqüenta, sempre esteve próxima dos meios onde circulava o nome de Piaget.

Em 1937, a Profª Amélia concluiu o curso ginasial no Instituto de Educação Caetano de Campos e, em 1940, formou-se em Geo-

142 *A Difusão das Idéias de Piaget no Brasil*

grafia e História na Faculdade de Filosofia, Ciências e Letras da USP. Nessa época já demonstrava interesse por "questões de ensino". Em 1941, assumiu a função de professora assistente na cadeira de didática geral e especial na Faculdade de Filosofia e doutorou-se em 1950. Procurando aprofundar-se nos pressupostos dos referenciais didáticos, concluiu o curso de Filosofia em 1953. A partir dessa época, a Prof.ª Amélia dedicou-se ao estudo da teoria piagetiana, coordenando grupos de estudos sobre Piaget. Após a instalação do Colégio de Aplicação da USP, organizou um programa de estágios, em cujas supervisões predominava o discurso piagetiano. Nesse mesmo ano publicou, na *Revista de Pedagogia*, o artigo piagetiano "O Problema na Educação do Pensamento" (Castro, 1957). Depois de alguns anos estudando Piaget, defendeu a tese de Livre Docência intitulada *Bases para uma Didática do Estudo*. No ano seguinte à defesa da tese, assumiu a cátedra de metodologia geral do ensino no Departamento de Educação da Faculdade de Filosofia. Em 1966, começou a ministrar por esse departamento, na graduação, pós-graduação e extensão universitária, uma série de cursos sobre os Fundamentos Psicogenéticos da Didática. Cursos dessa natureza, sempre sobre temas piagetianos, foram ministrados em vários Estados brasileiros, somando, nos anos oitenta, quase uma centena. Em 1970, ingressou na Faculdade de Educação da USP, onde permaneceu até a aposentadoria, em 1976. Durante o tempo em que trabalhou na USP, orientou dezenas de dissertações e teses. Paralelamente a esse trajeto acadêmico, participou por várias gestões do Conselho Estadual de Educação.

Essas atividades da Prof.ª Domingues de Castro a projetaram como uma das maiores protagonistas das idéias de Piaget nos meios educacionais brasileiros. Essa posição se acentuou, principalmente em função de algumas de suas publicações, que ganharam projeção nacional. Em 1974, por exemplo, publicou o livro *Piaget e a Didática: Ensaios*, após ter feito, em 1972, a apresentação do livro de Hans Aebli, *Didática Psicológica: Aplicação à Didática da Psicologia de Jean Piaget*. Ambos os livros tiveram as edições esgotadas e lugar assegurado na maioria das bibliotecas brasileiras de

Os Núcleos Piagetianos no Brasil

psicologia e educação. Em 1979, publicou *Piaget e a Pré-Escola*, livro que despertou interesse nos profissionais que atuavam nas préescolas e que foi reeditado pela Editora Pioneira.

Nos anos setenta, quase todos os professores que participaram dos grupos de estudos coordenados pela Profª Amélia Domingues de Castro, tornaram-se seus orientandos no Curso de Pós-Graduação da Faculdade de Educação da USP. Fizeram pesquisas sobre o ensino da matemática, da física, da biologia, da música, recursos audiovisuais, currículos, pedagogia do trabalho em grupo, etc., sempre procurando explorar as possibilidades oferecidas pela teoria de Piaget. O Prof. Spicione Di Piero Neto, por exemplo, desenvolveu inúmeros trabalhos voltados para o ensino da geometria. Alguns "discípulos" formaram pequenos núcleos piagetianos em cidades do interior. As professoras Maria Cecília de Oliveira Micotti, trabalhando com alfabetização, e Lívia de Oliveira, trabalhando com o ensino da geografia, realizaram pesquisas na UNESP, em Rio Claro (SP). A Profª Maria Carrilho Andreatta, que pesquisou a aprendizagem na obra de Piaget, criou adeptos de Piaget na UNESP, em Marília (SP). Na verdade, cerca de cinqüenta orientandos, que fizeram teses e dissertações sob a orientação de Amélia Domingues de Castro, estão hoje realizando trabalhos em vários Estados brasileiros.

Cabe destacar uma das experiências mais inovadoras de referencial piagetiano no Brasil, que começou sob a orientação da Profa. Amélia e é desenvolvida na Faculdade de Educação da USP, pela Profª Ana Maria Pessoa de Carvalho, na área do ensino das ciências. Ana Maria é formada em física e trabalhou com a Profª Amélia no Colégio de Aplicação da USP, onde se discutia a teoria de Piaget. Nos anos setenta, a partir da leitura da obra *De la logique de l'enfant à la logique de l'adolescent* (Piaget, 1955), ingressou definitivamente nos estudos piagetianos. Nos anos oitenta, influenciada pelos professores Lino de Macedo e Rolando Garcia, este último co-autor de Piaget nos livros *Les Explications Causales* (Garcia, 1971) e *Psychogenèse et Histoire des Sciences* (Garcia, 1983), passou a incluir a "evolução conceitual psicogenética e histórica" em suas pesquisas. Além disso, lecionando prática de ensino,

144   A Difusão das Idéias de Piaget no Brasil

estabeleceu como prioridade realizar estudos voltados para o processo didático. A esse respeito disse:

Eu nunca estudei Piaget para seguir a teoria dos estágios e para fazer pesquisa psicogenética pura. O meu estudo é evolutivo e voltado para o ensino. Eu sempre estive preocupada em entender melhor o que os adolescentes pensam e como é que a gente pode modificar esse ensino de física e ciências que está aí e que ninguém gosta. Eu procuro estudar a psicogênese do conceito relacionando-o à história da ciência. Estudo conceito de campo, de velocidade angular, de massa, de calor, de temperatura, de semelhança e vários outros conceitos da área de ciências.

Para a Profª Ana Maria Pessoa de Carvalho e seus orientandos do Curso de Pós-Graduação da Faculdade de Educação da USP, existem relações entre a história da ciência e a psicogênese que permitem provocar no aluno situações de conflito cognitivo, a partir de suas dúvidas e conclusões. Na verdade, essa prática tem como princípio a idéia de que se pode construir o conhecimento por "desestruturação e superação".

É um trabalho de interação e de desestruturação. Não existe caderno, não existe livro. O nosso material didático é a atividade que implica em estimular o conflito e superá-lo. Implica em saber qual é a pergunta que o professor vai fazer, qual é a possível resposta que ele obtém, como vai fazer a próxima pergunta a partir dessa resposta. Enfim, como o professor pode envolver o aluno para que ele levante suas hipóteses, desestruture, reestruture e construa o conhecimento.

A Profª Ana Maria Pessoa de Carvalho orientou cerca de trinta pesquisas, entre teses e dissertações[1]. Observamos que, mais recen-

---

[1] Dentre seus orientandos estão Dirceu da Silva, Eduardo Fleury Mortimer, Carlos Eduardo Laburú, Marli da Silva Santos, Odete Pacubi Teixeira, Manoel Oriosvaldo de Moura, Roberto Nardi, Moacyr Ribeiro do Valle Filho, Ruth Schmitz de Castro, Ruth Ribas Itacarambi, José Trivelato Junior, Maria Elisa Resende Gonçalves, Lucila Bechara Sanchez, Luiz Macione, Gilmar da Silva Trivelato, José Luiz Gomes, Maria Inês Boldrin, Adriano Rodriguês Ruiz, Antônio de Paulo Salvetti Filho, Alberto Gaspar, Sonia Krappas Teixeira, Marta Maria Darsie, Liana Nascimento, Marcelo Alves Barros, Andréa Infantosi Vannuchi.

Os Núcleos Piagetianos no Brasil

temente, suas pesquisas estão priorizando a situação em sala de aula e a ação com professores. Com quase uma centena de trabalhos publicados em periódicos nacionais e internacionais, seus trabalhos mais divulgados são: *Formación del Profesorado de las Ciências y la Matemática* (1994), *Formação de Professores de Ciências: Tendências e Inovações* (1993), *Física: Proposta para o Ensino Construtivista* (1989), *Formação do Professor e Prática de Ensino* (1988) e *Prática de Ensino: os Estágios na Formação do Professor* (1987).

Outra docente da Faculdade de Educação da USP que dedicou-se ao estudo das obras de Piaget foi a Profª Maria da Penha Villalobos. Filósofa, em 1967 elaborou sua tese de doutorado a partir da análise das relações entre a filosofia, a didática, a psicologia e a epistemologia genética. Em 1969, esse trabalho foi publicado com o título *Didática e Epistemologia: sobre a Didática de Hans Aebli e a Epistemologia de Jean Piaget*. Nessa obra, a Profª Villalobos expõe que toda didática pressupõe uma filosofia e critica Piaget e seus discípulos por tentarem levar a epistemologia para os quadros estritos da ciência.

Nos anos setenta, a Profª Villalobos contribuiu para difundir as idéias de Piaget no interior de São Paulo, na cidade de Marília, onde lecionou na Faculdade de Filosofia, Ciências e Letras, atual Campus da UNESP. Lá, junto a professores da disciplina de didática, iniciou reflexões sobre as implicações pedagógicas da teoria de Piaget, prosseguindo depois seus trabalhos na Faculdade de Educação da USP.

3.1.2. O Instituto de Psicologia

Organizado em meados dos anos cinqüenta, o Curso de Psicologia da Universidade de São Paulo foi reconhecido em 1962, após a definição da legislação federal sobre os cursos de bacharelado e de licenciatura em psicologia e sobre a profissão de psicólogos. Isso ocorreu graças, particularmente, ao esforço de Annita Cabral. Implantado junto à Faculdade de Filosofia, Ciências e Letras e, como em outras universidades, o corpo docente do curso era composto basicamente por pedagogos, filósofos e médicos que se dedicavam à

146 *A Difusão das Idéias de Piaget no Brasil*

psicologia. Arrigo Leonardo Angelini coordenou os trabalhos na cadeira de psicologia do desenvolvimento educacional e escolar, Annita Cabral na cadeira de psicologia experimental e social e sistemas teóricos e Durval Marcondes e Anibal Silveira coordenaram os trabalhos na cadeira de psicologia clínica.

O Instituto de Psicologia da USP teve grande influência no desenvolvimento e difusão da psicologia no Brasil, principalmente depois da criação, no final dos anos sessenta, do curso de pós-graduação. A partir dessa época, tornou-se uma das primeiras instituições a atender numerosos graduados de outros Estados, que regressariam às instituições de origem aptos a orientar gerações novas de pesquisadores e psicólogos[1].

No período inicial de funcionamento do Instituto de Psicologia, não havia uma disciplina específica que estudasse Piaget, porém alguns professores o citavam e recomendavam a sua leitura. Um estudo mais sistematizado de sua obra ocorreu a partir de 1967, com a contratação da Prof.ª Zélia Ramozzi-Chiarottino e, em 1974, com a contratação do Prof. Lino de Macedo.

Dada a amplitude e a repercussão de seus trabalhos piagetianos, apresentaremos uma breve biografia acadêmica desses dois docentes, cientes de que nelas poderemos identificar várias tendências de pesquisas inauguradas no país a partir dos anos setenta.

a. Zélia Ramozzi-Chiarottino: em busca do sentido da obra de Piaget.

A Prof.ª Zélia Chiarottino iniciou seus estudos piagetianos em 1957, no terceiro ano do curso de filosofia, incentivada pela Prof.ª Annita Cabral, que reconheceu, em seus conhecimentos kantianos, pré-requisitos importantes para a compreensão da teoria de Jean Piaget. Em seguida, começou a participar de um grupo de estudos

---

[1] Logo no início do Curso de Psicologia, a USP contratou Fred S. Keller, cujo ensino teve conseqüências profundas na evolução da psicologia em São Paulo e no Brasil, através de Análise Experimental do Comportamento e Modificação do Comportamento, pois contribuiria para consolidar a "corrente" behaviorista, que se expandiu pelo país durante as décadas de sessenta e setenta.

Os Núcleos Piagetianos no Brasil 147

sobre Piaget, coordenado pela Profᵃ Amélia Domingues de Castro e, em conseqüência, foi convidada por esta professora para lecionar didática especial no Curso de Filosofia da FFCL da USP, como docente voluntária da cadeira de didática geral e especial.

Em 1963, a Profᵃ Zélia aceitou convite para lecionar psicologia social e da personalidade na Faculdade de Filosofia de São José do Rio Preto. Lá encontrou Carlos Funari Prósperi, professor de matemática e estatística, que havia estudado a teoria de Piaget e montado um pequeno laboratório, onde fazia alguns experimentos, replicava algumas experiências de Piaget e pesquisava a noção de probabilidade. Através desse professor entrou em contato com o livro *La Naissance de l'Inteligence chez l'Enfant* (Piaget, 1936).

Em 1965, a Profᵃ Zélia foi para a França fazer pós-graduação em filosofia. Dois anos depois, defendeu a tese *Approches du concept de structure chez Piaget*, orientada pelo professor Gilles Granger. Tratava-se de uma tese teórica sobre o conceito de estrutura na obra de Piaget. Ampliando esse trabalho, fez sua tese de doutoramento, na Universidade de São Paulo, sobre os conceitos de modelo e estrutura em Piaget. Esta tese foi publicada, sob a forma de livro, com o título *Piaget: Modelo e Estrutura* (Ramozzi-Chiarottino, 1972).

Retornando ao Brasil, em 1967, a convite de Annita Cabral entrou para a USP, no Instituto de Psicologia, ministrando a disciplina de psicologia social, com a intenção de estudar as relações entre linguagem e pensamento. Nessa época, iniciou sua pesquisa para adaptar à criança brasileira o diagnóstico do pensamento operatório. Em 1970, quando fazia estágio em Genebra, participou de pesquisas e seminários em que se discutiam as técnicas de avaliação do comportamento operatório. Nesses meses assistiu aulas com Jean Piaget. Na mesma ocasião, foi convidada por Barbel Inhelder para assistir às reuniões do Centro Internacional de Epistemologia Genética. Voltando para o Brasil, fundou na USP o Laboratório de Epistemologia Genética, onde desenvolveu e desenvolve a maioria de suas pesquisas.

148 *A Difusão das Idéias de Piaget no Brasil*

Em 1972, a Prof.ª Zélia retornou a Genebra para conhecer novas técnicas para o estudo do comportamento verbal e também para discutir dados de pesquisa com Mme. Sinclair de Zuarts, especialista em psicolingüística. Em 1974, aconselhada por Antônio Battro, foi para Roma fazer especialização em psicolingüística, sob a orientação do Prof. Domenico Parisi. Conheceu, então, Tullio De Mauro, psicolingüista cujas idéias aparecem em sua tese de livre-docência, defendida em 1982, com o título *Em Busca do Sentido da Obra de Piaget. Pequena contribuição para a história das idéias e uma hipótese de trabalho para os psicólogos que se ocupam da reeducação num país de contrastes.*

Nessa tese, mostra as relações entre lógica, linguagem e pensamento, situa a obra de Piaget na história das idéias e discorre sobre o kantismo evolutivo de Piaget. No entanto, a parte que desperta maior interesse entre psicólogos e pesquisadores é a que trata dos resultados do encontro da teoria de Piaget com a realidade de um país de contrastes. Essa tese foi publicada no livro *Em Busca do Sentido da Obra de Jean Piaget* (Ramozzi-Chiarottino, 1984) e foi traduzida para o francês por Jean-Marie Dolle sob o título *A la Recherche du Sens de l'Ouvre de Jean Piaget.* Mais tarde, preocupada com as leituras distorcidas que fazem no Brasil sobre a teoria de Piaget, publicou *Psicologia e Epistemologia Genética de Jean Piaget* (Ramozzi-Chiarottino, 1988, p. 2).

A partir de 1982, os trabalhos de Zélia Chiarottino já demonstravam, além do interesse epistemológico, uma preocupação com as inserções da psicologia na realidade brasileira. Com base nos resultados de sua tese *Em Busca do Sentido da Obra de Jean Piaget,* em pesquisas de seus orientandos[1] e em observações de crianças em escolas, creches, jardins de infância e atividades lúdicas, conduzidas em laboratório, a Prof.ª Chiarottino começou a sugerir que as crianças brasileiras com problemas de aprendizagem, perten-

---

[1] A esse respeito ver o trabalho de Montoya (1983) intitulado "De que modo o meio social influi no desenvolvimento cognitivo da criança marginalizada? Busca de explicação através da concepção epistemológica de J. Piaget".

Os Núcleos Piagetianos no Brasil 149

centes às populações marginalizadas, possuíam déficit cognitivo e, para sanar deficiências dessa natureza, propôs a realização de uma ação reeducativa. Essas sugestões são feitas a partir da seguinte formulação:

A aplicação à realidade da teoria de Piaget, para nós, justifica-se nos termos seguintes: Se Piaget descobriu como se dá o processo cognitivo, ou seja, como é possível ao ser humano aprender, conhecer e atribuir significado, caracterizando o conhecimento não como simples cópia interior dos objetos ou dos conhecimentos, mas como uma compreensão do modo de construção ou de transformação desses objetos e acontecimentos, então há uma conseqüência necessária para a prática da psicologia: as crianças que são incapazes de aprender, de conhecer ou de atribuir significado devem, por hipótese, ter alguma deficiência em algum dos "elementos" ou em algum dos momentos que formam o processo cognitivo que se explica na construção endógena das estruturas mentais em suas relações com a organização do real, a capacidade de representação e a linguagem. (Ramozzi-Chiarottino, 1982, p. 117)

As verificações da hipótese, lhe permitiram chegar à conclusão de que "os distúrbios da aprendizagem são determinados por deficiências no aspecto endógeno do processo de cognição e de que a natureza de tais deficiências depende do meio social no qual a criança vive e de suas possibilidades de ação nesse meio, ou seja, depende das trocas do organismo com o meio num período crítico de zero a sete anos" (Ramozzi-Chiarottino, 1982, p. 132). Em relação às crianças brasileiras de classes subalternas, ela concluiu que essas crianças apresentam distúrbios de aprendizagem, porque vivem em ambientes e condições sociais que não promovem as solicitações adequadas para o desenvolvimento das esperadas estruturas cognitivas. Sendo assim, esses ambientes são lesivos ao desenvolvimento intelectual, gerando o déficit cognitivo nessas crianças.

Conclusões dessa natureza contribuíram para que, no começo dos anos oitenta, se iniciasse, entre os piagetianos, um período de

150   *A Difusão das Idéias de Piaget no Brasil*

debates sobre a inteligência da criança brasileira. Muitos estudiosos da obra de Piaget produziram pesquisas tendo como sujeitos crianças faveladas e/ou moradoras na periferia de centros urbanos[1]. Essas pesquisas nos fazem lembrar aquelas ocorridas nos anos sessenta, entre os pesquisadores norte-americanos interessados em desvendar as características psicológicas das crianças "carentes". Nessa época, piagetianos norte-americanos também consideraram a questão do déficit cognitivo, resultante de trocas inadequadas com o meio ambiente[2]. Aos olhos dos brasileiros, essas ressalvas piagetianas passaram despercebidas, pois, nos anos sessenta e começo dos anos setenta, a teoria da carência cultural desenvolveu-se aqui através de pesquisas baseadas na teoria do condicionamento operante, aplicadas, em especial, ao desenvolvimento verbal. Discussões nessa direção só começaram a aparecer no cenário piagetiano brasileiro em meados dos anos setenta, no trabalho "Estudo sobre a solicitação do meio e a formação da estrutura lógica no comportamento da criança", de Orly Mantovani de Assis (1976), orientanda da Profª Zélia Ramozzi-Chiarottino. Alguns anos antes, as pesquisas piagetianas brasileiras referiam-se, de um modo geral, a replicações dos trabalhos de Piaget dentro e fora do laboratório e a aplicações das idéias de Piaget à metodologia do ensino.

Na verdade, o debate envolvendo as pesquisas de Zélia Chiarottino e de alguns de seus orientandos foi provocado pelo artigo de Maria Helena Souza Patto (1984) "A criança marginalizada para os piagetianos brasileiros: deficiente ou não?", que colocou em oposição as versões sobre déficit cognitivo apresentadas pela equipe da Universidade Federal de Pernambuco, liderada por Terezinha Carraher, e o grupo da Universidade de São Paulo, que tinha como principal protagonista a Profª Zélia. Infelizmente, algum tempo depois, as discussões sobre a inteligência da criança brasileira "esfria-

---

[1] Um trabalho muito significativo deste período é a pesquisa de Freitag (1984), intitulada "Sociedade e Consciência: um estudo piagetiano na escola e na favela".

[2] Sobre as idéias piagetianas presentes nas pesquisas norte-americanas com crianças carentes, ver Hunt (1961) e Patto (1981, pp. 87-128).

Os Núcleos Piagetianos no Brasil 151

ram" e as controvérsias existentes, na maioria das vezes, foram justificadas por diferenças metodológicas ou por diferenças existentes na terminologia utilizada para a análise dos dados, como bem demonstrou Silvana Figueiredo (1991) em sua dissertação "Estudos Piagetianos Brasileiros: uma análise crítica".

Ao mesmo tempo em que se travavam essas discussões, a Profª Zélia continuava desenvolvendo seus estudos de reeducação, visando a socialização de crianças com déficits cognitivos. Nesse sentido, prestou importante contribuição ao alertar os reeducadores para os substratos cognitivos da língua e para a necessidade de um longo trabalho reeducativo anterior à reeducação da linguagem propriamente dita. Para isso, criou uma técnica, em que propunha algumas etapas a serem cumpridas, como se segue:

Esta técnica foi criada para recuperar crianças sem lesão orgânica, no entanto, aplica-se também às prejudicadas fisicamente, auxiliando sua adaptação ao meio. Consiste em fazer com que a criança refaça, através do brinquedo, o caminho que deveria ter percorrido desde os primeiros meses de vida no sentido da adaptação ao meio ambiente.

Num primeiro momento, através de brincadeiras, passeios pela cidade, pelo campo, pela praia, levamos a criança a construir as noções de espaço, tempo e causalidade no nível da ação. Concomitantemente estamos fazendo com que ela "construa sistemas de significação" (constituídos, nesse momento, especialmente de conteúdos) e, através destes, procuramos passar-lhe também os "sistemas lógicos" (as relações propriamente ditas).

Num segundo momento, solicitamos a criança no sentido de representar aquilo que construiu na prática, ou seja, de trazer suas conquistas à consciência, representando-as através de imagens mentais e de desenhos para que possa então narrar, construir um discurso, ou seja, falar. Posteriormente, procuramos fazê-la chegar às operações de leitura.

Não há exercícios prontos para serem "usados" pelos psicopedagogos. Há noções a serem alcançadas através de

A Difusão das Idéias de Piaget no Brasil

brincadeiras que mais agradarem a uma criança ou um grupo de crianças. Há sempre uma tarefa interessante a ser realizada e sobre a qual o terapeuta deve criar, inventar, para alcançar os objetivos (daí a necessidade da teoria). Segundo entendidos de reeducação, é o momento da criação que contagia, que engaja a criança num projeto que, esperamos, um dia venha a se tornar um Projeto de Vida (Ramozzi-Chiarottino, 1987, pp. 47-48)[1].

Desde 1968, a Prof.ª Chiarottino orientou quase uma centena de estudos e pesquisas sobre a teoria de Piaget, formando assim uma espécie de "escola" piagetiana no Brasil. Dentre seus "discípulos" estão Lino de Macedo, do Instituto de Psicologia da USP, Orly Mantovani de Assis, da UNICAMP, Fernando Becker, Léa Fagundes e Dante Coutinho, da Universidade Federal do Rio Grande do Sul, Adrian Dongo Montoya e Ignez Okomura, da UNESP-Marília, Jandira Ribeiro Santos, da Universidade Federal da Bahia, Vera Barros de Oliveira, especialista em reeducação, de São Paulo, Maria Nilza Moreira, da Universidade Metodista de São Paulo e do Instituto de Psicologia Jean Piaget, de Alphaville (SP), Maria Alícia Ferrari Zamorano, especialista em reeducação de surdos, de Buenos Aires, e Rosa Maria Lopes Alonso, do Laboratório de Epistemologia Genética, da USP.

Para saudar as duas décadas de pesquisas dessa "escola piagetiana" e homenagear Piaget, uma década após a sua morte, a Prof.ª Zélia organizou, com os companheiros piagetianos, o Simpósio Internacional de Epistemologia Genética: Piaget, dez anos depois, realizado em São Paulo, em outubro de 1990. Foram convidados para esse evento Jean-Marie Dolle (França), Luiza de Almeida Morgado (Portugal) e Magali Bovet (Suíça). Em 1992, sob o tema "Sujeito Epistêmico e Sujeito Psicossocial", ajudou a organizar, em São Bernardo do Campo (SP), o II Simpósio Internacional de Epistemologia Genética.

---

[1] As pesquisas sobre reeducação contam com os trabalhos de Maria Eli Rodrigues, Maria Tereza Egler Mantoan, Myrian Jopperte, Suelly Limonge e Ursula Heymeier.

Os Núcleos Piagetianos no Brasil

Sintetizando o trajeto que envolveu o conjunto de suas pesquisas e das de seus orientandos, a Profª Zélia, salientou:

Inicialmente nós realizamos um profundo estudo teórico da obra de Piaget. Depois fomos para a prática adaptando as provas do diagnóstico operatório e tirando implicações educacionais da teoria, ou seja, ficamos alguns anos na prática pedagógica e depois fomos para a reeducação. De uns anos para cá, voltamos para a pesquisa teórica. Esclarecendo melhor, posso dizer que fiz análise estrutural da obra de Piaget e depois tirei as conseqüências pedagógicas e as conseqüências para a reeducação. Nas conseqüências para a reeducação, trabalhando com excepcionais, coletamos dados que fizeram com que eu desenvolvesse outros aspectos teóricos, como, por exemplo, o problema da consciência como sistema de significação e a questão da causalidade condicional. Para a reeducação criamos algumas técnicas que foram aplicadas até no exterior, por exemplo, no Laboratório de Epistemologia Genética de Jean-Marie Dolle, na França. Na parte conceitual acho que estamos muito na frente, em relação a outros centros piagetianos do mundo.

b. Lino de Macedo: os trabalhos teórico-experimentais em desenvolvimento e aprendizagem.

A primeira vez que Lino de Macedo teve contato com a teoria de Piaget foi em 1964, quando cursava pedagogia na Faculdade de Filosofia, Ciências e Letras de São José do Rio Preto (SP), ao assumir a monitoria da cadeira de psicologia ministrada por Zélia Chiarottino, professora daquela instituição. Em 1968, tornou-se, nessa mesma Faculdade, professor da disciplina de psicologia do desenvolvimento, incluindo no conteúdo programático a teoria dos estágios de desenvolvimento de Jean Piaget.

No final dos anos sessenta, iniciou o curso de pós-graduação em psicologia social e experimental do Instituto de Psicologia da USP. Incentivado pela Profª Annita Cabral, realizou sua primeira

154 *A Difusão das Idéias de Piaget no Brasil*

pesquisa piagetiana, intitulada "Noção de conservação de quantidade contínua: uma replicação". Essa pesquisa teve a supervisão do professor da FFCL de São José do Rio Preto, Carlos Funari Prósperi, e consistia na replicação da prova operatória clássica de Piaget, sobre a conservação de líquidos.

Em 1970, defendeu, no Instituto de Psicologia da USP, sua dissertação de mestrado, seguindo as orientações da Análise Experimental do Comportamento. Nessa época, assumiu a disciplina de psicologia do desenvolvimento no Curso de Psicologia da Faculdade de Filosofia, Ciências e Letras de Ribeirão Preto (SP), incluindo a psicologia genética no conteúdo de suas aulas. Em 1973, aprofundando-se, ao mesmo tempo, nos métodos experimentais e na teoria piagetiana, defendeu tese de doutoramento sobre a "Aquisição da noção de conservação por intermédio de um procedimento de escolha conforme o modelo", sob a orientação de Carolina Bori. Trabalhando nessa perspectiva experimental, acompanhou e participou de pesquisas do Grupo de Estudos Cognitivos (GRECs), coordenado por Antonio Battro e Durlei Cavicchia. Nessa ocasião, traduziu para o português o livros de Antonio Battro *O Pensamento de Jean Piaget: Psicologia e Epistemologia* (Battro,1976) e *Dicionário Terminológico de Jean Piaget* (Battro,1978).

Em 1974, iniciou seus trabalhos de docência no Instituto de Psicologia da Universidade de São Paulo, ministrando no curso de graduação a disciplina de psicologia do desenvolvimento. Em 1976, tornou-se professor orientador no Curso de Pós-Graduação desse Instituto. Continua exercendo essas duas funções docentes até os dias de hoje. Na pós-graduação, ministrou disciplinas sobre a noção de conservação e teoria da equilibração, o possível e o necessário em Piaget e sua contribuição à aprendizagem escolar e, mais recentemente, as disciplinas coordenadores cognitivos e aprendizagem escolar e o jogo e a dialética em Piaget. Em 1983 apresentou como tese de livre-docência no Instituto de Psicologia da USP, o trabalho "Nível Operatório (11-15 anos) conforme a Echelle de Developpément de lá Pensée Logique de Longeot: estudo intercultural, transversal e longitudinal". Esta escala consiste em um conjunto de cinco provas operatórias de Piaget,

Os Núcleos Piagetianos no Brasil 155

por intermédio das quais se pode classificar ou quantificar o desempenho operatório dos sujeitos. Esse trabalho permitiu ao professor Lino de Macedo entrar em contato com novas formas de se realizar pesquisa sobre o desenvolvimento da criança e de se aprofundar em temas da psicologia da aprendizagem.

Durante todo esse período em que atuou como docente e pesquisador, Lino de Macedo publicou vários artigos em livros e revistas especializadas. Porém, a partir de 1990, intensificou essa produção, lançando obras que tiveram repercussão entre psicólogos e educadores. É o caso, por exemplo, do livro *Ensaios Construtivistas* (Macedo, 1995), editado pela Casa do Psicólogo, e dos artigos "Epistemologia Construtivista de Piaget e Psicopedagogia" (Macedo, 1994), editado pela ABPP, e "Para uma Psicopedagogia Construtivista" (Macedo, 1992), editado pela Cortez. Em terras estrangeiras destacaram-se os artigos "La formación de maestros en una perspectiva constructivista" (Macedo, 1994), publicado no México, e o depoimento "Juego y Aprendizaje con Lino de Macedo" (Macedo 1993), publicado em Buenos Aires.

Até 1994, Lino de Macedo, já havia orientado trinta e nove pesquisas, entre dissertações e teses[1]. De um modo geral, estas pesquisas podem ser agrupadas em três grandes temas piagetianos: aprendizagem operatória, pensamento operatório e equilibração majorante (Macedo, 1990, pp. 130-131). Analisando-as, pode-se constatar que, desde 1983, Lino de Macedo admitia, a partir de um enfoque piagetiano, a superioridade da metodologia experimental e estava atento às relações que envolvem os métodos de pesquisas e os períodos de desenvolvimento cognitivo[2].

---

[1] Entre seus orientandos mais recentes estão Andrea Pacetta de Arruda Botelho, Beatriz Vargas Dornelles, Cristina Dias Alessandrini, Emir Tomazelli, Florival Scheroki, Iranilde Maria Maciel, Luana Carramillo Going, Márcia Zampieri Torres, Marta Batista Rabioglio, Mônica Cintrão França Ribeiro, Telma Weisz e Valquíria dos Santos.

[2] A esse respeito, ver o artigo "Períodos de desenvolvimento da criança segundo Piaget e métodos de pesquisa em psicologia são comparáveis?" (Macedo, 1985). Esse artigo recebeu uma resposta de Biaggio (1985) intitulada "Ainda sobre metodologias, estágios e analogias: uma resposta a Macedo". Uma análise dos artigos envolvidos nesse debate poderá ser encontrada em Figueiredo (1991, pp. 118-125).

156   A Difusão das Idéias de Piaget no Brasil

Em 1986, o Prof. Lino de Macedo montou junto ao Departamento de Psicologia da Aprendizagem, do Desenvolvimento e da Personalidade do Instituto de Psicologia da USP, um Laboratório de Psicopedagogia (LaPp), tendo como principais objetivos desenvolver, em uma perspectiva construtivista, pesquisas sobre aprendizagem e desenvolvimento e dar atendimento a crianças de pré-escola e primeiro grau, com problemas de aprendizagem[1]. Ao delimitar o campo de conhecimento a que se refere essa proposta, Lino de Macedo (1987, p. 23) diz o seguinte:

> *A questão da aprendizagem ou desenvolvimento da criança refere-se a todo nosso esforço de compreender, em uma perspectiva teórico-experimental, como pensam as crianças, como resolvem problemas, que processos comparecem em suas iniciativas de fazer ou compreender uma determinada tarefa, que estruturas, operações ou esquemas utilizam para isso.*

Para organizar os trabalhos em torno dessa proposta, Lino de Macedo reuniu o conjunto das pesquisas teóricas e aplicadas que desenvolvia com seus orientandos e, conforme as proximidades temáticas, criou três "núcleos" de estudos que passaram a integrar o LaPp. O primeiro refere-se ao projeto para uma pedagogia construtivista: uma psicopedagogia baseada em Piaget; o segundo reúne as pesquisas sobre inteligência e afetividade e, o terceiro, sobre desempenho escolar: análise psicopedagógica. O primeiro núcleo

---

[1] Inicialmente, o LaPp oferecia atendimento apenas às crianças das primeiras séries do primeiro grau da Escola de Aplicação da FEUSP. Posteriormente, estendeu esse atendimento às crianças de escolas da região. Os trabalhos de atendimento eram feitos em situação grupal ou individual, propondo, para as crianças, situações-problemas em um contexto de jogos, tendo por finalidade observar e analisar seus modos de pensar e resolver estas situações. O LaPp também prestou serviços de assessoria ao Núcleo de Ação Educacional da Prefeitura de São Paulo.

Participaram das pesquisas do LaPp os pesquisadores Ana Lúcia Petty, Agnela da Silva Giusta, Ana Lúcia Sicoli Petty, Ana Maria Gonçalves Raddi, Ana Rosa Abreu, Cíntia Copit Freller, Claudia Leme Francis Davis, João Batista Freire da Silva, Leny Rodrigues Teixeira, Lídia Rosalina F. de Castro, Maria Anita Romeo, Maria Cristina Machado Kupfer, Maria Thereza C. de Souza, Mariângela Pinto da Fonseca, Marta Batista Rabioglio e Yves de La Taille.

Os Núcleos Piagetianos no Brasil   157

inclui pesquisas e oficinas sobre jogos de regras (ou de raciocínio) e
suas possibilidades de utilização pedagógica, pesquisas que analisam
os mecanismos de generalização em propostas curriculares e pesquisas sobre o possível e o necessário, tendo por base as operações
reversíveis que ocorrem em jogos e atividades com crianças. O segundo núcleo inclui pesquisas que consideram a hipótese de que inteligência e afetividade são funções complementares e irredutíveis.
O terceiro núcleo inclui pesquisas sobre o desempenho escolar.

Em 1995, foi possível constatar que o Prof. Lino de Macedo, durante sua travessia acadêmica, havia participado de aproximadamente
noventa pesquisas, com oitenta e oito publicações, tendo ministrado
mais de uma centena de palestras sobre a teoria de Piaget. Esse trabalho intenso fez com que se tornasse conhecido entre os piagetianos de
todo o Brasil. Na década de noventa, iniciou sua trajetória internacional. A convite de Rolando Garcia (um dos co-autores de Piaget), ministrou cursos no México. De um modo geral, nessa trajetória, o conjunto de seus estudos esteve voltado para a investigação de temas
contemplados na vasta obra de Jean Piaget, e caracterizou-se por
manter preocupações teórico-experimentais. Fazendo uma síntese de
seu trabalho acadêmico, Lino de Macedo comentou:

> No início eu aprendi Piaget com a Zélia Chiarottino.
> Depois, estudando sozinho, dando aula, participando de
> congressos e fazendo pesquisas. Em minhas pesquisas eu
> sempre fiz replicações, com preocupações teóricas e
> experimentais, mas que sempre acabavam tendo alguma
> implicação na prática, principalmente na educação. Na
> minha história, em termos de Piaget, não me sinto muito
> original. Nestes últimos anos é que eu estou pensando em
> pesquisas com mais valor criativo. Estou preocupado com
> os processos de equilibração. Acho que o grande tema que
> sempre estudei foi aprendizagem e desenvolvimento. Minha
> tese de doutorado, por exemplo, é sobre esse tema. Meus
> estudos foram sempre monográficos, ou seja, estudo temas
> como: fazer e compreender, a lógica das significações,
> tomada de consciência, abstração, generalização e teoria
> da equilibração. Na verdade, eu faço um estudo bem

158   A Difusão das Idéias de Piaget no Brasil

intencional e temático da teoria de Piaget, através de um critério "afetivo". Fico interessado em um livro e começo a estudá-lo. Hoje tenho um certo retorno do meu trabalho em discussões que realizo com piagetianos do Brasil, através de congressos e publicações. No fundo, sou um autodidata em Piaget, com tudo o que isso tem de saboroso e perigoso ao mesmo tempo.

A partir de 1995, Lino de Macedo passou a participar da política científica do país como representante das ciências humanas no Conselho Técnico e Científico da CAPES. Para 1996, está organizando um congresso em São Paulo, sobre o construtivismo, para homenagear o centenário de nascimento de Jean Piaget.

***

Existem outros professores no Instituto de Psicologia da USP que têm dado importantes contribuições para o aprofundamento nas idéias de Piaget, no Brasil. Entre eles destacam-se Maria Regina Maluf (também professora da PUC de São Paulo), que dedicou-se, nos anos oitenta, ao estudo das implicações educacionais da teoria de Piaget na pré-escola, e Yves Joel Jean-Marie Rodolphe de La Taille. Farei alguns comentários sobre os trabalhos do Prof. De La Taille, por considerá-los bastante originais e por tratarem dos temas sociológicos estudados por Piaget, principalmente no que se refere ao "juízo moral", abordado por Piaget em seu livro *Le Jugement Moral Chez l'Enfant* (1932). Julgo importante nos atermos um pouco a esse tema, por tratar-se de uma área de pesquisa que há muito tempo desperta interesse nos educadores brasileiros e, principalmente, porque essas idéias poderiam estar contribuindo para que fossem mais promissores os debates sobre as relações entre a teoria de Piaget e as teorias sócio-históricas.

Os estudos de Piaget que focalizam diretamente a dimensão social do desenvolvimento humano são numericamente inferiores às investigações dedicadas às construções das estruturas cognitivas

Os Núcleos Piagetianos no Brasil

e ao seu funcionamento, porém são significativos na medida em que tratam de aspectos indispensáveis a uma teoria interacionista. Em *Le Jugement Moral Chez l'Enfant*, Piaget, adaptou o método clínico à busca de conhecimentos sobre a evolução do julgamento da criança em situações de vida social e moral. Depois, publicou outros livros e artigos que ampliam essa questão. São eles: *Études Sociologiques* (1965), *Epistemologie des Sciences de l'Homme* (1970) e *Écrits Sociologiques* (1976).

O interesse do Prof. De La Taille pelo tema do juízo moral, na verdade, reapareceu entre os pesquisadores, em meados dos anos setenta, mas já existia em décadas anteriores. Nos anos cinqüenta a Profª Amélia Domingues de Castro já se dedicava ao seu estudo. Nos anos trinta e quarenta, alguns pesquisadores e professores que conheciam os estudos de Piaget sobre o juízo moral, procuravam utilizar essas descobertas para justificar práticas educativas favoráveis à formação de sujeitos autônomos, solidários e com senso de responsabilidade, conforme o desejo do ideário liberal escolanovista da época[1]. Esses profissionais, na maioria das vezes, restringiam esses estudos à análise das relações interpessoais e de seus possíveis efeitos sobre o desenvolvimento moral. Estabelecendo associações entre as estruturas do conhecimento e a formação de sujeitos autônomos e democráticos, defendiam uma prática pedagógica ativa que estimulasse os aspectos espontâneos do desenvolvimento infantil. As linhas mestras dessas propostas incluíam os conceitos de egocentrismo, reciprocidade, heteronomia, autonomia, coação e cooperação, conceitos básicos da vida social, propostos por Piaget. Esses conceitos definiam os mecanismos que conduzem o sujeito à socialização. Para Piaget, a inserção da criança no contexto social não é inicialmente percebida pela criança, porque esta é egocêntrica. A percepção, cada vez mais nítida, desse contexto, é resultado do processo de descentralização e conseqüente socialização e conscientização da criança. Do ponto de vista da moral, o de-

---

[1] Ver tópico sobre Helena Antipoff e o Laboratório de Psicologia da Escola de Aperfeiçoamento de Belo Horizonte e tópico sobre O primeiro texto de Piaget traduzido e publicado no Brasil.

160 A Difusão das Idéias de Piaget no Brasil

senvolvimento se caracteriza pelos estágios pré-moral, de moralidade heterônoma, de semi-autonomia e de moralidade autônoma. Essa seqüência ultrapassa o modelo de formas meramente lógicas do pensamento e indica percepções de aceitação, rejeição e julgamento de situações sociais reguladas por normas e valores.

Na década de sessenta, os estudos sobre juízo moral evoluíram entre os piagetianos norte-americanos e as idéias de Piaget passaram a ser mencionadas juntamente com as de autores como James Rest, Elliot Turiel e Lawrence Kohlberg[1], que elaboraram os fundamentos para as escalas de desenvolvimento moral. Os resultados dos trabalhos desses autores não demoraram a chegar ao Brasil. Nos anos setenta, já podiam ser sentidos em nossas terras, pois as teses e dissertações, produzidas aqui, entre 1975 e 1979, sem exceção, tinham por base as idéias de Kohlberg (Castro, 1989, pp. 7-12). Até 1990, o número de pesquisas sobre questões envolvendo o juízo moral ultrapassava duas dezenas[2].

Em relação aos trabalhos do Prof. De La Taille, a novidade que se apresenta em suas pesquisas é a de que os seus trabalhos têm entrado em áreas pouco exploradas pelos piagetianos. Na dissertação de mestrado, por exemplo, ele faz uma análise psicológica do personagem central de uma obra literária (*L'etranger*, de Camus). Este trabalho foi apresentado no Instituto de Psicologia da USP, em 1984, sob o título "Razão e Juízo Moral: uma análise psicológica do romance *L'etranger* (Camus) e uma pesquisa baseada em *Le Jugement Moral Chez l'Enfant* (Piaget)". Nos trabalhos mais recentes, tem se preocupado com o desenvolvimento moral no contexto da ética e da cidadania e também com o estudo filosófico e psicológico das relações entre razão e afetividade. A respeito destas últimas preocupações relatou:

---

[1] Um importante texto de Kohlberg (1969), publicado nos EUA, foi *Stage and Sequence: The Cognitive-developmental approach to socialization.*

[2] Entre esses autores estão Ângela Biaggio, Bárbara Freitag, Cleonice Camino, De La Taille, Joana Lazari, Maria Aparecida V. Bicudo, José Aloyseo Bzuneck, José Raul Teixeira, Lizandre M. Castelo Branco, Lucila Tolaine Fini, Maria Cristina Peixoto, Maria das Graças Bompastor Dias, Maria Suzana de Stefano Menin, Regina Orgler Sordi e Rosely Palermo Brenelli.

Os Núcleos Piagetianos no Brasil   161

Eu acho que estes últimos estudos trazem um desejo que vem desde a época que fiz a graduação na USP. Antes de entrar para o curso de psicologia, eu estava em dúvida entre fazer psicologia ou filosofia. Muito intuitivamente, encontrei em Piaget alguém que resolvia esse problema; com ele eu poderia pensar filosoficamente dentro da área da psicologia. Por outro lado, a psicologia dava dados empíricos, sujeitos de verdade. Acho que isso me atraiu e estou nessa até hoje. Comecei estudando o desenvolvimento moral, me desviei um pouco, quando fiz o doutoramento sobre "Informática e Ensino: análise da relação professor-aluno-computador", *na USP, em 1976, e hoje busco, por exemplo, estudar o "projeto ético" na obra de Piaget. A área do juízo moral, não estou enfrentando de maneira clássica. Estou tentando desvendar a "fronteira moral da intimidade", isto é, estou estudando alguns códigos morais, às vezes puramente convencionais, mas muitas vezes morais, ligados à questão da intimidade, da privacidade, do confessar, do espaço privado. Isso envolve a área da afetividade e da moralidade. A moralidade humana é palco onde a afetividade e a razão se encontram sob a forma de confronto. Recentemente, também procurei mostrar que Piaget inspira-se em Kant e Bergson na elaboração de sua teoria sobre o desenvolvimento moral. Estas têm sido minhas preocupações. Além disso, tenho feito várias palestras sobre esses temas. As palestras, em geral, são para professores de escolas públicas e privadas. Nesse caso, palestras sobre o juízo moral.*

A partir de 1989, o Prof. Yves De La Taille vem ministrando, juntamente com o Prof. Lino de Macedo, no Instituto de Psicologia da USP, as disciplinas psicologia do desenvolvimento (graduação), o possível e o necessário em Piaget e sua contribuição à aprendizagem escolar (pós-graduação) e a teoria da equilibração (pós-graduação).

***

Não poderia deixar de ressaltar a importância que tiveram alguns pesquisadores piagetianos estrangeiros na consolidação do "núcleo de Piagetianos da USP". O intercâmbio com Antonio Battro, Jean-Marie Dolle, Magali Bovet, Barbel Inhelder, Jacques Voneche, Emília Ferreiro, Christiane Gillièron, Rolando Garcia, Vinh Bang, Jorge Visca, Jesus Martinez Velasco e muitos outros permitiu que vários brasileiros buscassem no exterior, principalmente em Genebra, estudos de aperfeiçoamento em relação à obra piagetiana. Jean-Marie Dolle, por exemplo, tem seu nome circulando entre os piagetianos brasileiros desde 1974, quando publicou o livro *Pour Comprendre Jean Piaget*. Em 1980, esteve pela primeira vez no Brasil a convite da PUC do Rio de Janeiro. Em seguida, esteve em São Paulo a convite da USP e do médico e psicoterapeuta Cláudio Saltine. A partir de então, esteve muitas vezes no Brasil e iniciou um fértil intercâmbio com pesquisadores do Instituto de Psicologia da USP e o Laboratório de Epistemologia Genética da Universidade de Lion (França). Outro exemplo é o do médico argentino Antonio Battro, conhecido internacionalmente desde 1966, quando publicou o *Dictionnaire d'Épistémologie Génétique*. A partir de visitas ao Brasil, iniciadas em 1973, ministrou vários cursos na USP e fundou, em algumas cidades do interior de São Paulo e em outros Estados, os Grupos de Estudos Cognitivos (GRECs), que estavam entre os maiores grupos de produção de pesquisa piagetiana do país, nos anos setenta. Utilizando seus conhecimentos interdisciplinares adquiridos no Centro Internacional de Epistemologia Genética, em Genebra, Battro pôde identificar o interesse de vários pesquisadores brasileiros e colocá-los em contato com pesquisadores de outros países.

3.2. Os Grupos de Estudos Cognitivos (GRECs): Piaget no interior do Estado de São Paulo

Nos anos setenta surgiram, no Estado de São Paulo e em outros Estados do Brasil, vários grupos de pesquisadores interessados em desenvolver trabalhos a partir de uma orientação interdisciplinar, nos moldes daqueles realizados por Piaget e seus colaboradores, no Cen-

Os Núcleos Piagetianos no Brasil 163

tro Internacional de Epistemologia Genética, na Faculdade de Ciências de Genebra. A organização desses grupos teve início quando o médico Antonio Maria Battro, ao chegar de Genebra, ministrou, em 1973, em Araraquara (SP) e Porto Alegre (RS), cursos de extensão universitária sobre a psicologia de Jean Piaget e sobre a elaboração da percepção e cognição do meio ambiente pelo ser humano. Em seguida, em 1974, decidiu propor um programa de ensino e de investigações com o propósito de criar, no Estado de São Paulo, um grupo de estudos e pesquisas em psicologia cognitiva, com sede em Araraquara. Esse plano foi logo estendido a outras localidades, onde outros grupos se formaram, atendendo sempre a uma programação conjunta de trabalhos teóricos e experimentais. Tais grupos de trabalho foram denominados, mais tarde, Grupos de Estudos Cognitivos (GRECs). Os primeiros GRECs fundados foram os de Araraquara (Faculdade de Filosofia Ciências e Letras — Departamento de Educação) e de Porto Alegre (Universidade Federal do Rio Grande do Sul — Departamento de Psicologia). Seguiram-se os de Ribeirão Preto (Universidade de São Paulo — Departamento de Psicologia), de Curitiba (Universidade Federal do Paraná — Setor de Educação) e outros grupos menores, em diferentes instituições universitárias brasileiras.

Durlei de Carvalho Cavicchia, na época professora da Faculdade de Filosofia, Ciências e Letras de Araraquara, uma das fundadoras dos GRECs, detalhou a formação desses grupos:

No início da década de setenta, conversando sobre Piaget com o professor Dante Moreira Leite, que também trabalhava na Faculdade de Filosofia de Araraquara, fomos procurar algumas obras e localizamos o Dictionnaire d'Épistemologie Génétique, *elaborado pelo médico argentino Antônio Battro e prefaciado por Piaget. Battro tinha feito doutorado na França com o Paul Fraisse[1] e*

---

[1] Paul Fraisse foi chefe do Laboratório de Psicologia Experimental e Comparada da Sorbonne e produziu, juntamente com Piaget, a obra *Tratado de Psicologia Experimental* (Piaget, 1968).

164   *A Difusão das Idéias de Piaget no Brasil*

estagiado no Centro Internacional de Epistemologia Genética, com Piaget. Nessa época, o diretor da Faculdade de Filosofia de Araraquara era o Prof. Jorge Nagle e ele tinha muita simpatia pelos trabalhos multidisciplinares. Ele conhecia nossos interesses e sugeriu que entrássemos em contato como Battro, pois estava indo para a Argentina e poderia fazer essa ponte. Feito o contato, Battro foi para Araraquara, em 1973, e ministrou cursos sobre a psicologia de Jean Piaget e seus contemporâneos, abordando temas da psicologia cognitiva, numa perspectiva interdisciplinar. Assim se formou o embrião para a formação dos grupos. Nesse mesmo momento, o curso de Psicologia da Universidade Federal do Rio Grande do Sul convidou Battro para um seminário.

Esse seminário significou o início dos trabalhos do grupo que se formaria em Porto Alegre e contribuiria para consolidar outros grupos no Brasil, conforme atestou Léa da Cruz Fagundes, uma das fundadoras dos GRECs no sul do país:

Logo que foi criado, em 1973, o Curso de Psicologia da UFRGS convidou Battro para fazer um seminário de três dias, em Porto Alegre. Havia um professor de filosofia que possibilitou o contato com o Battro, através do Prof. Jorge Nagle, de Araraquara. Quando ficamos sabendo desse seminário sobre Piaget, eu e a Terezinha Vargas Flores, que trabalhávamos na Faculdade de Educação da Universidade Federal de Porto Alegre, nos inscrevemos. A Esther Pillar Grossi e o grupo do Colégio João XXIII, que tinha como diretora a Profª Lília Rodrigues Alves, se inscreveram pelo GEEMPA[1]. Também se inscreveram alguns professores do Laboratório de Matemática do Instituto de Educação General Flores da Cunha, de Porto Alegre. O Battro chegou aqui, fez a primeira palestra e nos deixou fascinados. Para mim era a glória, pois estudávamos

---

[1] Na época, Grupo de Estudos do Ensino da Matemática, de Porto Alegre.

Os Núcleos Piagetianos no Brasil 165

*sozinhos e, quando não entendíamos, desencadeavam-se
discussões terríveis, pois não tínhamos autoridade para
dizer quem estava interpretando bem Piaget. No dia
seguinte à primeira palestra, na continuação do
seminário, não tinha nenhum professor do Departamento
de Psicologia, pois ou eles eram do Laboratório
Experimental ou eram clínicos. Então, só ficou o
GEEMPA, a Esther Grossi, o pessoal da João XXIII, eu, a
Terezinha Flores e a Odair de Castro, que era professora
de psicologia escolar do Curso de Psicologia da UFRGS.
A Odair e a Terezinha também foram fundadoras do GREC
de Porto Alegre. O Battro disse que queria montar um
grupo de pesquisa em Porto Alegre. Então fizemos três
dias de seminário e começamos a rascunhar um projeto,
com a perspectiva de formar o grupo. Naquela época, eu
não imaginava a importância que os GRECs assumiriam,
mas hoje considero que tiveram atuação significativa
para a psicologia no Brasil.*

Após a formação desses primeiros grupos, Antonio Battro ministrou cursos em universidades de São Paulo e em outras unidades universitárias do país. Esses cursos e sua experiência de pesquisador foram determinantes para a definição dos objetivos e temas de pesquisas desenvolvidos pelos GRECs. A revista Estudos Cognitivos (1976, p. 6) traz o relato de Antonio Battro sobre esse trajeto:

*Desde fins de 1973, estamos organizando no Brasil vários
grupos de trabalho e de estudos com o propósito de realizar
pesquisas originais em psicologia cognitiva. Começamos
por estudar a aquisição dos conceitos de percepção dos
objetos em função da idade e esperamos continuar
ampliando os temas de estudo à medida que se incorporem
novos membros nestes grupos. Desde o começo tivemos uma
predileção particular por aqueles termos relacionados com
a escala humana, com as modificações introduzidas nos
processos conceituais e perceptivos por uma ampliação do
marco de referência físico, em particular, pela passagem da
escala pequena de laboratório à escala maior do meio*

166   *A Difusão das Idéias de Piaget no Brasil*

ambiente cotidiano. Contamos com a colaboração de matemáticos, arquitetos, geógrafos, educadores, que se integram rapidamente ao grupo de psicólogos.

A perspectiva teórica dos GRECs era predominantemente piagetiana e os estudos dos processos de formação do conhecimento humano, nos seus aspectos figurativos e operativos, implicaram metodologias que abrangiam a utilização de grande número de técnicas de observação e experimentação. Além disso, a proposta dos GRECs para a psicologia cognitiva brasileira tinha, por pressuposto, atribuir a esta ciência um caráter fundamentalmente interdisciplinar. Os grupos de pesquisa trabalhavam de forma coordenada sobre temas comuns de estudo, porém seus integrantes realizavam trabalhos diferentes, segundo seus interesses, a fim de explorar sistematicamente diversos aspectos dos temas propostos. A composição das equipes dependia do tema em estudo, compreendendo professores e estudantes de diferentes disciplinas, bem como profissionais de diferentes áreas de conhecimento.

Em Rio Claro (SP), no Instituto de Geociências e Ciências Exatas (UNESP), sob a coordenação da Profª Livia de Oliveira, constituiu-se um consistente grupo de pesquisa sobre temas geográficos cognitivos, com participação, entre outras, da Profª Maria Cecília de Oliveira Micotti. Também foram programados cursos de graduação e de pós-graduação sobre percepção espacial e percepção ambiental e cursos de pós-graduação sobre percepção espacial e geografia do comportamento.

Em Ribeirão Preto (SP), a atuação do Prof. Reinier J. A. Rozestraten foi decisiva na organização e concretização do programa de trabalho. Lá, organizou o Laboratório de Percepção ao Ar Livre, um campo experimental de 300 x 35m, destinado à experimentação da percepção do espaço, como parte do Laboratório de Psicologia e Educação da Faculdade de Filosofia, Ciências e Letras (USP). Orientou pesquisas de psicofísica urbana, percepção no trânsito e ergonomia. Em Curitiba, as principais responsáveis pela organização do GREC foram as professoras Eny Caldeira e Maria Lúcia Moura. Em convê-

Os Núcleos Piagetianos no Brasil 167

nio com o Instituto de Pesquisa e Planejamento Urbano (IPPUC), foi desenvolvido um plano relacionado com o projeto Homem e Biosfera, da UNESCO, sobre a percepção do meio ambiente pelas crianças. Em Porto Alegre, a Profª Léa da Cruz Fagundes foi quem coordenou as principais pesquisas incorporadas às orientações do GREC:

> *Montamos cinco ou seis projetos para estudar as noções que Piaget tinha estudado apenas em laboratório. Então nós gostaríamos de ver como é que o raciocínio da criança, a psicogênese dessas noções ocorre em um espaço ambiente, em um espaço urbano. Estudamos noções de conservação de número, noções de conservação de quantidade, noções de causalidade e de percepção visual. Fazíamos o experimento no laboratório e depois no espaço ambiente. Estudávamos a correspondência biunívoca, as transformações para sabermos se a criança conservava ou não as quantidades. (...)Nós fomos para o Colégio João XXIII e as mães dos alunos, com os carros, faziam correspondências entre eles e as árvores, porque, no João XXIII, tinha sete grandes árvores. Então, as mães iam com os carros e a criança deveria dizer se existia, para cada carro, uma sombra de árvore. A criança tinha que ir lá e dizer para a mãe onde ela deveria parar o carro e, se tivesse mais carros do que árvores, ela deveria chegar à conclusão de que os carros deveriam ser retirados. Num segundo momento, as mães saíam e faziam uma fila de carros e as crianças tinham que comparar a fila de carros com as árvores espalhadas. Pesquisamos também estimativa de distância, ilusão de Müller-Lyer, ilusão de Oppel-Kundt. Todas as noções de psicologia perceptiva nós fizemos em grandes espaços.*

Em Araraquara, escolhida como sede central dos CRECs, quem coordenou os trabalhos foi a Profª Durlei de Carvalho Cavicchia, com a responsabilidade de editar semestralmente a revista *Estudos Cognitivos* (periódico de divulgação dos trabalhos dos GRECs), de desenvolver um programa de pesquisa em convênio com o INEP sobre "A percepção do meio ambiente pelas crianças" e de organizar um Centro de Bibliografia e Documentação sobre Piaget e temas piagetianos.

168 *A Difusão das Idéias de Piaget no Brasil*

O Prof. Jorge Nagle, diretor da Faculdade de Filosofia, Ciências e Letras de Araraquara, apoiou os trabalhos dos GRECs e esse apoio permitiu a publicação de quatro números da revista *Estudos Cognitivos*, que divulgava os principais trabalhos feitos pelos grupos de pesquisa. Era uma revista semestral, sob a responsabilidade de Antonio Battro, Durlei Cavicchia, Reinier Rozestraten, Léa Fagundes e Orlene de Lurdes Capaldo. Foram publicados quatro exemplares. O primeiro saiu em junho de 1976 e o último em dezembro de 1977.

Os trabalhos desenvolvidos pelos GRECs procuravam sempre manter o caráter interdisciplinar, contra a fragmentação do conhecimento. Em Araraquara, especificamente, Orlene de Lurdes Capaldo, professora do segundo grau, desenvolveu, juntamente com um arquiteto e uma geógrafa, trabalhos numa perspectiva social, pensando a percepção do espaço e a organização das cidades (Capaldo, 1977, pp. 13-24). Cilene Chakur trabalhou com a estimação de grandes espaços e com o ensino das ciências (Chakur, 1977, pp. 45-52). Sueli Botta Machezi trabalhou com o papel dos hemisférios cerebrais na aquisição do conceito de inclusão de classes (Machezi, 1977, pp. 67-80). Vários pequenos grupos de outras instituições universitárias também trabalhavam numa perspectiva interdisciplinar e mantinham intercâmbio com o GREC de Araraquara. No Estado de São Paulo, havia pessoas trabalhando com as orientações dos GRECs em Assis, Presidente Prudente, Marília, São José do Rio Preto e Campinas. No Brasil, cerca de cinqüenta pesquisadores estiveram envolvidos nessas atividades[1].

---

[1] Entre os pesquisadores dos GRECs estão: Ana Moura Medeiros da Costa, Ana Zordin, Antônio Battro, B. Walfrid, Carlos F. Vanny, Carlos Karst, Castro Figueiredo, Cilene R. Chakur, Durlei C. Cavicchia, Francisco F. Settineri, Giron Matui, Horácio C. Reggini, J.Munarsky, José Aparecido da Silva, Léa da Cruz Fagundes, Lilia Rodrigues Alves, Lino de Macedo, Lívia de Oliveira, Lucy Machado, M. Veronese, Magda Daniarri, M. A., Maria Andreatta, Maria Cecília O. Micotti, Maria Dulce B. Bergamin, Maria Lúcia Moura, Maristela Bernardo, Miguel Sanchez, Orlene de Lourdes Capaldo, Reinaldo José Gerosi Cabral, Reinier Razestraten, Rita Maria Masiero, Ruth Caribé da Rocha Drouet, Spicione Di Piero Netto, Suely Marchezi, T. M. Buchatsky, Tarso Bovilha Mazzotti, Tereza Marini e Terezinha Flores.

Uma relação dos trabalhos realizados pelos GRECs pode ser encontrada na revista *Estudos Cognitivos* (1977, v. 2, p. 83). Vários trabalhos produzidos pelos CRECs foram apresentados em simpósios internacionais. Em 1976, no Congrès International de Psychologie, realizado em Paris, apresentaram trabalhos Antônio Battro, Reinier Rozestraten, Cilene Chakur, Maria Dulce Bergamin, Léa Fagundes e Odair de Castro.

Os Núcleos Piagetianos no Brasil 169

De modo geral, o problema central das pesquisas realizadas segue os objetivos traçados pelos GRECs, focalizando "o desenvolvimento dos processos mentais em crianças e adultos, seja do tipo figurativo (perceptivo e geométrico), seja do tipo operativo (inteligência), nos grandes espaços, fora do laboratório" (Cavicchia, 1977, p. 92). Essas tendências puderam ser confirmadas nos três primeiros Simpósios Brasileiros de Psicologia Cognitiva, realizados em São Paulo (1974), Araraquara (1975) e Gramado (1976). O primeiro teve como tema central a psicologia da escala humana (estudos sobre a percepção do meio ambiente). Esse tema prevaleceu nos simpósios seguintes, e também nos que foram realizados em Curitiba (1977) e Rio de Janeiro (1978), embora, nestes últimos, a diversidade dos temas tratados tenha sido maior, abrangendo questões relacionadas à psicogênese da linguagem e interação social[1]. Todos os simpósios mantiveram uma clientela heterogênea formada por urbanistas, geógrafos, arquitetos, pedagogos, sociólogos, matemáticos e psicólogos, fato que caracterizava o interesse interdisciplinar pelas pesquisas produzidas. O congresso de Gramado contou com a presença de Paul Fraisse e o do Rio de Janeiro com a presença de Barbel Inhelder, que depois foi a Curitiba, a convite do GREC, e recebeu o título *Honoris Causa* na Universidade Federal do Paraná.

A partir de 1978, os GRECs deixaram de realizar trabalhos com objetivos comuns e de forma coordenada. Os grupos dissolveram-se e os pesquisadores passaram a dedicar-se a temas variados, nas mais diferentes áreas do conhecimento. Muitos pesquisadores tornaram-se protagonistas do trabalho interdisciplinar, que configuraria uma das posturas mais fortes de pesquisa em psicologia, na década de oitenta. A Prof[a] Durlei Cavicchia apontou algumas razões da dissolução dos grupos:

---

[1] Uma análise detalhada dessas tendências temáticas dos simpósios de São Paulo, Araraquara e Gramado pode ser encontrada em Cavicchia (1977, pp. 187-197). Um dos trabalhos apresentados em Gramado, por Claudia Lemos, professora da Unicamp, foi muito elogiado por Paul Fraisse.

Um primeiro fator é que nós sentimos que os interesses de Battro eram muito direcionados para questões de percepção e epistemologia, e nós e outros grupos estávamos interessados em questões de educação, como articular práticas educativas com a teoria de Piaget. Enfim, coisas que iam além das questões relativas à percepção. Então, não conseguimos levar para a frente o projeto, na escolha das questões a serem pesquisadas. Outro fator foi a falta de condições materiais para continuar editando a revista Estudos Cognitivos, *mantendo a permanência do Battro e a organização dos simpósios. Em Araraquara, em 1976 e 1977, iniciava-se a transformação dos institutos isolados do Estado de São Paulo em UNESP. A UNESP entrou em crise, e fomos triturados por decreto, os projetos foram por água abaixo e não deu para recompor. A partir daí, os grupos se dispersaram, as pessoas começaram a buscar novas referências. Eu, por exemplo, fui para a França, fazer um estágio no Centro Alfred Binet e também para Genebra, onde fiz contato com o pessoal do Centro de Epistemologia, porque eu estava tentando investigar como se articulavam as propostas teóricas sobre afetividade e inteligência, que mais tarde viria a ser minha tese de livre-docência. O Grupo de Porto Alegre conseguiu sobreviver por mais tempo, eles tinham uns convênios com o governo federal e isso gerava alguns recursos, facilitando o trabalho. Também estavam mais próximos da Argentina e isso talvez tenha facilitado o contato com o Battro, que continuou a participar das reuniões. Era um grupo muito forte, principalmente no estudo da matemática. Depois a Léa Fagundes fundou o LEC (Laboratório de Estudos Cognitivos) e acabou direcionando o trabalho do Laboratório para questões da informática, justamente a direção que tomaram os trabalhos de Battro. Hoje ele continua nessa linha de trabalhos, pesquisando o processamento da informação na linha do Papert. Para finalizar, podemos dizer que os GRECs foram experiências de trabalhos interdisciplinares, com pretensões puramente científicas. Eu acho que os anos oitenta exigiam mais do que isso, exigiam pesquisas com compromisso maior com a realidade brasileira.*

3.3. O grupo da UNICAMP

Uma das principais instituições do interior do Estado que participou do fomento à difusão de Piaget é a Universidade de Campinas (UNICAMP). Durante os anos sessenta, antes das idéias de Piaget chegarem à UNICAMP, já marcavam presença em Campinas (SP), através das aulas de Naide Alves Prestes, professora que lecionava no Curso de Pedagogia da Pontifícia Universidade Católica. Conhecedora da obra de Hans Aebli, introduzia os alunos no estudo da didática operatória, com apostilas de sua própria tradução e recomendava a leitura dos livros de Piaget *Le Jugement et le Raisonnement chez l'Enfant* (1924) e *Six Études de Psychologie* (1964).

A partir de 1972, as idéias de Piaget passaram a circular no âmbito da Faculdade de Educação da UNICAMP, inicialmente em disciplinas ministradas pelo Prof. Marconi Freire Montezuma, um dos pioneiros da difusão piagetiana no Brasil. O Prof. Montezuma trabalhou com Lauro de Oliveira Lima em Fortaleza (CE), fazendo parte do grupo "Capita Plana" (denominação atribuída a esse grupo de piagetianos nordestinos), que organizou, nos anos sessenta, um programa educativo, no Ceará, que tinha por base o "método psicogenético"[1]. Em Brasília, também em companhia de Lauro de Oliveira Lima, trabalhou no CIEM (Centro Integrado de Ensino Médio), onde desenvolveu um projeto educativo piagetiano. Após o golpe dos militares, em 1964, mudou-se para o Estado de São Paulo, e no início dos anos setenta passou a trabalhar na UNICAMP.

Nessa época, foi contratada pela Faculdade de Educação a Profª Orly Zucatto Mantovani de Assis, com a recomendação do Prof. Montezuma para que ministrasse disciplinas pedagógicas nos cursos de licenciatura da UNICAMP e incluísse Piaget em seus conteúdos. Nos anos que se seguiram, a Profª Orly especializou-se em Piaget e desenvolveu um programa de educação pré-escolar,

---

[1] O método psicogenético foi elaborado por Lauro de Oliveira Lima. A esse respeito, ver o tópico A peregrinação de Lauro de Oliveira Lima.

172   *A Difusão das Idéias de Piaget no Brasil*

que foi implantado nas pré-escolas de Campinas. Em seguida, sistematizou esse trabalho e criou o PROEPRE (Programa de Educação Pré-Escolar). Atualmente, esse programa, em convênios de assessoria com a UNICAMP, foi implantado em pré-escolas de vários Estados do Brasil. Assim, Orly Mantovani de Assis tornou-se responsável por um dos maiores programas de implantação das idéias de Piaget já vistos no país.

3.3.1. O Programa de Educação Pré-Escolar (PROEPRE)

O PROEPRE é um programa que visa formar professores e especialistas em educação pré-escolar, com o objetivo de favorecer o desenvolvimento afetivo, cognitivo, social e perceptivo-motor de crianças de 3 a 7 anos de idade. Tem como fundamento a teoria de Jean Piaget e emprega estratégias e práticas educacionais que refletem os pressupostos desta teoria.

A história do PROEPRE está diretamente associada à trajetória acadêmica da professora da Faculdade de Educação da UNICAMP, Orly Mantovani de Assis. Quando começou a trabalhar nessa Faculdade, o que conhecia de Piaget tinha aprendido com a Profª Naide Prestes, quando cursou Pedagogia na PUC de Campinas. Com base nessas informações, começou a estudar e utilizar Piaget em suas aulas. Lecionava a teoria dos estágios e os principais conceitos da teoria. Mais tarde, por exigência do trabalho na UNICAMP, teve que fazer uma pesquisa e interessou-se em comprovar se Piaget estava certo quando dizia que as estruturas da inteligência se constroem a partir da solicitação do meio. A Profª Orly recorreu à Profª Zélia Chiarottino, na USP, em São Paulo, para discutir esse tema de interesse:

> *Entrei em contato com a Zélia, que tinha feito uma pesquisa referente à aquisição do pensamento operatório concreto. Começamos a discutir essas questões e decidi fazer uma pesquisa para constatar empiricamente em que idade as crianças de Campinas atingiam o estágio operatório*

concreto, pretendendo, em seguida, verificar se as solici-
tações do meio influenciavam as estruturas operatórias.
Isso implicava a hipótese de que, quanto mais o meio
solicitasse, mais o indivíduo poderia progredir no ritmo de
desenvolvimento.

Feita essa primeira pesquisa, constatou que apenas 12 das 324 crianças, de 7 a 9 anos de idade, estudadas, haviam atingido o estágio operatório. Duzentas e nove eram pré-operatórias e 103 estavam em transição. Ao mesmo tempo que fez essa avaliação, organizou classes experimentais, onde uma proposta educacional piagetiana foi aplicada. Deu o nome a essa experiência de Processo de Solicitação do Meio. Era um processo no qual se utilizava um programa de pré-escola, formulado de acordo com os princípios da teoria de Piaget, para verificar se crianças de 5 a 6 anos, participando do programa, durante um ano letivo, progrediriam no desenvolvimento intelectual. Durante 1974 e 1975, as classes experimentais com as quais trabalhou logo passaram a ser chamadas de Classes Piaget. Ao todo, eram nove classes. Concluiu o trabalho com 183 crianças no grupo experimental e 188 crianças no grupo de controle. Os resultados obtidos mostraram que 80,87% dos sujeitos submetidos ao programa de estimulação, pertencentes ao grupo experimental, passaram para o estágio de desenvolvimento mais avançado (estágio das operações concretas), enquanto que nenhum dos sujeitos, pertencentes ao grupo de controle, os quais foram submetidos aos programas comuns das escolas que freqüentavam, atingiu tal estágio. Essa pesquisa transformou-se em tese de doutorado e foi orientada pela Prof.ª Zélia Ramozzi-Chiarottino, com o título "Estudo sobre a relação entre a solicitação do meio e a formação da estrutura lógica no comportamento da criança". Para a Prof.ª Orly os resultados dessa pesquisa trouxeram grandes implicações educacionais, quando pensados sob a ótica social:

A análise da variável "nível socioeconômico" demonstrou
que os resultados obtidos pelas crianças pertencentes a
níveis socioeconômicos mais baixos foram iguais àqueles

174 A Difusão das Idéias de Piaget no Brasil

obtidos pelas crianças pertencentes a níveis socioeconômicos mais altos. Tais resultados indicavam que, em condições educacionais adequadas, crianças de diferentes níveis socioeconômicos não apresentam diferenças significativas em seu desempenho.

Enquanto trabalhava nessa pesquisa, a Profª Orly, por solicitação da Prefeitura Municipal de Campinas, fez um convênio Prefeitura/UNICAMP, para que sessenta professores da pré-escola participassem de um curso de formação seguindo os princípios da teoria piagetiana. Esse curso teve duração de 201 horas e, a partir de 1976, as professoras da prefeitura começaram a trabalhar de acordo com as orientações da Profª Orly. Esse convênio durou dois anos e, quando terminou, a Secretária da Educação de Campinas, Profª Ítala Gofredo de Otaviane, convidou a Profª Orly para ser sua assessora e dar continuidade ao trabalho. Posteriormente, a secretária se desentendeu com o prefeito e, em meados de 1978, deixou o cargo e seus assessores foram convidados a deixar o cargo junto com ela. Assim, esse programa foi encerrado.

No período em que trabalhou na prefeitura, a Profª Orly fez uma outra pesquisa de avaliação para verificar como estavam as crianças que tinham passado pelo programa piagetiano implantado na pré-escola:

Usei as provas de pensamento formal e verifiquei em que estágio de desenvolvimento estavam as crianças. Os jovens que passaram por nós estavam bem mais adiantados do que aqueles que não tinham passado por nosso programa. Essa pesquisa se chamou "A solicitação do meio e o desenvolvimento intelectual" e os resultados significaram uma satisfação muito grande em relação ao trabalho que vínhamos desenvolvendo. Para nós ficou comprovado que um bom programa educacional pode desenvolver as possibilidades da criança.

Em 1980, Orly Mantovani foi convidada pela Profª Maria Tereza Olivo Macedo para fazer um seminário, em Brasília, no

Os Núcleos Piagetianos no Brasil

COEPRE (Coordenadoria de Educação Pré-Escolar), sobre o projeto que tinha desenvolvido em Campinas. Como muitos Estados haviam solicitado à COEPRE um apoio à formação de recursos humanos na educação pré-escolar, acabou elaborando para o COEPRE um projeto denominado "Formação de recursos humanos para professores de crianças ingressantes no primeiro grau". Por necessidade de um nome mais curto para denominar o projeto, criou-se a sigla PROEPRE (Programa de Educação Pré-Escolar). Em julho de 1980, o COEPRE promoveu um Encontro Nacional e o PROEPRE foi apresentado às secretarias estaduais interessadas no programa. Em seguida, a Prof[a] Orly Mantovani visitou treze Estados brasileiros, apresentando o projeto. Logo depois, em convênio MEC/Faculdade de Educação da UNICAMP, dezenove Estados já haviam se inscrito, interessados no desenvolvimento do programa. Assim começaram os trabalhos do PROEPRE.

Inicialmente participavam da equipe de trabalho os professores Marconi Freire Montezuma, Liliane Furtado Montezuma e Carmen S. de Souza. Em seguida, passaram a integrá-la os professores Mussio Camargo de Assis, Rosária Maria Ribeiro do Aragão, Augusto C. Novasque, Aidée de Almeida e Maria Tereza Egler Mantoan[1].

Em seus objetivos específicos, o PROEPRE visa criar condições para que os professores e especialistas envolvidos em seu projeto possam "compreender a importância da educação pré-escolar para a criança, compreender os pressupostos filosóficos e sociológicos que orientam a implantação do PROEPRE, compreender os pressupostos teóricos da Psicologia Genética de Jean Piaget, nos quais o PROEPRE se fundamenta, formar atitudes pedagógicas que reflitam coerentemente os princípios da teoria piagetiana que estão

---

[1] A Prof[a] Maria Tereza Egler Mantoan foi orientanda da Prof[a] Orly Zucatto M. de Assis e desde 1976 vem desenvolvendo trabalhos de reeducação, em que aplica os princípios piagetianos. Em 1987 defendeu dissertação de mestrado sob o título "Educação Especial de Deficientes Mentais: O itinerário de uma experiência". Em 1991, aperfeiçoando seu trabalho com os deficientes mentais e seguindo os princípios piagetianos, defendeu a tese "A Solicitação do Meio Escolar e a Construção da Inteligência no Deficiente Mental: Uma interpretação fundamentada na teoria do conhecimento de Jean Piaget".

176 A Difusão das Idéias de Piaget no Brasil

subjacentes a todas as atividades do PROEPRE, adquirir habilidades técnicas para aplicação adequada do PROEPRE, a fim de estimular o desenvolvimento global da criança em seus aspectos cognitivo, afetivo, social e perceptivo-motor, ser capazes de adaptar as sugestões pedagógicas apresentadas no PROEPRE às características e necessidades do pré-escolar de diferentes regiões, ser capazes de planejar, criar, inovar e experimentar outras situações pedagógicas com os recursos de que dispõem, enriquecendo e ampliando, conseqüentemente, o conjunto de atividades sugeridas pelo PROEPRE, adquirir habilidades técnicas para avaliar se o processo de desenvolvimento da criança está se orientando no sentido da realização plena de suas possibilidades" (Mantovani de Assis, 1991).

A incorporação das idéias de Piaget à prática pedagógica, segundo a Profª Orly, requer alguns cuidados:

Não se pode transformar a teoria de Piaget numa prática, sem fazer as devidas acomodações. Por exemplo, Piaget diz que o interesse da criança é primordial e que cada criança tem o seu ritmo. Ele nunca disse que deveria haver atividades diversificadas numa mesma sala de aula e que as crianças deveriam escolher as atividades que queriam realizar. Então, quando eu pensei num programa educacional que levasse em conta o interesse e o ritmo da criança, considerei que a única saída seria as crianças fazerem atividades diferentes. Naquele texto do Piaget em que ele fala dos métodos de ensino, publicado na Enciclopédia Francesa[1], *ele deixa clara a necessidade de mais de um tipo de trabalho coexistir na sala de aula: o trabalho individual, trabalho de pequenos grupos e o trabalho coletivo. Trabalho coletivo para Piaget tem o significado de trabalho num grande grupo. Então, há possibilidades de trabalho em grupo, de trocas de experiências, de vida democrática e não consiste apenas em justaposição de trabalhos individuais que caracterizam o trabalho coletivo nas escolas tradicionais. Nossa prática é*

---

[1] A esse respeito, ver Piaget, J. (1970).

Os Núcleos Piagetianos no Brasil 177

elaborada dessa maneira, pegando a teoria, discutindo, transformando e reavaliando as atividades, para ver se representa o princípio.

A partir de 1980, o convênio MEC/Faculdade de Educação da UNICAMP foi estendido às Secretarias Estaduais de Educação, e o projeto foi colocado em funcionamento sob o título "Formação de Recursos Humanos para a Educação Pré-Escolar: Aperfeiçoamento de pessoal em serviço com vistas à implantação do PROEPRE".Em 1981, duzentos professores e especialistas em educação pré-escolar do Distrito Federal e dos Estados de Minas Gerais, Pernambuco e Rio de Janeiro participaram desse projeto. Em seguida, o Departamento Geral de Pedagogia da Fundação Educacional de Brasília implantou o programa do PROEPRE, proporcionando cursos de capacitação a trezentos professores e especialistas em educação que atuavam na pré-escola da rede oficial do Distrito Federal. De 1983 em diante, a própria equipe da Encarregadoria de Educação Pré-Escolar da referida Fundação vem desenvolvendo o Projeto. Em 1982, foi desenvolvido na Universidade Federal de Uberlândia, envolvendo sessenta professores. Em 1983, o MEC, por intermédio do PROEPRE, decidiu pela expansão do programa, envolvendo mais dez unidades da Federação: Alagoas, Amazonas, Amapá, Espírito Santo, Goiás, Mato Grosso do Sul, Paraíba, Rio Grande do Sul, Santa Catarina e Sergipe. Nessa etapa, participaram do programa de capacitação aproximadamente quinhentos e cinqüenta professores. Em 1984, pelo sistema de prestação de serviços efetuado diretamente com as Secretarias Estaduais de Educação, e não mais sob a forma de convênios com o MEC, o PROEPRE foi implantado em Mato Grosso, Amazonas e Mato Grosso do Sul. Em 1985, o trabalho se estendeu ao Estado do Pará, à Secretaria Municipal de Educação de Atibaia, aos colégios particulares Vita e Pax na cidade de Ribeirão Preto (SP), e Assunção, na cidade de Piracicaba (SP). Em 1986 o PROEPRE foi implantado na Secretaria de Educação do município de Presidente Prudente, novamente na Secretaria da Educação do Estado do Pará, na Fundação Educacional de Santa Catarina, em Florianópolis, e na Prefeitura Municipal de Florianópolis. Em 1987, foi introduzido no Estado de Roraima e nos

178 A Difusão das Idéias de Piaget no Brasil

municípios de Espírito Santo do Pinhal e Paulínia (SP). Em 1988, esse trabalho foi realizado no Estado do Ceará e no município de Amparo (SP). Em 1989 foi implantado nas pré-escolas das Prefeituras Municipais de Itapira e de Mogi-Guaçu (SP), nesta última com a intermediação da Coordenadoria de Normas Pedagógicas (CENP) do Estado de São Paulo, envolvendo cento e cinqüenta professores. No ano de 1991, professores de Cabo Verde (MG), Bragança Paulista, Itatiba, Leme, Amparo (SP),Vilhema, Cacoal e Porto Velho (RO) foram capacitados para aplicar o PROEPRE.

Muitos dos Estados e municípios citados vêm, atualmente, dando continuidade às atividades do PROEPRE, sob responsabilidade própria, sem contar com o envolvimento direto da equipe coordenada por Orly Mantovani de Assis. Esse tipo de atuação tem ocorrido no Amapá, Amazonas, Distrito Federal, Espírito Santo, Mato Grosso, Mato Grosso do Sul, Minas Gerias (Sesi-Minas e Delegacia de Ensino de Varginha), Paraíba, Rio Grande do Sul (rede particular), municípios de Presidente Prudente, Espírito Santo do Pinhal, Itapira e Amparo, no Estado de São Paulo.

Desde 1980 a Profª Orly Mantovani de Assis realiza anualmente um encontro do PROEPRE[1], com a participação de professores de vários Estados, com a finalidade de troca de informações sobre as experiências realizadas, fornecimento de subsídios para o aperfeiçoamento do pessoal e avaliação do andamento dos projetos implantados pelo PROEPRE. Para a professora Orly,

> *Trata-se de uma reunião de congraçamento, de aprofundamento e de avaliação. Eu fico sabendo de todos os problemas que acontecem nos projetos desenvolvidos nos Estados. Aparecem problemas dos mais variados. Professores lutando para que a idéia tenha continuidade, outros que assumiram o governo do Estado e mandaram acabar com o programa, sem ao menos conhecê-lo. O funcionamento dos encontros está condicionado a pessoas*

---

[1] Nos últimos anos esses encontros foram realizados na cidade de Águas de Lindóia (SP).

Os Núcleos Piagetianos no Brasil

em quem confiamos. Eu chamo as pessoas cuja formação piagetiana é inquestionável. Zélia Chiarottino e outros. Temos, também, trazido vários conferencistas internacionais. Fazemos conferências, mesas-redondas, grupos de trabalho e relatos de experiências. É o maior encontro piagetiano realizado no Brasil todos os anos. Os encontros atingem larga escala, como o nosso projeto também atingiu. É preciso compreender que isso acontece porque a divulgação das idéias construtivistas, em termos nacionais, ocorreu através do PROEPRE, de nosso trabalho.

***

Além da Profª Orly Mantovani de Assis, a UNICAMP contratou, nas últimas duas décadas, vários pesquisadores piagetianos que têm desempenhado importante papel no processo de difusão das concepções piagetianas. Dentre esses docentes, que atuam em diferentes áreas, destacam-se Amélia Domingos Americano de Castro, uma das piagetianas pioneiras no Brasil (contratada por essa instituição após sua aposentadoria na USP), que trabalha na Faculdade de Educação[1], Luci Banks Leite, pesquisadora, com dez anos de formação no Centro Internacional de Epistemologia Genética, e José Armando Valente, pesquisador, investiga a função do computador no processo de construção do conhecimento e da inteligência.

Luci Banks Leite desenvolveu, no Centro Internacional de Epistemologia Genética, trabalhos relacionados à teoria de Piaget. Ao voltar para o Brasil, em 1992, organizou o livro *Piaget e a Escola de Genebra*. A idéia de apresentar essa importante obra surgiu da necessidade de atualização de nossas bibliotecas em relação aos temas piagetianos discutidos no exterior. Nesse livro, constam artigos de Barbel Inhelder e Christiane Gillierom, da Faculté de Psychologie et des Sciences de l'Éducacion de Genebra; Catherine Domahidy Dami,

---

[1] A respeito dos trabalhos desenvolvidos por Amélia Domingues de Castro, ver tópico sobre a Universidade de São Paulo.

180   A *Difusão das Idéias de Piaget no Brasil*

psicóloga clínica em Rolle, Suíça; Cesar Coll Salvador, da Faculdad de Psicología da Universidade de Barcelona; Emília Ferreiro, do Centro de Investigation y Estudios Avançados de IPN, no México, e Julian Ajuriaguerra, do Collège de France, em Paris.

3.4. O Centro de Estudos e Práxis Jean Piaget: os trabalhos sobre inteligência e afetividade

Abordarei nesse estudo os problemas do inconsciente e da consciência, tais como os encontramos no estudo da inteligência, da representação e das funções cognitivas, porque acredito que essas questões particulares, relativas ao inconsciente cognitivo, são paralelas às que levanta a psicanálise sobre o funcionamento do inconsciente afetivo. Minha finalidade não é naturalmente procurar introduzir alguma novidade nas teorias psicanalíticas, nem criticá-las, porque, se sou um pouco herético nesse ponto de vista, esse não é o lugar de explicar por que sou assim. Em compensação, estou persuadido de que chegará o dia em que a psicologia das funções cognitivas e a psicanálise serão obrigadas a se fundir numa teoria geral, que melhorará as duas, corrigindo uma e outra, e é esse futuro que é conveniente prepararmos, mostrando desde agora as relações que podem existir entre as duas.

                                                                  Jean Piaget

A partir da década de oitenta, aumentaram muito os trabalhos de piagetianos brasileiros no sentido de fundir, como sugeriu Piaget (1972/1983), os estudos da psicanálise e os processos cognitivos. Em parte, esse interesse foi provocado pelas conferências e cursos ministrados, em São Paulo, pelo coordenador do Laboratório de Epistemologia Genética da Universidade de Lion, Jean-Marie Dolle[1]. Os trabalhos do médico e psicoterapeuta brasileiro Cláudio

---

[1] Jean-Marie Dolle foi um dos primeiros autores estrangeiros a pesquisar, como sugeriu Piaget, as relações entre inteligência e afetividade. A respeito desse conteúdo, ver seu livro publicado em 1977, *De Freud a Piaget: Éléments pour une approche intégrative d'affectivité et de l'intelligence.*

Os Núcleos Piagetianos no Brasil   181

Saltini foram igualmente importantes para o aprofundamento e a difusão desses estudos em São Paulo e no Brasil.

Através de um extenso trajeto, Cláudio Saltini chegou a esses estudos percorrendo várias áreas do conhecimento, numa formação interdisciplinar. Paulista, descendente de italianos, partiu, em 1953, aos dezoito anos, para Turim (Itália), para estudar engenharia e buscar maiores conhecimentos sobre pintura e música. Na Europa, abandonou o curso de ciências exatas e acabou se formando em medicina. Nessa época, entrou em contato com as obras de Piaget, Freud, Freinet e Maria Montessori, interessando-se por questões referentes ao conhecimento, afetividade e educação. Saltine nos contou porque passou a se interessar por esses temas:

Eu já estudava Freud há um certo tempo, mas naquele momento comecei a me interessar também por Piaget, especialmente no campo da matemática e da física, porque eu continuava, e continuo até hoje, valorizando a área matemática. Ele começou na biologia e direcionou seus estudos para lógica-matemática, encontrando as infraestruturas da matemática no pensamento das crianças. Isso me fascinou. Ví uma harmonia muito grande, por exemplo, entre a matemática e a música. Existe uma matemática inconsciente na música, que não se aprende na música, no entanto ela está lá. Existe uma matemática inconsciente na pintura e no entanto ela está lá. São as formas, as proporções dos segmentos, da estética. Tudo isso tem, embutida, a matemática. Uma infra-estrutura matemática, que Piaget explica. Então eu comecei a descobrir que a matemática não é alguma coisa aprendida, ela é construída internamente, com o desenvolvimento da nossa lógica. É o próprio conhecimento. Isso foi o que me interessou, inicialmente, em Piaget. Por outro lado, ele era um filósofo e eu me interessava por filosofia. Mais tarde, em 1965, sua obra Sabedoria e Ilusões da Filosofia *me marcaria muito.*

De volta para o Brasil, iniciou o trabalho de consultório, especializando-se em psicanálise e se aprofundando nos estudos de

182   A Difusão das Idéias de Piaget no Brasil

Piaget. No final dos anos sessenta, procurando conhecer piagetianos brasileiros, entrou em contato com o Prof. Lauro de Oliveira Lima, interessando-se pelas diretrizes educacionais emanadas da teoria piagetiana. Começou então a ministrar vários cursos juntamente com o Prof. Oliveira Lima.

No início da década de setenta, alargando seus contatos piagetianos, começou a trocar informações com a Profª Zélia Chiarottino, da USP, e com o médico argentino, Antonio Battro, que desenvolvia pesquisas no Brasil através dos Grupos de Estudos Cognitivos (GRECs), sediados em Araraquara (SP). Nessa época, formando-se em psicologia, iniciou o curso de pós-graduação no Instituto de Psicologia da USP e sua formação em psicanálise.

Em meados dos anos setenta, aumentavam as solicitações das escolas para que ministrassem cursos sobre Piaget. Essa demanda, conforme Saltini relatou, devia-se ao fato de "os professores terem se decepcionado com os resultados do ensino de base behaviorista que predominava nas escolas paulistas".

Em 1979, a fim de se aprofundar nas obras de Piaget e na psicanálise, viajou à Europa e entrou em contato com Piaget e Barbel Inhelder. Pesquisou durante seis meses nos Archives Jean Piaget e fez estágios na Faculdade de Psicologia de Genebra e na Escola Freudiana de Paris. Do contato com Piaget, recorda-se que foi recebido em sua casa e:

(...) após conversarmos sobre o meu interesse em lançar as articulações entre a área psicanalítica e a área epistemológica, me deu de presente uma apostila estenografada de um curso que ele havia dado na Sorbonne, em 1954. Deixou bem claro que não aprovava aquele texto como uma obra sua, porque foi um aluno que estenografou, mas admitia que tudo que estava escrito ali ele tinha dito. Ele me disse: "Não o considere um texto meu, considere uma aula". Em 1990, eu estava na Europa e pedi autorização para traduzi-lo, mas não me deram. Eles não queriam que fosse publicado como uma obra de Piaget, mas me autorizaram a fazer uma distribuição interna do texto ou publicá-lo como texto estenogra-

*fado por um aluno. Vou publicar alguns trechos dessas aulas
e comentá-los, ressaltando que é a publicação de um aluno.
Essas aulas são chamadas por Piaget de "Relações entre
Afetividade e Inteligência". As idéias contidas no texto
fizeram com que eu me dedicasse mais a esses estudos.*

Em 1980, Cláudio Saltini organizou, juntamente com Lauro
de Oliveira Lima, o I Congresso Brasileiro Piagetiano, realizado
na cidade do Rio de Janeiro e, no mesmo ano, organizou, em São
Paulo, o congresso sobre o tema Piaget e Freud: novos rumos da
educação. Criou, em seguida, na Granja Julieta, em São Paulo, o
Instituto Educacional Jean Piaget, também denominado, até hoje,
Escola de Educação Infantil Casinha Pequenina. Esta escola tem
por objetivo atender crianças com idades aproximadas de seis meses a sete anos, com base em uma prática educacional fundamentada na teoria construtivista de Jean Piaget. A postura educativa
da escola valoriza "a inter-relação afetiva como suporte indispensável para as estruturas da inteligência. O educador, mesmo siste-
matizando as descobertas e as invenções criativas de seus alunos,
tem como meta a autonomia moral e intelectual dos mesmos" (Caderno Informativo, 1991, p. 3).

Dentro da estrutura do Centro Educacional Jean Piaget, Saltini
criou, também, o Centro de Estudos e Práxis Jean Piaget, que tem
como objetivos fazer a formação e a reciclagem constante dos educadores da Escola Casinha Pequenina, desenvolver pesquisas sobre
educação, promover estudos e pesquisas das relações entre a
afetividade e a inteligência, ao longo do desenvolvimento do sujeito,
e produzir publicações sobre esses trabalhos. Especialistas em
Piaget, no Brasil e no exterior, ministram cursos nesse centro. Em
1989, por exemplo, o Prof. Jorge Visca, da Universidade Nacional
de Buenos Aires, deu cursos sobre o Método Clínico Piagetiano, Dificuldades de Aprendizagem e Clínica Psicopedagógica: Epistemologia
Convergente.

Em 1985, convidado pelo Departamento de Saúde Materno-
infantil da Faculdade de Saúde Pública da Universidade de São
Paulo, fundou, juntamente com outros pesquisadores, médicos, psi-

184 A Difusão das Idéias de Piaget no Brasil

canalistas, psicólogos, educadores e estudiosos de Piaget, o Centro de Estudos do Desenvolvimento e Crescimento do Ser Humano (CDH), que tem como objetivo promover discussões sobre o tema crescimento e desenvolvimento do ser humano e suas relações. Incluiu, nos planos de trabalho dessa equipe, o estudo das relações mãe-criança-família e o desenvolvimento da inteligência do ser humano. Os trabalhos são realizados através de grupos de estudos, seminários, cursos, congressos e assessorias a órgãos públicos e privados que se ocupam de crianças. Os projetos de assessoria, fundamentados em princípios retirados da teoria piagetiana, alcançaram grandes "dimensões territoriais" em suas implantações. Em 1989, por exemplo, o CDH, em convênio com a Legião Brasileira de Assistência (LBA), assessorou as creches paulistas vinculadas a essa instituição, procurando dar orientações gerais em relação aos cuidados com as crianças, com a área nutritiva, afetiva e de construção do conhecimento.

A partir dos anos noventa, Cláudio Saltini passou a dedicar-se, cada vez mais, aos estudos sobre a afetividade e a inteligência.

***

Antes de finalizar o mapeamento dos dados sobre o núcleo paulista, não poderia deixar de salientar os trabalhos realizados por Telma Weisz e Emília Ferreiro, na história mais recente da divulgação das idéias de Piaget no Estado de São Paulo e no Brasil.

Telma Weisz é especialista em educação e tem realizado intenso trabalho de capacitação de professores de todo o Estado, prestando serviço à Coordenadoria de Estudos e Normas Pedagógicas (CENP), órgão da Secretaria Estadual de Educação. Ministrou cursos sobre o processo construtivista de alfabetização de crianças, tendo por base as idéias da psicopedagoga Emília Ferreiro. Conseqüentemente, recorreu às idéias de Piaget, pois é na epistemologia genética que estão os suportes destas reflexões.

Os Núcleos Piagetianos no Brasil

Durante os anos oitenta, os trabalhos de Emília Ferreiro foram responsáveis, em grande parte, pelo renovado interesse em Piaget na área educacional. Suas pesquisas empíricas sobre a construção da leitura e da escrita despertaram o interesse de educadores de vários países da América Latina, incluindo a Argentina, seu país de nascimento, e o México, país onde leciona no Instituto Politécnico Nacional. Os primeiros resultados de suas pesquisas foram publicados, em 1979, na obra *Los sistemas de escritura em el desarrollo del niño*, realizada em co-autoria com Ana Teberosky. Tanto nessa obra, como em seus livros posteriores, Emília Ferreiro reafirma, na psicogênese da língua escrita, os pressupostos da epistemologia genética de Jean Piaget[1].

Emília Ferreiro esteve várias vezes no Brasil, participando de Congressos e ministrando cursos. Nessas ocasiões, teceu críticas às apropriações indevidas e mecânicas de suas concepções, fato que atribui a uma relação de conveniência que os professores têm com as novas idéias; eles esperam que as novas teorias possam resolver imediatamente os dilemas da prática pedagógica. Em conseqüência, estamos assistindo, atualmente, a contragosto de alguns de seus protagonistas, ao maior desvirtuamento de conceitos piagetianos já visto em toda a história da educação brasileira. A apropriação técnica das idéias construtivistas tornou-se regra em programas educacionais desenvolvidos em todo o território nacional. Apesar dessas distorções, a utilização das concepções de Emília Ferreiro sobre a alfabetização vem aumentando dia a dia. Em 1992, em um relatório da Secretaria Estadual de Educação do Estado de São Paulo, contabilizei cerca de noventa cidades paulistas que haviam adotado o construtivismo como referencial para o projeto pedagógico dos municípios, principalmente em relação à pré-escola.

A Coordenadoria de Estudos e Normas Pedagógicas (CENP) vem divulgando o construtivismo desde 1985. Além da distribuição

---

[1] Os livros de Emília Ferreiro que mais foram divulgados no Brasil são: *Alfabetização em Processo* (1986); *Reflexões sobre a Alfabetização* (1985) e *Psicogênese da Língua Escrita* (1986).

186   *A Difusão das Idéias de Piaget no Brasil*

de textos e vídeos para professores, a CENP criou um curso de trinta horas, através de telepostos. O último programa de capacitação atingiu setenta mil professores. Esses cursos tiveram a participação de Telma Weisz e a colaboração de Madalena Freire e através deles investiu-se, também, na formação de capacitadores-coordenadores de ensino. Desse trabalho formaram-se mais de trezentos coordenadores, que se dirigiam a São Paulo, uma vez por mês, para troca de experiências e atualização. As equipes da CENP deslocaram-se também para as delegacias regionais, a fim de ministrar cursos. Para a integração dos trabalhos construtivistas, foi organizado o Projeto Ipê, com textos e vídeos veiculados pela TV Cultura. Marília Duram, que trabalhou como coordenadora desse projeto no ciclo básico, em 1991, mostrava-se preocupada com as deturpações que ocorriam nas experiências construtivistas, afirmando que "quando se divulga uma teoria e ela começa a circular, perde-se o controle" (Ana Lagôa, 1991, p. 14).

Entre as escolas particulares de São Paulo, a Escola da Vila, com uma experiência que desenvolve há aproximadamente quatorze anos, é a que mais tem se destacado na realização de uma proposta construtivista.

4. O núcleo gaúcho

No Rio Grande do Sul, o interesse em conhecer as idéias de Piaget esteve, desde o início, como na maioria dos Estados brasileiros, prioritariamente voltado para a intenção pedagógica. No final dos anos vinte, a necessidade de aperfeiçoamento na área de ensino levou professores gaúchos a buscarem novos conhecimentos, participando de cursos ministrados por pesquisadores europeus em visita ao Uruguai e ao Brasil. Foi assim que tiveram os primeiros contatos com as idéias de Piaget, com a intenção de adequar a prática pedagógica às novas descobertas da psicologia da criança, conforme recomendava o ideário escolanovista na época.

4.1. Os primeiros contatos com os pampas

Em 1929, nos cursos feitos no Uruguai, alguns professores que lecionavam em escolas públicas da cidade de Porto Alegre, tomaram conhecimento das obras de Claparède e das obras de seu jovem assistente, Piaget, *Le Langage et la pensée chez l'enfant* (Piaget, 1923) e *Le jugement et le raisonnement chez l'enfant* (Piaget, 1924). Edouard Claparède era o nome da psicologia européia que mais circulava entre os uruguaios, mas suas idéias acerca de uma psicologia funcional e uma pedagogia ativa também já estavam presentes entre os escolanovistas brasileiros, principalmente os de Minas Gerais. Estes escolanovistas aguardavam sua vinda ao Brasil, prevista para o ano seguinte, em Belo Horizonte, atendendo a um convite de Helena Antipoff. Com a chegada de Claparède ao Brasil, um grupo de professores gaúchos foi a Belo Horizonte e ouviu Claparède enunciar novos conceitos e uma nova metodologia de pesquisa, que poderia auxiliar os professores a conhecer melhor seus alunos. Tratava-se do conceito de egocentrismo e do método clínico, ambos elaborados por Piaget.

Nos anos seguintes, influenciados por essas idéias, alguns desses professores gaúchos passaram a importar, através da livraria Globo, livros e revistas estrangeiras, que traziam artigos de educadores e psicólogos franceses e genebrinos. Importavam, também, as obras de Piaget. Esse período "livresco" atingiu seu auge na época das reformas educacionais, que ocorreram em todo o Brasil, nos anos trinta, quando se expandiu o ideário da Escola Nova. Nessa época, o contato de professores gaúchos com as idéias de Piaget intensificou-se, porque alguns desses professores estavam interessados em conhecer o desenvolvimento e os processos de aprendizagem da criança, para um melhor desempenho da prática pedagógica.

Isso ocorreu, principalmente, quando José Pereira Coelho de Souza foi Secretário da Educação do Estado, de 1938 a 1945, e promoveu uma valorização dos professores, de forma muito pronunciada, ao instituir a carreira do magistério. Como político intelectual, de formação humanística, procurava marcar sua atuação com um bom

188 A Difusão das Idéias de Piaget no Brasil

relacionamento com os professores. Durante o seu governo, o magistério se sentiu privilegiado. Esse fato contribuiu para que os professores buscassem novos estudos e aperfeiçoamento.

Anos depois, o nome de Piaget também passou a circular no Instituto de Educação. Graciema Pacheco, professora e a maior simpatizante das idéias de Piaget, na capital gaúcha, acompanhou todo esse trajeto inicial da difusão de suas idéias em Porto Alegre e contou suas experiências integradas a ele.

Nas décadas de vinte, trinta e quarenta, quando floresceu o movimento da Escola Nova, levando em consideração o Brasil como um todo, aconteceram grandes movimentações no planos das idéias e realizações. Essas transformações abriram caminho para Piaget por aqui. Quando o grupo de Helena Antipoff trouxe Claparède ao Brasil, em 1930 e 1932, nós ficamos conhecendo suas idéias através dos professores que foram a Belo Horizonte fazer o Curso de Aperfeiçoamento. Havia uma professora que tinha mais influências nesse particular, que era a Olga Acauan Gayer. Ela é uma das brasileiras que estiveram no Uruguai e em Belo Horizonte. Ela trouxe para nós novos conceitos, principalmente sobre a teoria funcional de Claparède. Poucos anos depois, houve outro grupo de professores que foi fazer o Curso de Aperfeiçoamento em Belo Horizonte com a Helena Antipoff, através da Secretaria da Educação e, quando voltaram, falavam de Piaget. Citavam Le Jugement Moral Chez l'Enfant, *livro de Piaget de 1932, que foi sua primeira obra em minha biblioteca. Piaget passou a ser mencionado, mas ainda não era muito explorado. Nessa época, não se estudava a fundo suas idéias. Eu comecei os meus estudos na área de educação e o contato com Piaget ocorreu na Escola Normal. Depois, quando terminei o curso normal, criou-se em Porto Alegre um Curso de Aperfeiçoamento em Educação, que tratava da estrutura de ensino no Estado. Dez dos primeiros alunos da Escola Normal tinham direito à vaga nesse curso e eu fui uma das escolhidas. Falava-se muito de Binet e Claparède e pouco de Piaget. Mais tarde, comecei a lecionar no Instituto de*

Educação e, quando eu estava lecionando, apresentei para os alunos La naissance de l'intelligence chez l'enfant, *livro de Piaget de 1936, mas eles tinham dificuldades para entender, porque só tínhamos tudo em francês, e por isso a apreensão não era profunda. Durante os anos em que trabalhei no Instituto de Educação, eu procurava lecionar pontos dessa teoria e introduzir os alunos nesse conhecimento. Na parte de psicologia, Piaget sempre estava presente, por ter tratado de vários aspectos da evolução da criança. A sua teoria tinha muitos elementos em perspectivas diferentes e apoiava, fundamentalmente, o nosso trabalho em psicologia da criança. Eu sempre considerei relevante a contribuição de Piaget e, na verdade, sempre o considerei um conhecimento obrigatório para quem estivesse envolvido com psicologia e educação. Desde que entrei em contato com seus trabalhos, me pareceu imprescindível a sua teoria. Se não houvesse um aproveitamento dessas contribuições, não se estaria sendo sério em matéria de educação. Eu penso assim porque as teorias de Piaget são consistentes e comprovadas. Era uma teoria que convencia. Embora sua obra não se referisse prioritariamente à educação, ele sempre se preocupou com a educação e publicou muitos textos sobre o assunto.*

Nos anos seguintes, a Profª Graciema Pacheco continuou sendo a principal protagonista das idéias de Piaget na capital gaúcha. Logo após a criação da Faculdade de Filosofia de Porto Alegre, fez seu curso superior entre 1942 e 1946. Eram três anos de básico e um ano de formação pedagógica. Nesta última etapa, foi convidada a lecionar psicologia na Faculdade de Filosofia e, ao terminar os quatro anos, começou a lecionar didática. A princípio resistiu um pouco a esse convite, porque sua idéia era permanecer no campo da psicologia. Estabeleceu que trabalharia com uma didática psicológica. Nessa disciplina, incluiu Piaget entre os autores da psicologia.

Trabalhando na didática, Graciema Pacheco sentia falta de um campo de ação para poder comprovar as teorias, colaborando para um conhecimento mais consistente em relação aos problemas de

190 A Difusão das Idéias de Piaget no Brasil

educação. Idealizou e conseguiu, então, abrir o Colégio de Aplicação, do qual foi diretora desde a sua fundação até 1980.

4.1.1. O Colégio de Aplicação

O Colégio de Aplicação foi fundado em 1954, vinculado à Faculdade de Filosofia da Universidade Federal do Rio Grande do Sul, com o empenho da Profª Graciema Pacheco e o apoio de Anísio Teixeira, diretor do Instituto Nacional de Estudos Pedagógicos (INEP), que mantinha um escritório regional em Porto Alegre. Em 1970, com a criação da Faculdade de Educação da UFRGS, o Colégio passou a ser vinculado a essa faculdade. Criado com caráter de escola experimental, seguiu as orientações funcionais e ativas da obra de Claparède para a elaboração do projeto pedagógico. As idéias de Piaget, sobre o desenvolvimento da inteligência da criança, estiveram presentes desde o início no Colégio de Aplicação, no conteúdo de cursos de didática e psicologia do desenvolvimento que eram oferecidos aos professores estagiários, como subsídios à prática pedagógica. A maioria desses cursos, que incluíam Piaget, era ministrada pela Profª Graciema Pacheco. Também lecionou as disciplinas de didática e psicologia da aprendizagem, na Faculdade de Filosofia, na Faculdade de Educação e no Curso de Pós-Graduação em Educação da Universidade Federal do Rio Grande do Sul. Conforme relatou, em 1992, durante todo esse tempo, sempre esteve atenta ao estudo das obras de Piaget e à sua divulgação entre os alunos:

> *Foram muitos os alunos e professores que ouviram falar de Piaget durante todos esses anos, tanto no Colégio de Aplicação quanto na Universidade. Hoje, nas duas instituições, Piaget é muito mais presente. Existem pesquisas na área de matemática e em outras áreas, onde só se fala em Piaget. Hoje eu vejo com muita simpatia os trabalhos que são feitos a partir de Piaget. Todos estão muito apaixonados pelos trabalhos que estão realizando. Em certo sentido, o estudo está até ficando dogmático.*

Os Núcleos Piagetianos no Brasil 191

Em 1968, a Profª Graciema Pacheco convidou sua ex-aluna de psicologia do desenvolvimento na Escola Normal do Instituto de Educação, Léa da Cruz Fagundes, a estagiar no Colégio de Aplicação e a voltar a estudar Piaget. Aluna do curso de pedagogia, Léa Fagundes aceitou a proposta e imediatamente tornou-se monitora da disciplina de didática. Em seguida, fundou o Laboratório do Colégio de Aplicação, com o objetivo de realizar pesquisas educacionais, principalmente em relação ao ensino de matemática. Léa Fagundes já conhecia algumas obras de Piaget, desde os tempos em que atuava no Laboratório de Matemática do Instituto de Educação, quando se inteirou das idéias do matemático Zoltan Dienes. No Laboratório do Colégio de Aplicação, Léa Fagundes iniciou pesquisas experimentais sustentadas em referenciais de matemáticos modernos, de piagetianos e também de behavioristas, visto que, no final dos anos sessenta e no início dos anos setenta, o behaviorismo e o tecnicismo pedagógico estavam no apogeu entre educadores e psicólogos brasileiros. Contrapondo os quadros teóricos piagetiano e behaviorista, ela assim descreveu e avaliou as pesquisas que passou a realizar:

Fazíamos uma turma de alunos e a dividíamos. Uma parte formava o grupo experimental, e a outra o grupo de controle. Uns faziam a instrução programada, como mandava o figurino behaviorista, outros trabalhavam com a nossa metodologia ativa e outros ainda com fichas individualizadas. Eram estudos sobre o ensino da matemática. Com isso, começamos a verificar que os resultados do nosso sistema ativo eram produtivos e começamos a nos entusiasmar. A idéia era introduzir nossa matemática moderna da quinta à oitava série. Mas o behaviorismo estava na moda e o microensino era o máximo. Ciência e educação tinham que se fazer em uma abordagem behaviorista, pois, sem essa abordagem, não se podia medir e observar. Então, usei toda a visão positivista durante dois ou três anos, até que me convenci de que não adiantava. Fiz até um projeto de pós-graduação com os blocos lógicos do Dienes, usando modelagem de comportamento. Realmente era uma abordagem equivocada, porque eu consegui muito

192

A Difusão das Idéias de Piaget no Brasil

mais com atividades e projetos baseados no conhecimento de Piaget. Quando digo que trabalho com Piaget, não é por ideologia, e sim por experiências com um conhecimento construído no fracasso de ter experimentado toda a tecnologia educacional e esta não ter resolvido nada, pois não aborda o processo de construção do conhecimento, da inteligência, e não coloca o aluno em atividade. Foram pesquisas dessa natureza que passamos a desenvolver, também, no Laboratório da Faculdade de Educação[1].

4.1.2. O Laboratório da Faculdade de Educação

Com a criação, em 1970, da Faculdade de Educação da Universidade Federal do Rio Grande do Sul, o Departamento de Ensino e Currículo da Faculdade de Educação interessou-se por montar um laboratório semelhante ao do Colégio de Aplicação, porém voltado para as áreas de conhecimento do departamento. Surgiu então o Laboratório de Metodologia e Currículo da Faculdade de Educação, no qual havia um setor dedicado à matemática e às ciências, que ficou também sob a coordenação de Léa Fagundes. Em 1973 Léa Fagundes passou a compor, em tempo integral, o quadro docente desse Departamento, e aos poucos foi introduzindo Piaget nas pesquisas que realizava no Laboratório e nas disciplinas que lecionava. Em seguida, convidou a Profª Dinorah da Silva para realizar estudos na área de currículos voltada para a língua portuguesa. As pesquisas desenvolvidas nas áreas de matemática, ciências e língua portuguesa referiam-se tanto às competências intelectuais necessárias à compreensão dos conteúdos, como também à lógica envolvida nos próprios conteúdos curriculares. Posteriormente, a Profª Terezinha Flores, recém-formada em filosofia, começou a lecionar na Faculdade de Educação conseguindo aglutinar em torno do laboratório professores de outras tendências teóricas para começarem a estudar Piaget.

---

[1] Apesar da resistência manifestada por alguns professores da época, o tecnicismo educacional revelou, também no Rio Grande do Sul, todo o seu vigor, demonstrado, também, em vários outros Estados do Brasil.

Os Núcleos Piagetianos no Brasil   *193*

O trabalho integrado do Laboratório de Metodologia e Currículo com outros núcleos de pesquisa de Porto Alegre ampliou os temas de estudos e o número de pesquisas piagetianas gaúchas. Em 1973, por exemplo, com a chegada de Antônio Battro, ao Brasil, iniciou-se um amplo trabalho de cooperação entre o Laboratório e o Grupo de Estudos Cognitivos de Porto Alegre (GRECPA) e foram realizadas pesquisas voltadas para questões de cognição e de percepção do espaço cotidiano. Outro exemplo foi o intercâmbio realizado com o GEEMPA[1], que marcou o início de um conjunto de trabalhos construtivistas sobre alfabetização, que se disseminaram nos anos oitenta e noventa. Em 1976, a chegada de Emília Ferreiro a Porto Alegre, a convite do Laboratório e do GEEMPA, foi um marco desse intercâmbio. A Profª Léa Fagundes contou essa ocorrência:

Em 1976, no Laboratório da Faculdade de Educação, eu criei um grupo para estudar Emília Ferreiro. Ela chegou aqui porque fui a Genebra e, quando estava falando com a Barbel Inhelder sobre minha dissertação de mestrado, ela disse que estava em Genebra uma psicóloga argentina e que eu deveria falar com ela. Eu fui procurar a Emília. Na época, ela estava fugindo da perseguição política. Ela e o marido, Rolando Garcia, eram de esquerda e estavam em Genebra, onde ela havia feito a tese de doutorado sobre alfabetização com dados colhidos na Argentina. (...)Ela começou a publicar em francês e, posteriormente, com sua ida ao México, passou a publicar em espanhol, na Siglo Ventiuno, uma editora considerada esquerdista e, por essa razão, suas obras não conseguiam entrada na Argentina nem no Brasil. Nós não podíamos importar os livros da Emília, então eu consegui um livro dela, que a Esther Grossi trouxe da França, e nós xerocamos. Começamos a estudá-la em grupo de estudos. Depois disso, a Emília veio ao Brasil a convite meu e da Esther, pelo Laboratório e pelo GEEMPA. Depois não parou mais de vir ao Brasil.

---

[1] Nessa época denominado Grupo de Estudos do Ensino da Matemática de Porto Alegre. Após 1980, o GEEMPA passou a denominar-se Grupo de Estudos sobre Educação, Metodologia de Pesquisa e Ação.

194   A Difusão das Idéias de Piaget no Brasil

Embora tenha continuado a trabalhar na Faculdade de Educação e no Laboratório de Metodologia e Currículo, a Profª Léa Fagundes passou, desde 1974, a cumprir parte de sua carga horária no Curso de Psicologia da UFRGS. Em 1977, desligou-se da Faculdade de Educação e, em 1980, fundou, no curso de Psicologia, o Laboratório de Estudos Cognitivos (LEC). Porém, mesmo com sua saída, o Laboratório de Metodologia e Currículos continuou desenvolvendo seus trabalhos.

4.2. As tendências de pesquisa na faculdade de educação

4.2.1. A pesquisa sobre o ensino da matemática

Com a saída da Profª Léa Fagundes do curso de Pedagogia, assumiu a disciplina de metodologia do ensino de primeiro grau sua monitora, Ana Cristina Souza Rangel. Sua contratação deu novo impulso às pesquisas piagetianas, voltadas ao ensino e à aprendizagem da matemática, no Laboratório de Metodologia e Currículos da Faculdade de Educação, tendência de pesquisa até então preenchida por Léa Fagundes. Formada professora primária em 1970, começou a estudar Piaget na Escola Normal e trabalhou mais de vinte anos no magistério de Porto Alegre, incorporando a epistemologia genética em sua prática pedagógica e em suas pesquisas sobre a matemática e a elaboração de currículos.

O trajeto de Ana Cristina Rangel rumo ao Laboratório da Faculdade de Educação e o seu entusiasmo com a matemática e Piaget começaram no Colégio Sèvigne, onde lecionava Irmã Leônidas. A Irmã Leônidas era professora de matemática e ia a Genebra e à França, no final de cada ano, buscar novas informações, que poderiam auxiliar no projeto pedagógico do colégio. Seus contatos em Genebra permitiam que ela interagisse com o grupo de Piaget e com Paulo Freire, quando Paulo Freire esteve exilado na Europa. Sendo a coordenadora da Escola Normal, a Irmã Leônidas tinha como principal preocupação inserir, na formação dos alunos, as idéias desses autores. Assim, Cristina Rangel começou a ler livros de

Os Núcleos Piagetianos no Brasil   195

Piaget e de Paulo Freire e já na Escola Normal, fez uma opção teórica por idéias construtivistas. Quando se formou, começou a lecionar no Colégio Sèvigne junto com Irmã Leônidas. Em 1972, entrou
para o Instituto de Matemática e, na época de universidade, partici-
pava dos cursos ministrados por Zoltan Dienes, no GEEMPA. Esses
cursos contribuíram para a definição da linha de pesquisa que adotaria no futuro em seu trabalho no laboratório. Cristina Rangel ao
lembrar-se dessa passagem disse:

*Dienes falava de Piaget, mas o mais importante foi que,
para nós, ficou clara em seus cursos a questão do ensino
ativo. Porém, a questão de como a criança aprende não
estava respondida em Dienes. Em Piaget estudávamos os
estágios de desenvolvimento e algumas alusões à
pedagogia, do livro* Para Onde Vai a Educação?. *Em Dienes
fazíamos reflexões a respeito do ensino da matemática e
como organizar o currículo de educação matemática nas
séries iniciais e posteriores. Os trabalhos do Dienes
envolviam jogos lógicos e eu fazia a transposição para a
organização dos currículos de quarta e quinta séries. Essas
transposições reformulavam o ensino, não ainda com base
nos estudos psicogenéticos, mas em função de apelar para
a atividade do sujeito, para o uso do material concreto
dando significado para os conceitos que eram desejados.
Faltava porém o estudo psicogenético.*

Fascinada com os estudos e as críticas pedagógicas que se faziam nas disciplinas de licenciatura do curso de Matemática,
Cristina Rangel ingressou no curso de Pedagogia da UFRGS, onde
na disciplina de história da educação, ministrada por Fernando
Becker, começou a se aprofundar em Piaget (embora, nessa época,
Piaget ainda não constasse no conteúdo dessa disciplina). Em seguida tornou-se monitora e depois professora da disciplina de
Metodologia e Ensino do Primeiro Grau na Faculdade de Educação
e, participando de grupo de estudos, se propôs a fazer pesquisas sobre a gênese das estruturas lógicas elementares e o ensino de lógica
operatória. Na verdade, foram três anos estudando Piaget, a obra de

196   *A Difusão das Idéias de Piaget no Brasil*

Hans Furth, sobre a organização de currículo, os trabalhos de Orly Mantovani de Assis, pensando o currículo da pré-escola, e os trabalhos da Emília Ferreiro. Procurando checar esses estudos, ia às escolas de periferia, selecionava as crianças que tinham cinco anos de repetência em primeira série e aplicava as provas de Emília Ferreiro e Piaget, para verifivar se havia defasagem nas hipóteses da leitura e da escrita, se havia defasagem em relação às estruturas lógicas. Constatou que havia crianças que não conservavam a quantidade, não classificavam os objetos por vários atributos, não seriavam coleções de tamanhos diferenciados e não tinham ainda hipóteses présilábicas a respeito da leitura e da escrita. Depois de trabalhar alguns anos anos nesse projeto, percebeu que havia uma inadequação total entre o que o professor fazia e as necessidades reais do desenvolvimento da criança. Durante os anos de 1983 e 1984, ensaiou modificações no currículo de primeira série, até que decidiu fazer sua pesquisa de dissertação de mestrado "A educação matemática e a construção do número pela criança: uma experiência na primeira série em diferentes contextos socioeconômicos". Com essa pesquisa concluiu que as formas com que as crianças representam os números são completamente diferentes das apresentadas nos manuais e nos livros didáticos.

Na verdade, essa linha de pesquisa foi sendo implantada gradativamente no Laboratório de Metodologia e Currículos da Faculdade de Educação. Essas pesquisas procuram estudar, em diferentes contextos econômicos, os mecanismos da atividade matemática espontânea da criança em situações vivenciadas em sala de aula e têm por finalidade promover alterações nos conteúdos curriculares que não se adequam ao pensamento da criança. Esse tornou-se o principal propósito do laboratório, conforme relatou Cristina Rangel:

> *São pesquisas comprometidas com a visão epistemológica de Piaget, procurando compreender quais as hipóteses de conhecimento que essas crianças têm em relação aos fatos matemáticos encaminhados por nós. Em outras palavras, procuramos desvendar como é que as crianças interagem com a linguagem dos signos operatórios. O trabalho é*

Os Núcleos Piagetianos no Brasil

realizado partindo sempre da atividade espontânea, mas não entendendo atividade espontânea como fazer qualquer coisa, mas como aquela que, diante de uma proposta de trabalho, libera o sujeito para confrontar o que ele pensa com o que os outros pensam, para explicar o seu ponto de vista para o outro, visando trabalhar bem a questão da autonomia intelectual. Essa dinâmica solicita a ação reflexiva das crianças e provoca a necessidade de trocas interindividuais, ou seja, o exercício das relações de reciprocidade. Esta transformação implica a superação de atitudes individualistas. Implica encontrar no outro traços que asseguram a cooperação necessária ao crescimento pessoal e social. Nessa perspectiva, procuramos descobrir como é que as crianças estão pensando as nossas propostas, que relações elas são capazes de fazer, que erros elas cometem e porque esses erros são cometidos. Começamos a compreender os mecanismos do pensamento da criança. Por outro lado, conhecendo o desenvolvimento desse pensamento lógico, temos presentes, como pesquisador e educador, as necessidades de desenvolvimento que essas crianças têm, o que elas precisam fazer da sua atividade própria, de novas relações, de desequilíbrios que são necessários para que essas crianças se debrucem sobre suas atividades, buscando novas construções.

Pesquisas dessa natureza inserem-se nas tendências transculturais, majoritárias nos anos oitenta entre os piagetianos brasileiros. Além disso, muitas dessas pesquisas, como as de Cristina Rangel, chegaram à conclusão de que as crianças de classes sociais subalternas apresentam diferenças cognitivas em relação às de outras classes. Pontos de vista semelhantes, sobre essa questão, podem ser encontrados nos trabalhos realizados, por exemplo, em São Paulo, por Adrian Montoya e Ramozzi-Chiarottino sobre o desenvolvimento cognitivo da criança marginalizada[1].

---

[1] Ver a tese de Montoya (1983), "De que modo o meio social influi no desenvolvimento cognitivo da criança marginalizada? Busca de uma explicação através da concepção epistemológica de Jean Piaget". Este trabalho foi orientado por Zélia R. Chiarottino.

198 *A Difusão das Idéias de Piaget no Brasil*

4.2.2. A postura política: interdisciplinaridade, Piaget e Paulo Freire

Para os professores piagetianos que passaram a atuar na Faculdade de Educação da Universidade Federal de Porto Alegre, a partir do início dos anos setenta, implícitas à difusão das idéias de Piaget estavam as questões políticas que envolviam o quadro nacional da época e a busca de alternativas ao tecnicismo educacional, de cunho behaviorista, que invadiu o meio educacional brasileiro. A insatisfação com essa situação fez com que esses professores buscassem novos conhecimentos alternativos e procurassem "espaço" para continuar pesquisando problemas relacionados à temática social. Piaget e Paulo Freire foram os autores adotados, com a perspectiva de elaborar uma proposta de construção de uma educação libertadora e a interdisciplinaridade foi assumida como a estratégia metodológica necessária à tendência de pesquisa comprometida com a realidade social de uma população marginalizada e de baixo rendimento econômico.

Entre os fatores que contribuíram para que os professores da Faculdade de Educação assumissem essa postura, devem ser considerados o período de ditadura pós-1964 e os acontecimentos que envolveram a filosofia. Com o golpe de 1964, a filosofia, enquanto disciplina, foi retirada dos currículos e os professores foram transformados em professores de educação moral e cívica. Essa foi uma das primeiras providências dos militares para abafar possíveis áreas de conflitos e implantar o ensino tecnicista. Muitos dos professores, descontentes com essa orientação, saíram das escolas do Estado e procuraram outras escolas. Para Terezinha Vargas Flores, professora de psicologia do desenvolvimento, que trabalhava na Faculdade de Educação desde 1973, esse aspecto refletiu um pouco o caminho de toda uma geração de profissionais que tinham preocupações políticas e que hoje trabalham com a teoria de Piaget. Em seu caso, em 1967, começou a trabalhar em uma escola que na época podia se chamar de alternativa, por ser uma escola cuja direção era exercida por um grupo que trabalhava interdisciplinarmente. Era o Instituto

Os Núcleos Piagetianos no Brasil

Educacional João XXIII e tinha como uma das diretoras a Profª Lilia Rodrigues Alves. Essa escola imprimiu uma linha piagetiana e um trabalho interdisciplinar. Conforme contou Terezinha Flores:

> *Foi nessa escola que me "alfabetizei" em Piaget e isso foi uma saída para as conseqüências do golpe de 1964, porque muitos professores, até sem saber por que, iam trabalhar lá. Foi aí que pensei que poderia fazer algo pela educação, não através da filosofia, pois nessa não havia mais espaço, mas através de Piaget. Piaget não era visto com bons olhos pelos golpistas, mas não era abertamente proibido, era veladamente proibido. Piaget veio, então, para alguns, preencher uma visão filosófica de educação. Comecei, então, a incluir no meu trabalho a epistemologia genética. Ocorre que a obra de Piaget, em muitos pontos, está relacionada com a de Paulo Freire, e isso não era bem visto pelos senhores do golpe. Para nós, do João XXIII, a leitura de Paulo Freire embutia Piaget. Nós participávamos de um grupo de pesquisas educacionais já com "óculos" piagetianos. A Profª Ana Zardin fazia bem essa leitura. Ela estava no grupo e era próxima do Paulo Freire. Trabalhava com Piaget e com o Método Paulo Freire. Esse momento do trabalho foi muito importante para uma visão mais politizada da educação. Muitos professores assumiram essa linha. Aí, a situação política começou a apertar e ficou difícil propor algo em educação que significasse uma auto-realização e a possibilidade de conscientização da população.*

Quando Terezinha Flores entrou para trabalhar na Faculdade de Educação, lecionando psicologia do desenvolvimento, encontrou Léa Fagundes sozinha, trabalhando com Piaget, ilhada no meio de behavioristas. Em função desse quadro político e pedagógico, os interesses tomaram outros rumos. Esse período coincidiu com a vinda do médico argentino Antonio Battro a Porto Alegre. Terezinha Flores e Léa Fagundes começaram, então, a fazer pesquisas na área da cognição, com conotações de "pesquisa pura", participando do grupo de pesquisa de Antonio Battro, que não estava interessado em educação e política, mas apenas na epistemologia genética. Fundou-se o Grupo de Estudos Cognitivos de Porto Alegre (GRECPA), do qual Terezinha Flores e Léa Fagundes foram co-fundadoras. Com esse grupo aprofundaram-se nos estudos da teoria piagetiana. Foram feitas pesquisas de psicofísica, destacando as escalas urbanas, fora do laboratório. Eram pesquisas sobre a psicogênese da responsabilidade ecológica na criança, pesquisas criativas, visto que, em Genebra, não havia nenhum trabalho nesse sentido. No final da década de setenta, a situação política do país começou a mudar e, conseqüentemente, retomaram-se os trabalhos mais voltados para a realidade social do país. Influenciada pelos trabalhos interdisciplinares e transculturais, Terezinha Flores começou a realizar pesquisas em favelas.

> *Subi à vila durante dois anos, de forma interdisciplinar, tomando como referência a concepção de Piaget e da Escola de Genebra. Trabalhei em um centro de saúde com médicos, assistentes sociais, higienistas, agrônomos, etc. A geração que aqui no Sul teve seus ideais cortados pelo meio, por ocasião do golpe, retomava com fôlego o seu trabalho de intervenção. Quer dizer, não é questão de modismo a intervenção dos piagetianos na vila ou favelas. Antes não tínhamos espaço, não tínhamos como fazer isso e, se fizéssemos, iríamos presos. Com o surgimento do movimento das diretas-já, houve novamente um espaço, o que fez com que os piagetianos entrassem novamente em vilas. Acredito que isso não foi só aqui, foi em todo o Brasil. Na década de oitenta, os pesquisadores piagetianos foram para as favelas. Eu acho que nós estamos tratando agora daquela geração que pôde arregaçar as mangas e fazer uma coisa que ficou, por muito tempo, no desejo, recalcado. Pelo menos é assim na minha história. A brecha abriu e fui para a vila trabalhar via estudos transculturais, porque poderia assim trabalhar cientificamente com diversos grupos culturais. Fiz o doutoramento, trabalhando com crianças de vila, sobre as "relações entre graus nutricionais de crianças da periferia e níveis cognitivos*

Os Núcleos Piagetianos no Brasil 201

alcançados em provas piagetianas sobre a contradição"[1] e provei que a desnutrição moderada não altera significativamente a cognição, quer dizer, criança de vila aprende, mesmo estando mal nutrida, a não ser que esteja com desnutrição gravíssima. As crianças do meu estudo eram crianças que desempenhavam bem as provas piagetianas e que nunca tinham pisado em escola. Era um trabalho político, porque eu mostrava que a criança da vila aprendia, era capaz. É uma argumentação contrária à argumentação dominante. Eu acho que isso é altamente político, é revolucionário, porque resgata o valor da criança pobre, da criança que se alimenta mal e está na rua.

Essa tendência de incorporar à pesquisa temas interculturais passou a predominar, a partir dos anos oitenta, entre piagetianos de Porto Alegre, e também de outras cidades brasileiras. É importante destacar que, entre os motivos que levaram a essa tendência de estudo, estão a fuga ao behaviorismo, bem como a diminuição do receio de desenvolver pesquisas "mais politizadas", durante o regime militar. A combinação desses dois fatores, o behaviorismo e a ditadura, durante os anos setenta, foi a maior responsável pelo "desaparecimento" de Piaget em alguns lugares que usavam a teoria piagetiana na área educacional. Isso aconteceu na maioria dos núcleos estudados nesta pesquisa[2]. Não é por acaso que foi exatamente nessa época que surgiram, no Brasil, grupos de pesquisa interessados em desenvolver apenas "pesquisas puras" sobre a epistemologia genética. Sem desmerecer o mérito dessas pesquisas, esse fato, numa análise mais detalhada, possivelmente, revele relações que vão muito além de uma simples coincidência.

A partir dos anos oitenta, as pesquisas piagetianas realizadas no mestrado em Educação são, em sua maioria, dirigidas para a realidade brasileira e conservam uma leitura "mais ortodoxa" da teoria

---

[1] Tese orientada por Lino de Macedo e apresentada no Instituto de Psicologia da USP, em 1984.

[2] Ver tópico sobre o núcleo de Minas Gerais.

202 *A Difusão das Idéias de Piaget no Brasil*

de Piaget, procurando explorar "temas" teóricos pouco estudados no Brasil. A Profª Terezinha Flores, por exemplo, seguiu pesquisando a interdisciplinaridade, por acreditar que o pesquisador piagetiano, que compreende as construções do conhecimento da Escola de Genebra e delas faz uso adequado, confronta-se necessariamente com as diferente áreas de conhecimento. Desde 1973, quando desenvolveu os trabalhos do GRECPA sob a orientação de Antonio Battro, foi atuando progressivamente com essa perspectiva. Em sua tese de doutorado procedeu nessa mesma direção e posteriormente realizou um estágio junto à equipe interdisciplinar de Sociologia da Educação da Université René Descartes, Paris V, sob a coordenação do professor Eric Plaisance[1], tendo feito seminários com Pierre Bourdieu e Jacques Derrida, procurando detectar o caráter interdisciplinar de seus trabalhos. Em seu artigo "Reconstrução Convergente com Avanços: a Interdisciplinaridade" (Flores, 1991, p. 14), ao conceituar interdisciplinaridade, observa que é "preciso colaborar, isto é, trabalhar junto, porém, como demonstra Piaget, sem confundir aportes teóricos, distinguindo-lhes bem a fronteira e delimitando os objetos, determinando as intersecções e os mecanismos comuns". Conclui também que é preciso confrontar, num verdadeiro espírito de solidariedade científica, os diferentes pontos de vistas das diversas áreas de conhecimento, colocando-se questões críticas e procurando as interfaces. Portanto, é preciso jogar com todas as possibilidades e divergências, procurando as superações das contradições. Obviamente essas conclusões têm influenciado a produção piagetiana oriunda do Mestrado em Educação da UFRGS, principalmente de seus orientandos.

Outro professor que trabalha no Programa de Pós-Graduação em Educação e que tem contribuído para a difusão da teoria de Piaget é Fernando Becker. Juntamente com Terezinha Flores e Ana Cristina Rangel, tem ministrado cursos e conferências em dezenas de cidades do país. Tem também orientado dissertações e teses que

---

[1] Eric Plaisance realiza estudos de interdisciplinaridade ligada a currículo, desde a escola maternal, pré-escola, escola pública fundamental, liceu e universidade.

Os Núcleos Piagetianos no Brasil

envolvem questões de educação relacionadas a Piaget. Com um trajeto semelhante ao de Terezinha Flores, começou a lecionar na Faculdade de Educação, em 1973, vindo de uma formação filosófica. Incomodado com o vazio teórico imposto pela ditadura militar e pelo tecnicismo pedagógico dos anos setenta, encontrou em Piaget e em Paulo Freire uma alternativa convincente. Sistematizou essas idéias e elaborou a tese "Da ação à operação: o caminho da aprendizagem: Jean Piaget e Paulo Freire", concluída em 1983 e apresentada no Instituto de Psicologia da USP. O professor Becker relatou suas preocupações teóricas e políticas, envolvidas com sua área de conhecimento acadêmico, que o conduziram em tal direção:

> *Comecei aqui na Faculdade de Educação lecionando história da educação. Em 1977, acabei lecionando psicologia da aprendizagem. Ao lecionar essa disciplina, comecei a estudar os autores da moda que polarizavam as discussões em termos teóricos da aprendizagem. Por um lado Skinner, que era um autor de status e, por outro lado, Rogers, que era tido como o opositor do Skinner. Então, ao entrar nessas estruturas pretensamente teóricas, eu comecei a me dar conta do vazio enorme que essas teorias representavam. Sem dúvida nenhuma, a chamada abertura política e o descrédito progressivo na teoria behaviorista, como fundamentadora do ato pedagógico, foram fatos decisivos para que procurássemos mudanças na área educacional.*

Essas mudanças se deram em duas vertentes. Por um lado, surgiu a crítica à ideologia, reproduzida nas escolas, feita pelos críticos reprodutivistas franceses e, por outro, a presença crítica de Piaget, propagada através de poucas. Essa presença se fez, em Porto Alegre, através de Léa Fagundes, Terezinha Flores e pelo GEEMPA, coordenado por Esther Grossi. Fernando Becker, por conhecer as críticas e as pesquisas piagetianas de Léa Fagundes, acabou decidindo fazer, em 1979, o doutoramento em psicologia escolar, propondo um estudo aprofundado da teoria de Piaget, vislumbrando a possibilidade de superação teórica do quadro que a educação vivia.

204 A Difusão das Idéias de Piaget no Brasil

Após ler Biologia e Conhecimento, O Nascimento da Inteligência na Criança, A Formação do Símbolo na Criança *e a* Construção do Real na Criança, *já deu para perceber o grande alcance da teoria e isso produziu efetivamente uma fascinação progressiva pela obra de Piaget. Mas, por outro lado, eu já conhecia Paulo Freire, teoricamente, e sabia da sua pertinência teórica no que se refere à educação no Terceiro Mundo, e que não se podia simplesmente passar ao largo numa proposta dessa. Eu representava Piaget, como autor, resolvendo problemas teóricos, distanciado da prática educacional no Terceiro Mundo. Eu tinha que ter uma instância que trouxesse Piaget para perto dos problemas próprios do Terceiro Mundo, e essa ponte eu imaginei como podendo ser feita pelo pensamento de Paulo Freire. E realmente não me enganei, foi uma forma muito fecunda, muito produtiva de poder pensar nos problemas educacionais típicos do Brasil, com uma enorme faixa da população analfabeta. Porém, não se tratava apenas da aproximação de Piaget aos problemas do Terceiro Mundo, mas de uma aproximação mais fecunda. Uma das pontes entre as duas teorias está no conceito de ação. Eu diria que é o conceito fundamental pelo qual se podem aproximar os dois, tão fundamental quanto ele é na teoria de Piaget, ou seja, o homem se produz na medida do que faz, ele produz a sua consciência pela sua prática, pelo seu fazer. A prática e a teoria estão dinamicamente inter-relacionadas, na medida em que o sujeito exerce uma prática histórica localizada na sua cultura, na sua subcultura e aprende essa prática teoricamente. Assim ele avança em termos de pensamento. O que representa a ação, na dinâmica do pensamento de Piaget, representa a ação cultural para a liberdade, na obra de Paulo Freire. Isso é fundamental no Paulo Freire, ou seja, a produção da consciência é obra dos próprios sujeitos. Isso coincide com a função que a ação tem na epistemologia de Piaget. Mas o meu interesse maior na aproximação dos dois foi em relação ao conceito de ação que se organiza a partir da tomada de consciência. O conceito de tomada de consciência de Piaget pode ser aproximado do conceito de conscien-*

tização de Paulo Freire. Então, o que é que esses conceitos têm de comum? Para Piaget, a tomada de consciência é a aproximação dos mecanismos da própria ação, o sujeito age para resolver os problemas concretos e, feita a ação, ele pode ou não se voltar sobre si mesmo e apropriar-se das características dessa ação. Se ele fizer isso, será de acordo com os desafios sociais que o atingem. Se ele o fizer, ele produz a estrutura do seu conhecer, faz avançar a estrutura do seu conhecer. Ora, o conceito de conscientização de Paulo Freire implica esse conceito de tomada de consciência do Piaget, mas vai mais longe, não no sentido da estrutura teórica, mas no sentido do compromisso histórico com a mudança da sociedade, das relações sociais injustas em que vivem as pessoas. Para Paulo Freire, o apropriar-se da ação situado historicamente dentro de um quadro de injustiça, de opressão, não é o suficiente. Deve-se ir mais adiante e assumir um compromisso histórico, teórico e prático, portanto, com a transformação da sociedade, dessa relação injusta que se reproduz na sociedade. Isto é que é o conceito de conscientização e implica o conceito de tomada de consciência de Piaget. Essa é uma ponte fecunda para pensar os dois autores. São essas idéias que até hoje alimentam o meu trabalho teórico junto à Faculdade de Educação.

Com preocupações dessa ordem, Fernando Becker estimulou, no Mestrado em Educação da UFRGS, o debate em busca de uma leitura sociológica de Piaget e promoveu uma aquecida troca de idéias com Bárbara Freitag sobre os conceitos piagetianos envolvidos no livro *Sociedade e Consciência: um Estudo Piagetiano na Favela e na Escola* (Freitag, 1984)[1]. A leitura social que Fernando Becker faz da teoria piagetiana tem implicações epistemológicas e políticas evidentes, quando pensamos nas crianças de classes populares. A esse respeito, diz:

---

[1] A respeito desse debate, ver Becker (1987), Freitag (1987) e Becker (1988).

A criança não constrói seu pensamento na medida das suas possibilidades, aliás, seria uma afirmação idealista dizer isso, ela constrói o seu pensamento na medida da interação possível. Essa é a chave da interpretação piagetiana, isto é, ela caminha espontaneamente na direção da constituição, da construção das estruturas do seu pensar, só que ela não pode trabalhar sozinha, ela depende totalmente da contraface que a sociedade oferece. E como a sociedade age com as crianças? Ela age patrocinando ou sonegando. Então, comparemos duas crianças, uma de periferia e uma da classe média alta dos centros urbanos brasileiros. Uma criança de classe média alta tem acesso à escola de razoável qualidade, tem um ambiente em casa que tem revistas, que tem livros, que tem papel, caneta, videocassete, aparelho de rádio, de televisão, ou seja, tem um mundo, um universo simbólico ao seu dispor e tem um adulto que fala com ela, os pais, os irmãos, os parentes que acessam a ela a elaboração simbólica já constituída. Você vai para a periferia, você vai para a favela, o que encontra? Uma criança que não tem acesso ao livro, à revista, ao cinema, ao teatro, que tem acesso precário à televisão, ao rádio, que tem adultos que não falam com ela, que tem adultos que a oprimem, que a reprimem, que a violentam de tudo quanto é forma imaginável. Então, acontece tudo ao contrário, em função da estrutura de classe da sociedade. Ora, a análise piagetiana pode esclarecer essa leitura. É na exata medida das oportunidades que a sociedade patrocina à criança (ou na medida em que a sociedade sonega estas oportunidades) que a criança tem a possibilidade de construir o seu pensamento. Para Piaget, esse pensamento se dá na exata medida da interação possível para a criança de periferia. Eu não nutro nenhuma ilusão de que essa criança perde recursos extraordinários de elaboração de seu pensamento. Ela não é apenas diferente de outra criança. Ela está inferior, ela está numa condição de déficit cognitivo. Isso é inquestionável. A criança afastada dos meios de informação humana perde recursos. Então, o que acontece com essa criança, quando ela tem oportunidade de ingressar na escola? Ela não consegue

Os Núcleos Piagetianos no Brasil 207

entender nem a linguagem mínima que o professor utiliza. Ela é afastada. Dizer que essa criança apenas é diferente das outras de classes mais abastadas, eu acho uma espécie de cinismo social, um cinismo muito grande. Ela não é só diferente, ela é prejudicada pela sociedade, é prejudicada na sua oportunidade. Não que ela não possa construir, é só lhe dar a oportunidade para ver como ela reage, como ela avança. Pesquisas nossas, realizadas no mestrado, mostram, com toda clareza, que é só desenvolver as oportunidades, que essas crianças disparam no conhecimento. Mostram como a criança responde rapidamente quando se lhe dá oportunidade, ou seja, ela não sofre de um prejuízo, digamos assim, neurológico, mas, se ela não consegue estruturar o seu pensamento, é em função das condições objetivas da sociedade. A sociedade joga nela as condições objetivas que a proíbem, que obstruem o processo do desenvolvimento do conhecimento. A teoria de Piaget pode mostrar muito bem como é que se dão essas relações.

Com essas preocupações, Fernando Becker começou a participar como articulista da revista *Educação e Realidade,* publicação semestral da Faculdade de Educação da UFRGS e que é distribuída, pela Editora Vozes, em livrarias de dez Estados brasileiros. Em 1992 e 1993, assumiu a presidência do Conselho Editorial dessa revista e foi responsável pela organização de dois exemplares sobre a "Construção do Conhecimento" (*Educação e Realidade,* jan. 93/jan. 94).

A partir de 1991, a "consciência epistemológica subjacente à ação do professor" passou a ser considerada, no Mestrado em Educação da UFRGS, uma necessidade política e consolidou-se como uma das pesquisas dessa instituição. No trabalho *A Epistemologia do Professor: o Cotidiano na Escola,* Fernando Becker (1993), visando pesquisar como o professor se situa em sua ação pedagógica, concluiu que a grande maioria dos professores pesquisados em Porto Alegre desconhece a epistemologia de sua própria ação e é maciçamente empirista. O construtivismo aparece como elaboração de poucos. Segue perguntando: como um professor pode ser politicamente crítico, sendo epistemologicamente ingênuo?

4.3. O GEEMPA

Em 1970, um grupo de professores, vinculados ao Instituto de Educação, ao Colégio de Aplicação e ao Instituto de Matemática da Universidade Federal do Rio Grande do Sul, iniciou uma série de encontros, com o propósito de estudar questões relacionadas ao ensino da matemática moderna. Faziam parte desse grupo os professores: Antônio Ribeiro Jr., Esther Pillar Grossi, Maria Celeste Koch, Ana Maria Zardim, Léa da Cruz Fagundes, Maria de Lourdes Azambuja, Nubem Cabral Medeiros, Sarah Yankilevitch, Valda Antunes, Liba Junta Kijnick, Terezinha Langoni, Rosária Simões, Carmem Silva Leibert, Mari Friedman e Arlette Mabilde. Desses encontros surgiu o GEEMPA, uma instituição independente, inicialmente denominada Grupo de Estudos do Ensino da Matemática de Porto Alegre. Nos anos oitenta, esse grupo assume uma atuação mais ampla, ao denominar-se Grupo de Estudos sobre Educação, Metodologia de Pesquisa e Ação, passando a estudar o processo de alfabetização e a propor o construtivismo como forma de intervenção necessária ao processo educativo. Desde a sua fundação, o GEEMPA incorporou a teoria de Piaget em seus trabalhos, procurando inicialmente desvendar os benefícios que essa teoria poderia trazer para o ensino da matemática e, posteriormente, para o processo de alfabetização. A Profª Léa Fagundes revelou que essa tendência para incorporar Piaget vinha sendo experimentada há vários anos, mesmo antes da formação do Grupo, mas foi no GEEMPA que se consolidou como uma postura teórica.

Já nos anos sessenta, no Laboratório de Matemática do Instituto de Educação, começamos a realizar experiências com a matemática moderna, com os trabalhos de Bourbaki e usando o material das barrinhas de madeira de Cuisimier. A professora de didática da matemática, Odila de Barros Xavier, alguns anos antes, havia comprado a coleção dos livros de Piaget e começamos a estudá-los no Instituto. Assim começaram as primeiras experiências de melhorar o ensino da matemática utilizando-se, além dos matemáticos modernos, também Piaget como referência. Em

1959, eu ganhei de presente o livro Psicologia da Inteligência, *em português, pois eu me preocupava muito com a inteligência dos alunos. Comecei a ler e não entendi nada, pois não tinha formação universitária e o texto era complexo, além de mal traduzido. Como eu tinha dificuldade em entender a teoria de Piaget, resolvi criar um grupo de estudos entre colegas interessados dentro do laboratório. Para isso convidamos Sarah Yankilevitch, que era psicóloga clínica. Nós achávamos que era necessário uma psicóloga no grupo para se entender Piaget e, na verdade, quem auxiliou mais na leitura foi o pessoal da matemática. Sentávamos nós, professores primários preocupados com o ensino da matemática e com a alfabetização. Terminando o curso de técnico em supervisão, fui ser supervisora no Estado, mas também fui convidada a trabalhar como professora no Instituto de Educação. Nesse momento, havia também, no Instituto, uma professora de matemática, recém-formada pela PUC de Porto Alegre, a Esther Pillar Grossi, que tinha um amigo, piloto da Varig, que poderia trazer o material de estudo da Europa para nós. A Esther pediu os livros de matemática moderna que estavam sendo editados em Paris. A partir deles passamos a estudar Zoltan Paul Dienes, e, com esses livros, o conteúdo de Piaget foi se tornando mais claro para nós, pois ele propunha atividades do ensino da matemática baseadas na psicologia de Piaget.*

Dienes tinha trabalhos realizados na Inglaterra, na Austrália, no Canadá e foi convidado pelo GEEM, Grupo de Estudos da Matemática de São Paulo, que era presidido pelo Prof. Oswaldo Sangiorge, para ministrar um curso na capital paulista. Alguns professores do grupo de estudos, liderado por Esther Grossi e Léa Fagundes, foram a São Paulo e contataram Zoltan Dienes para ir a Porto Alegre. Na primeira vez que foi a Porto Alegre, os organizadores do evento conseguiram reunir novecentos professores em um estádio de esportes. Logo em seguida, foi fundado o GEEMPA, o GEEM de Porto Alegre. A partir daí, Dienes foi a Porto Alegre durante dez anos consecutivos, uma vez por ano. Com isso, o GEEMPA começou a liderar o movi-

210 A Difusão das Idéias de Piaget no Brasil

mento de grupos de estudos da matemática moderna e conseguiu implantar experiências em dezenas de escolas da capital gaúcha. Uma das escolas, onde o trabalho foi melhor realizado, foi a Escola Comunitária João XXIII, que teve o apoio da Profª Zilah Totta, piagetiana fundadora e diretora dessa escola. Lá, o grupo de orientação educacional e de supervisão pedagógica optou por uma orientação piagetiana. Outra escola, que também começou com as experiências de matemática moderna, foi o Colégio Israelita Brasileiro. Também foram desenvolvidos trabalhos em escolas públicas do Estado. O Instituto de Educação chegou a ter de três a quatro turmas de cinqüenta professores, onde era ensinado Piaget e matemática moderna. Em 1974, a Profª Léa Fagundes propôs ao GEEMPA para que desenvolvessem pesquisas. Era o início de uma nova fase.

As pesquisas iniciaram-se com temas variados. Por um lado, realizavam-se estudos baseados no método experimental, com o propósito de comprovar ou não a eficiência da matemática moderna no processo de aprendizagem. Por outro, procurava-se constatar, através do método clínico, como o aluno constrói a matemática e quais as relações que se estabelecem entre construções matemáticas e processos operatórios. Verificava-se, também, como os professores intervêm para o desenvolvimento desses processos.

As professoras Esther Pillar Grossi, Odila de Barros Xavier, Maria Celeste Machado Koch e Léa Fagundes dedicaram-se com afinco a essas pesquisas. Em uma delas, sobre a "integração de conteúdos afins e currículo por área", propunham um trabalho interdisciplinar, com professores de química, biologia, prática de ensino, matemática, onde se questionava a possibilidade de se trabalhar a matemática integrada com as "ciências", sob a hipótese de que o suporte para essa integração seriam as estruturas cognitivas.

A tendência de pesquisa assumida pelo GEEMPA propiciou condições para a obtenção de financiamentos junto ao INEP, a participação em programas nacionais de ensino e a integração com outros grupos de pesquisa, como os Grupos de Estudos Cognitivos (GRECs) que se instalaram em Porto Alegre, Curitiba e várias cidades do Estado de São Paulo.

Os Núcleos Piagetianos no Brasil 211

A participação da Prof ª Esther Grossi foi fundamental para a consolidação do GEEMPA. Presidente durante onze anos intermitentes, contribuiu para que a instituição ampliasse as áreas de atuação e intercâmbios internacionais. Orientanda de Pierre Grecco, concluiu seu mestrado em matemática na França, em 1970, e lá aperfeiçoou seus estudos em psicologia cognitiva e psicologia genética. Mesmo retornando ao Brasil e assumindo uma série de encargos institucionais, manteve freqüentes viagens de aperfeiçoamento ao exterior. No final da década de setenta, fez estágios no Centro Internacional de Epistemologia Genética, em Genebra, e manteve contato com Barbel Inhelder, Vinh Bang, Cristhiane Gillèron, Magaly Bovet, Emília Ferreiro e outras pessoas próximas a Piaget. Em 1985, tornou-se doutora em psicologia cognitiva pela École des Études en Sciences Sociales, da República Francesa, sob a orientação de Gérard Vergnaud. Esses contatos tornaram-se importantes fontes de intercâmbio para o GEEMPA e contribuíram para que, durante os anos oitenta, estivessem em Porto Alegre, ministrando cursos, Sara Paín, Emília Ferreiro, Tomas Varga, Maurice Glaymann, Graciela Ricco, Alícia Fernandes, Cloud Gaudin e Gérard Vergnaud.

A partir dos encontros com Emília Ferreiro, o GEEMPA assumiu maior preocupação com os aspectos relacionados à alfabetização, mais especificamente em relação à psicogênese da leitura e da escrita. Desde 1976, membros do GEEMPA participavam de um grupo de estudos sobre a obra de Emília Ferreiro, no Laboratório de Metodologia e Currículo da Faculdade de Educação da Universidade Federal do Rio Grande do Sul. Foi nessa época, a convite de Léa Fagundes e Esther Grossi, que Emília Ferreiro esteve pela primeira vez em Porto Alegre para ministrar um curso sobre psicogênese e alfabetização. A Prof ª Maria Celeste Machado Kock, uma das fundadoras do GEEMPA e membro do grupo de estudos, participou desse curso e relatou a importância desses fatos para os trabalhos futuros do GEEMPA:

O que chamou muito a atenção, e que era uma discussão
daquela época, foi a questão do cotidiano. A partir do

trabalho da Emília, uma das explicações para o insucesso escolar das crianças do Terceiro Mundo passou a ser a falta de experiência, de contato dessas crianças com a leitura e a escrita em seu cotidiano. De uma certa forma, isso faz com que elas permaneçam em um nível bem primitivo de conceitualização e organização da língua falada. Para a Emília existe uma gênese de construção e provavelmente o insucesso dessas crianças está na falta de experiências, o que faz com que se pense menos sobre a relação da língua falada e a escrita. Não adianta a criança ter um instrumento para pensar, se ela não se depara com situações que a façam pensar. As experiências que eu tinha, por exemplo, me levaram a pensar que, na matemática, acontecia o mesmo. Havia uma gênese da construção da matemática que tinha a ver, certamente, com o que o Piaget dizia, porque ele especificou a estrutura lógica subjacente ao conhecimento matemático, mas não considerou a variável do cotidiano. Então começamos a investigar mais sobre as construções do número, com crianças de periferia, observando o que elas faziam. Utilizamos as provas de conservação, da inclusão de classes, da classificação e seriação, preocupando-nos com as relações entre a elaboração da construção das estruturas e com as experiências do cotidiano. Tem um aspecto político, envolvido nessa questão do cotidiano, que contribuiu para que o GEEMPA se envolvesse com a alfabetização. Observamos que as crianças de periferia, da classe popular, aprendiam bem matemática, e não aprendiam bem alfabetização. Tínhamos certeza de que as crianças eram inteligentes e que provavelmente éramos nós que estávamos trabalhando mal a alfabetização. Mas não sabíamos onde buscar a solução e nem quem iria nos ajudar especificamente com essa alfabetização. Então, surgiu uma questão: Por que essas crianças não aprendiam a ler e a escrever, se já possuíam a estrutura de pensamento adequada a essa função? Como a Emília coloca que essa evolução se dá também pelo contato que temos com o conhecimento em si, fomos analisar que experiências essas crianças tinham de matemática e de alfabetização no

Os Núcleos Piagetianos no Brasil   213

cotidiano. Então, nós buscamos pensar essa questão, porque não aceitávamos a classe popular tida como inferior e desejávamos, de alguma forma, modificar a estrutura sociopolítica existente. De um certo modo, esse trabalho reflete a filosofia que o GEEMPA adotou no início dos anos oitenta. A partir daí resolvemos, seguindo essa mesma linha, deixar um pouco de lado a questão da matemática e priorizar a alfabetização, porque a alfabetização era e continua sendo uma questão prioritária na educação.

A partir de 1982, o GEEMPA passou a ministrar cursos de pós-graduação *lato sensu* em alfabetização e a desenvolver projetos de pesquisa sobre esse tema. Em 1984, o GEEMPA assumiu uma postura de maior intervenção na educação, trabalhando com classes experimentais e atuando no sentido de promover mudanças na rede estadual e municipal de ensino de Porto Alegre. Em 1989, a principal protagonista do GEEMPA, Esther Pilar Grossi, assumiu a Secretaria Municipal de Educação, de Porto Alegre, e promoveu um amplo intercâmbio entre os trabalhos do GEEMPA e os dessa secretaria.

4.4. A Secretaria Municipal de Educação de Porto Alegre

Em 1989, o Partido dos Trabalhadores assumiu a Prefeitura de Porto Alegre e iniciou um dos maiores projetos educacionais brasileiros, tendo por referência a teoria piagetiana. Nomeada para a Secretaria Municipal de Educação, a educadora Esther Pillar Grossi começou, a partir desse mesmo ano, a implantação, nas escolas do município, de uma proposta político-pedagógica dirigida às classes populares, que ao mesmo tempo garantisse a apropriação do saber acumulado historicamente e valorizasse a interação com a cultura. Essa proposta tinha por base a premissa de que os alunos oriundos das classes populares têm todas as condições de aprender como qualquer criança ou adolescente, desde que sejam atendidos com uma proposta pedagógica apropriada. Essa orientação baseou-se em pesquisas realizadas pelo GEEMPA, que concluíram pelo erro da

214   A Difusão das Idéias de Piaget no Brasil

idéia de que a desnutrição ou carências sociais e afetivas sejam as responsáveis pelos baixos resultados e pela evasão das escolas freqüentadas por alunos de classes populares.

A partir dessas orientações e com o propósito de solucionar os problemas de ensino e analfabetismo constatados no município, a Secretaria adotou uma proposta construtivista, sustentada inicialmente pelas idéias de Piaget, Emília Ferreiro e Paulo Freire. Em 1989, Esther Grossi, ao apresentar as bases teóricas dessa proposta, afirmou o seguinte:

> *O construtivismo é uma teoria filosófica que explica exatamente como se dá o processo de aprendizagem. Diferente do inatismo, que explica os conhecimentos através de sua existência pré-formada, que vão se manifestando à medida que o sujeito amadurece, e mesmo do empirismo, que atribui os conhecimentos todos como adquiridos de impressões externas, do meio, apreendidas através dos sentidos, o construtivismo mostra que o sujeito, interagindo com o objeto, vai produzindo sua capacidade de conhecer (...) Para que possamos pensar na introdução do construtivismo, na escola brasileira, há exigências bem claras e definidas, entre as quais a psicogênese que a caracteriza. Piaget estabeleceu os estágios do desenvolvimento cognitivo e os princípios gerais da construção da inteligência e, mais adiante, Emília Ferreiro, aplicando suas idéias no campo da alfabetização, definiu os níveis psicogenéticos da aprendizagem da leitura e da escrita.*
>
> (Secretaria Municipal de Porto Alegre, 1989, p. 4)

A proposta pedagógica adotou Piaget e Emília Ferreiro, mas não se restringiu a esses autores. Vygotsky e Wallon também serviram à orientação estabelecida e contribuíram para a elaboração de um "construtivismo mais socializado". Retratando essa noção, Esther Grossi (1989, pp. 2-3), em artigo sobre o construtivismo relata:

> *O construtivismo inaugura a valorização do agir de quem aprende como elemento central para se aprender algo. O*

sentido desse agir vem se burilando gradualmente e hoje se sabe que a ação que produz conhecimento é a ação de resolver problemas. Sabe-se, portanto, que, para aprender, se necessita possibilitar que a inteligência do aprendiz aja sobre o que se quer explicar, isto é, a aprendizagem resulta da interação entre as estruturas do pensamento e o meio que precisa ser apreendido. Neste contexto, se vê que a "falta" representa um ingrediente fundamental para a aprendizagem, uma vez que esta se realiza na resolução de um problema e que esse problema está associado intrinsecamente a uma ausência. Esses termos definem a discussão lógica da aprendizagem, mas esta jamais se efetiva no âmbito desta dimensão. Toda a aprendizagem tem seu habitat no convívio com os outros. As aprendizagens repousam sobre o tripé: quem aprende, o que se aprende e o outro. Porém, um construtivista pode considerar ou ignorar o outro, ou seja, pode incluir ou não a dimensão social no ensino-aprendizagem e teremos já aqui duas modalidades de construtivismo: um individualista e outro socializado.

Seguindo essa linha teórica "socializada", foi implantado na SMED (Secretaria Municipal de Educação) um programa contínuo de aperfeiçoamento de professores através de cursos, jornadas e palestras, das quais participaram Emília Ferreiro, Alícia Fernandes, Sara Paín, Bárbara Freitag, Madalena Freire, Graciela Ricco e outros. Em 1992, foram oferecidas aos professores da rede municipal cerca de 20.000 vagas em cursos de aperfeiçoamento. Além disso, sob a coordenação de Jussara Bordin, foi criada, como suporte à capacitação construtivista, a revista *Paixão de Aprender*, que tinha, entre seus colaboradores, Abraham Turkenicz, Dirceu Messias, Graciela Rodrigues Saldias, Ivete Manetzeder, Maria Celeste Machado Koch, Norma Morzola, Sandra Artigos Medina, Sara Paín, Alícia Fernandes, Madalena Freire, Marisa Eiscrik, Neusa Hickel, Corina Dotti e Miguel Massolo.

Em julho de 1992, o projeto construtivista encontrava-se em pleno funcionamento na região de Porto Alegre e, segundo avaliação da SMED, 90% dos alunos matriculados nas primeiras séries do

216   *A Difusão das Idéias de Piaget no Brasil*

primeiro grau, nas escolas da rede municipal, terminaram o ano letivo lendo e escrevendo.

4.5. O Laboratório de Estudos Cognitivos

Em 1980, acompanhando uma das tendências de pesquisas desenvolvidas no Centro Internacional de Epistemologia Genética criou-se, junto ao Departamento de Psicologia da Universidade Federal do Rio Grande do Sul, um núcleo de estudos, com o propósito de realizar pesquisas incorporando as contribuições da informática e da epistemologia genética à Educação. Na verdade, esse núcleo nasceu a partir do redirecionamento dos trabalhos realizados durante o período de 1973 a 1979, pelo Grupo de Estudos Cognitivos de Porto Alegre (GRECPA)[1]. Os trabalhos do GRECPA foram orientados por Antonio Battro, médico argentino que, após contatar Simonds Papert, nos Estados Unidos, reorientou suas pesquisas epistemológicas para a área da informática. Battro influenciou alguns pesquisadores de Porto Alegre a incorporarem essa área e a fundarem o Laboratório de Estudos Cognitivos, com o intuito de trabalhar nessa nova perspectiva. Foram fundadoras do LEC as professoras Léa Fagundes, Tânia M. Baibich e Cibele Fagundes e o pediatra Paulo Roberto Ferrari Mosca.

A perspectiva de trabalhar com computação e epistemologia genética surgiu em 1979, quando Antonio Battro recebeu um convite para participar de um encontro em Harvard, onde seria discutida a ética da engenharia genética. Antonio Battro, estando em Boston, foi visitar S. Papert, que foi seu contemporâneo no Centro Internacional de epistemologia genética. Papert tinha ido a Genebra para estudar com Piaget, procurando entender a aplicação da epistemologia genética à educação matemática. Papert começou a trabalhar com informática e, em 1976, já trabalhava com os "perceptrons", tentando fazer a inteligência artificial, ou seja, a percepção humana na máquina. Estudou a inteligência artificial sob o ponto de

---

[1] A esse respeito, ver tópico sobre os GRECs.

Os Núcleos Piagetianos no Brasil 217

vista da epistemologia genética. Antonio Battro, voltando à Argentina, fez contato com o amigo engenheiro e professor universitário, Horácio Reggine, que trabalhava com computação. Em seguida, Reggine foi também a Harvard e conheceu Papert que mostrou-lhe o trabalho que estava fazendo em informática, baseado em Piaget. A partir disso, segundo Léa Fagundes, a intenção desse trabalho chegou a Porto Alegre da seguinte maneira:

O Battro me ligou dizendo que tinha uma notícia revolucionária para me dar. Disse que deveríamos refazer todo o estudo de Piaget até então realizado, pois daquele momento em diante tínhamos também a informática, a tecnologia. Em 1980, ele e o Reggine abriram, em Buenos Aires, uma empresa de importação de computadores, representando a APROL, e tinham conseguido um estágio para nós. Levei comigo uma moça de Curitiba e a minha filha que, na época, eram minhas alunas e um médico pediatra que tinha interesse no assunto. Chegando a Buenos Aires, fomos ao hospital onde Battro estava realizando experiências com deficientes mentais em computadores. Estava fazendo Basic e usando o método clínico para trabalhar com as crianças, visando a possibilidade gráfica. Ficamos mais curiosos sobre o trabalho com computadores. Battro sugeriu que procurássemos um brasileiro que estudava com o Papert. Tentamos contato. Como uma de minhas filhas estava morando nos Estados Unidos, pedi-lhe que fosse a Boston atrás de José Valente, aluno de doutorado do Papert. Ela foi lá e juntou todos os papers com a linguagem nova desenvolvida pelo Papert. Em seguida, descobri, com o Instituto de Pesquisas Hidráulicas da UFRGS, os trabalhos com computadores e consegui uma autorização para utilizá-los. Fui a uma Escola Técnica na periferia de Porto Alegre, num bairro de população pobre e encontrei um menino de dez anos que não aprendia a ler. Trouxe o menino comigo e o coloquei em contato com o computador. Aprendia com o menino, o que deixou os engenheiros curiosos e interessados no meu trabalho. A partir daí, os engenheiros da hidráulica traziam os seus filhos para trabalhar no computador e assim

218 A Difusão das Idéias de Piaget no Brasil

continuei aprendendo com as crianças. E acontecia que, quanto mais eu entendia Piaget, mais eu descobria coisas novas e, quanto mais eu descobria coisas nas crianças, mais eu entendia Piaget. Minhas pesquisas eram voltados para os problemas de aprendizagem, desenvolvimento da criança, processos de aprendizagem e construção do conhecimento. Aquele computador entrou como um microscópio, porque eu fazia provas piagetianas e nas provas piagetianas você consegue a resposta da criança e não a imagem que a criança faz. Por outro lado, no computador, criando e solucionando problemas, a criança projeta a imagem de seu próprio pensamento, ela vai formando hipóteses e estas vão aparecendo para nós. Então, se eu colocar os desafios para a criança, levo-a a fazer uma abstração reflexiva e a criança começará a se dar conta de como ela está pensando, pois está apoiada no resultado empírico do computador. A abstração reflexiva desencadeia o processo de equilibração, que aparece na prática com o computador. Podemos assim estudar objetivamente e, para a tomada de consciência, é um momento privilegiado. A criança começa a ver dessa maneira nas diversas áreas do conhecimento. (...) A partir daí, entendi todos os jogos de Dienes e a dimensão das aplicações da informática e da teoria de Piaget. Entendi toda essa evolução em que a psicologia cognitiva norte-americana está um pouco perdida, pois o cognitivismo americano é uma transição entre behaviorismo e cognitivismo positivista. É uma visão de mundo sem dialética. Hoje o próprio Papert, em seu laboratório, não possui os psicólogos que temos. Acho que nós, no ponto em que nos encontramos, estamos no melhor grupo do mundo. Então, foram esses fatos e descobertas que fizeram com que o LEC se dedicasse à informática, voltada à educação. Sempre houve em nossos trabalhos uma preocupação pedagógica, uma preocupação com as crianças que não aprendem e que são "expulsas" da escola.

Muitos profissionais passaram a realizar pesquisas junto ao LEC. O professor de física, Luís Fernando Nunes Sá, que integra as atividades do LEC desde 1985, realizou pesquisas sobre os mecanis-

Os Núcleos Piagetianos no Brasil   219

mos do raciocínio desenvolvidos pelo aluno na construção das noções físicas elementares e observou que há uma diferença fundamental entre os objetos de referência utilizados pelas crianças no laboratório experimental e no microcomputador. Enquanto no laboratório o objeto é concreto e a construção do conhecimento se efetua na direção da sua construção em nível representativo, no microcomputador o objeto já está no nível representativo e, para construí-lo, a criança tem que lidar com relações entre representações. Assim, o que, "no primeiro caso, depende fundamentalmente das interações do sujeito com o objeto concreto, no segundo, depende de interações efetuadas entre objetos representados na tela; conseqüentemente, as relações são de segunda ordem em relação ao concreto" (Becker, 1987, p. 35).

Juntamente com outros pesquisadores do LEC, a psicóloga Cleci Maraschin buscou aprofundamento na problemática da alfabetização e na construção de ambientes da aprendizagem. Realizou pesquisas para verificar em que medida o trabalho de crianças, com sessões de programação com computador, pode se constituir num modelo terapêutico das dificuldades de aprendizagem.

Sônia L. R. Rovinsky concluiu sua primeira pesquisa junto ao LEC em 1984, preocupada com os aspectos afetivos envolvidos no uso do computador por duplas professor-aluno. Em 1985, realizou estudos sobre os estilos de destrezas de trabalhos em dupla e, em 1986, acompanhou a formação de ambientes de aprendizagem com LOGO na informatização de uma escola pública.

Na área da psicolingüística, com base na psicologia piagetiana e na lingüística transformacional, Margarete Axt realizou uma série de pesquisas sobre pensamento, linguagem e a interação de sujeitos com os microcomputadores.

Em 1986, sob a coordenação de Léa Fagundes, o LEC organizou no Brasil o III Congresso Internacional LOGO, realizado em Novo Hamburgo (RS). Fazendo parte da diretoria do Congresso, como membro da Comissão Científica, Léa Fagundes ajudou também a organizar os Congressos Internacionais na Argentina, Uruguai, Chile e novamente no Brasil, em Petrópolis (RJ), em 1990.

220 A Difusão das Idéias de Piaget no Brasil

Nessa época, o LEC já se consolidava como um Laboratório de Pesquisas Avançadas na área de informática, educação e epistemologia genética, com projeção internacional.

Investindo cada vez mais em tecnologia relacionada à informática, o LEC criou, a partir de 1991, com recursos da OEA, uma rede telemática própria, acoplando sua rede de informática a radioamadores. Esse trabalho, de baixo custo, tornou-se possível graças à colaboração da Liga Brasileira de Radioamadores, de dois engenheiros da UFRGS, que passaram a colaborar com o Laboratório e, principalmente, do engenheiro e radioamador Junior Torres de Castro, que possuía uma freqüência de satélite. Castro encantou-se com o projeto de promover uma educação ativa, interligando as escolas com computadores e rádios e fazendo com que as crianças exercitassem uma interação reflexiva através da imagem escrita. Inicialmente, foram programadas para participar da Educação em Rede (EDNET) uma escola de Caxias, dois Centros Educacionais em Novo Hamburgo, uma Escola Técnica de Pelotas e o Colégio de Aplicação da UFRGS. Durante os anos de 1992 e 1993, o projeto expandiu-se, atingindo várias cidades do Rio Grande do Sul e foi firmado convênio com a Universidade Federal de Florianópolis, que deu início a um projeto semelhante, com possibilidades de trabalho com a imagem em movimento. Em 1994, os intercâmbios aumentaram e iniciou-se um programa internacional de assessoria ao Ministério da Educação da Costa Rica, para a instalação do Programa de Informática Educativa a partir dos princípios da epistemologia genética, supervisionado por Léa Fagundes. Ainda em 1994, o LEC criou junto à UFRGS um Curso de Pós-Graduação a Distância (*lato sensu*), via Internet, com o intuito de capacitar professores costarriquenhos para o desenvolvimento do projeto educacional. Em setembro, chegaram a Porto Alegre as monografias dos alunos-professores, para serem avaliadas. Talvez este tenha sido o primeiro curso piagetiano, via satélite, da história[1].

---

[1] Uma relação completa sobre as atividades do LEC encontra-se em Vasconcelos (1995, p. 77-82, V.II).

Os Núcleos Piagetianos no Brasil

5. Os núcleos de Pernambuco e da Paraíba

5.1. Piaget chegando a Recife

Para resgatar fatos da história da psicologia, em Pernambuco, é necessário lembrar Ulisses Pernambucano, pioneiro em várias áreas de estudo de psicologia no Brasil: psicometria, educação especial, psiquiatria social e psicologia educacional. Foi também professor e diretor da Escola Normal de Pernambuco, espaço onde promoveu reformas com ares escolanovistas e divulgou as principais novidades européias em psicologia. Em 1925, fundou o Instituto de Psicologia, instituição voltada para pesquisas psicológicas e educacionais, tomando por base estudos realizados por autores estrangeiros consagrados. Entre eles estavam Pieron, Binet e Claparède. Mais tarde, incluiria também como referência bibliográfica, Jean Piaget.

Anita Paes Barretto, colaboradora de Ulisses durante vários anos, contou como o nome de Piaget apareceu pela primeira vez em Recife:

Conheci Ulisses quando estudava na Escola Normal. Tive a felicidade de tê-lo como professor em 1924. Quando fundou o Instituto de Psicologia, criado por lei estadual no então Departamento de Saúde, convidou-me para ser sua assistente. Trabalhamos juntos até 1939, quando foi preso e destituído de todos os cargos públicos, acusado de ser comunista [1]. Logo em seguida pedi demissão do Instituto, pois não havia mais clima para o trabalho. No Instituto, desenvolvemos um amplo trabalho de padronização e interpretação de testes psicológicos. Fazíamos pesquisas a partir de nossa experiência, utilizando os autores estrangeiros. Estudávamos muito Binet, Pieron e Claparède. Edouard Claparède foi uns dos que mais

---

[1] Ulisses Pernambucano saiu da prisão alguns dias depois. Morreu em 1943, com 51 anos de idade.

222 — A Difusão das Idéias de Piaget no Brasil

estudei. Foi aí que ouvi falar de Piaget. Ulisses falava também em Piaget, mas apenas com citações e com curiosidade sobre os seus trabalhos. A primeira vez que ouvi falar em Piaget foi em 1934, 1935, falando com Ulisses sobre Claparède. Ele citava Piaget. Logo depois Ulisses adquiriu alguns livros de Piaget. Ele lia, mas nunca foi estudioso de sua teoria.

Havia em Recife um outro professor da Escola Normal, que também conhecia as idéias de Piaget, Sílvio Rabello, mas que, antes de conhecê-las, já tinha feito vários "experimentos piagetianos". Em 1936, fez um trabalho sobre a *Noção de Tempo e Espaço na Criança* e apenas em 1938 conheceu *Le Jugement et le Raisonnement chez l'Enfant* (Piaget, 1924) *e La Naissance de l'Intelligence chez l'Enfant* (Piaget, 1936). Anita Barretto conheceu Sílvio Rabello quando foi sua substituta na Escola Normal.

Fui ensinar no Curso de Aplicação, que funcionava como o quarto ano da Escola Normal, e tornei-me sua primeira auxiliar. Esse foi meu primeiro contato com ele. Depois de 1935, fui fazer o Curso de Filosofia e, em 1950, fui convidada para dar aulas na Faculdade de Filosofia do Recife, também como assistente do professor Sílvio Rabello. Até disse prá ele: "Olha, eu não vou aceitar propriamente uma turma de psicologia, porque ainda não tenho muita experiência. Aceito a parte de psicotécnica". Aconteceu que ele adoeceu e tive que tomar conta de três turmas. Nesses contatos com Sílvio Rabello, ele sempre comentava suas pesquisas e as obras de Piaget de que tinha conhecimento. Então, para substituí-lo, tive de estudar muitos autores e lá estava Piaget. Tive que estudar e ensinar. Fui contratada e depois transferida para a Escola de Belas Artes, onde havia o curso de Desenho. Esse curso tinha uma cadeira de psicologia educacional e outra de sociologia educacional. Paulo Freire ficou com a sociologia e eu com a psicologia. Eu falava de Piaget para meus alunos, mas acho que meus alunos passaram a falar mais que eu. Eu falava mais de minha experiência, eles estudavam e falavam melhor da teoria, das coisas que dizia

Os Núcleos Piagetianos no Brasil   223

sobre o desenvolvimento da criança. Eu falava de Piaget, porém, de uma maneira superficial, em todos os lugares em que lecionei. Passei pela escola de Serviço Social, pelo Instituto de Tecnologia, onde lecionei propedêutica, fiz até curso de psicologia para um grupo de teatro e "acabei" na Faculdade de Filosofia, quando me aposentei em 1968, depois do golpe, porque a coisa ficou tão chata, que eu me sentia mal. Eu estava trabalhando com Miguel Arraes, no Movimento de Cultura Popular, e o tema central era trabalhar pela cultura do povo, desde a criança até os adultos. A partir daí nos aproximamos muito das idéias de Paulo Freire. Piaget era apenas uma referência entre outros autores.

5.2. O Curso de Iniciação à Pesquisa em Psicologia

Nos anos cinqüenta e sessenta aumentaram os vínculos com a obra de Piaget, em Pernambuco. Nessa época, os jovens estudantes do Recife "sonhavam" em concluir os estudos ou especializar-se na Europa. Paulo da Silveira Rosas, um desses estudantes, após cursar filosofia, foi para a Espanha e para a França, buscar especialização em psicologia, e entrou em contato com as obras de Piaget. Na verdade, já tinha ouvido falar em Piaget, pois seus interesses sempre foram "harmoniosamente divididos" entre a educação e a psicologia. Nascido em 1930, começou o curso de Filosofia em 1950, por uma circunstância muito curiosa. É que não havia cursos de psicologia e o curso de pedagogia que pleiteava não o aceitou como aluno, pois aceitavam somente moças. Muitos anos depois, o aceitariam como professor. Começou como professor universitário em 1956, dando aula de psicologia em curso de pedagogia. Depois, foi coordenador do Instituto de Ciências do Homem da UFPE, onde, em 1963, criou o curso de iniciação à pesquisa em psicologia. Em 1964 foi afastado da função de coordenador, por motivos políticos. Como gosta de dizer, foi "renunciado", mas continuou atuando na área de psicologia e educação. Anos mais tarde, em 1992, atuou como presidente do Conselho Estadual de Educação e era membro da Comissão Editorial da revista *Psicologia, Ciência e Profissão*, do Conselho Federal de

224   A Difusão das Idéias de Piaget no Brasil

Psicologia. Durante todo esse trajeto, esteve em contato com as idéias piagetianas, tendo sido, junto a seus alunos, fomentador de pesquisas sobre Piaget. Estudioso da história da psicologia e da educação em Pernambuco, relatou o seguinte:

No que diz respeito ao aparecimento de Piaget, acho que temos vários níveis. Em Pernambuco existiu uma aproximação, não na forma estrita e convencional, com o Movimento da Escola Nova, mas houve uma preocupação de Ulisses Pernambucano em promover aproximações entre a educação e a psicologia. As reformas que realizou na Escola Normal convergiam no sentido da Escola Nova européia. A influência dos autores europeus era muito forte e por essa via era possível o contato com as obras de Piaget. Ele vinha no meio dos pesquisadores europeus. Piaget não era um escolanovista, mas suas idéias tinham a ver com as idéias escolanovistas, não de uma maneira sistemática, mas havia alguns princípios relacionados. Não se pode dizer que essa fase tenha sido propriamente o início do desenvolvimento de um pensamento na linha piagetiana, aqui no Recife. Pessoalmente, eu tive maior conhecimento das obras de Piaget na década de cinqüenta e aí surgiu uma segunda vertente. Na passagem de cinqüenta para sessenta, foi um privilégio viver aqui no Recife, em muitos sentidos, no sentido político, no sentido pedagógico, no sentido do crescimento da universidade e no sentido social. Tínhamos o Movimento da Cultura Popular. Na realidade, essas coisas não são soltas, era todo um clima favorável a um comportamento novo. Nessa época, a Direção do Ensino Superior criou uma comissão objetivando o desenvolvimento da Universidade. Isso refletiu por todo o Brasil e aqui pensou-se na criação de Institutos Centrais, conforme o modelo da Universidade de Brasília. Dentre esses institutos, foi criado o Instituto de Ciências do Homem, extinto depois de 1964, transformado em Instituto de Filosofia e Ciências Humanas, posteriormente em Centro de Filosofia e Ciências Humanas. Bem, foi aí que, de fato, começou um primeiro núcleo piagetiano, naturalmente posterior a toda a fase de Ulisses. Era um núcleo de maior preocupação com a pesquisa, com a formação do pesquisador. Nós fizemos, inicialmente, um curso modesto, mas, na expressão adequada, nós tramamos o Curso de Iniciação à Pesquisa em Psicologia, porque havia um em sociologia, como também em outras áreas do Instituto de Ciências do Homem. Esse curso prosseguiu, mesmo depois de 1964, com dificuldades, com o nome de teoria e pesquisa em psicologia. Era uma tentativa de pós-graduação, quando não havia ainda mestrado no Brasil. O grupo que trabalhava nesse curso começou a se diversificar conforme o interesse de cada um porque não havia ainda pessoas com formação específica em psicologia. Então, se nós encontrássemos pessoas que estavam mais interessadas na parte das artes, elas começavam a desenvolver um programa de psicologia naquela área e assim a coisa foi feita. A parte mais específica era de metodologia da pesquisa psicológica. Essa parte ficava comigo. Bem, aí está uma das vertentes para o interesse maior em Piaget. É que quando as pessoas chegavam para fazer o curso, eu "abria um leque" para ver os interesses. Nessa abertura aparecia Piaget entre outros. Nossa terceira vertente para a difusão maior de Piaget não tem nada a ver comigo. Vem de um professor de matemática, Waldecyr Araújo. Ele tinha uma espécie de cursinho, sem nenhum diminutivo, era um curso sério, o Curso Araújo. Ele estudou um tempo na Bélgica e na Suíça e tinha um grande interesse na área cognitiva. Andou imaginando uns métodos de facilitação da aprendizagem da matemática para crianças e utilizou para isso alguns princípios piage-tianos. Criou inclusive uma série de jogos. Posteriormente, nos anos sessenta, começou a reforçar seu interesse nessa área. Creio que, no começo de setenta, ele chegou ao doutoramento em matemática. Quando o concluiu procura-va um ponto de apoio para desenvolver um pensamento de base piagetiana. Nessa época, lia Introdução à Epistemo-logia Genética, *de Piaget, e lecionava no curso de teoria e pesquisa em psicologia. Tivemos como aluna Analúcia Schliemann que começou a replicar aquelas tarefas*

226   A Difusão das Idéias de Piaget no Brasil

piagetianas. Depois de um certo tempo, fui para o Rio de Janeiro fazer uma pesquisa e comecei a receber cartas de Araújo e Analúcia sobre um plano de criação de um mestrado com perfil piagetiano. A proposta passou por várias modificações e depois canalizou para as áreas de interesse de Araújo e de Analúcia, que eram educação matemática e cognição. Fundamos o mestrado que começou a funcionar em 1976.

5.3. O Mestrado em Psicologia

Quando Analúcia Dias Schliemann, David Willian Carraher e Terezinha Nunes Carraher lançaram, em 1988, o livro *Na Vida Dez, Na Escola Zero*, sobre algumas pesquisas realizadas no Mestrado em Psicologia Cognitiva da UFPE, o "pessoal do nordeste"[1] já era reconhecido, entre educadores e psicólogos, como um dos grupos que mais havia produzido pesquisas no Brasil. Com quase uma centena de artigos publicados em revistas especializadas, nacionais e internacionais, os pesquisadores do mestrado vêm atuando no sentido de relevar a aplicação de suas descobertas nas áreas de alfabetização, educação matemática, ensino da linguagem, desenvolvimento do raciocínio lógico, desenvolvimento moral, aprendizagem e informática. Ao mesmo tempo, inserem-se em um dos debates centrais da psicologia do desenvolvimento, que envolve questões relacionadas com cultura e cognição. Desde a sua criação, o mestrado em psicologia da UFPE definiu, como prioridade, pesquisar temas que pudessem contribuir para solucionar problemas da realidade educacional brasileira. Inicialmente as análises das pesquisas con-

---

[1]   Essa expressão, cunhada em oposição ao "pessoal do sul", apareceu em muitas das entrevistas que realizamos e surgiu, segundo as justificativas, após a controvérsia criada com a publicação do artigo de Maria Helena Patto "A criança marginalizada para os piagetianos brasileiros: deficiente ou não?" (1984). Esse artigo provocou uma dezena de textos publicados em revistas especializadas, iniciando uma polêmica entre o "pessoal do nordeste", que tinha como interlocutores os professores do mestrado da UFPE, e o "pessoal do sul", que tinha como interlocutores Zélia R. Chiarottino, Adrian Montoya, Orly Montovani de Assis, Fernando Becker, Jandira Ribeiro Santos, Vera Barros de Oliveira, Maria Alícia Zamorano e outros. A esse respeito, ver *Psicologia, Ciência e Profissão* (1987, V. 1).

Os Núcleos Piagetianos no Brasil

centraram-se numa "leitura mais piagetiana" do pensamento, acentuando, posteriormente, as teorias socioculturais.

Nas palavras de Analúcia Schliemann, essa tendência foi se definindo da seguinte maneira:

> *O que determinou nossos termos de pesquisa foi a consciência muito clara de que a gente vive num país onde o problema educacional é o maior problema. Qualquer um tem o direito de se trancar num laboratório e fazer suas pesquisas sem se preocupar com esses problemas. Mas, se você tem a oportunidade de analisar problemas, tanto do ponto de vista da pesquisa básica e teórica, quanto do ponto de vista da pesquisa prática e aplicada, acho melhor fazer as duas coisas. Ficar no Brasil simplesmente bolando pesquisas sem se preocupar com o que vai ter de relevância social, não há sentido. Então, a determinante social, na escolha de nossa linha, é o problema educacional brasileiro, e o que tem caracterizado os nossos estudos tem sido analisar algum problema que tenha relevância para a educação. (...)Logo depois de criado o mestrado em psicologia, fui para a Inglaterra me especializar e fiz doutorado, orientada por J. Kheere, ligado a Piaget, que tinha trabalhado no Centro Internacional de Epistemo-logia Genética. Quando retornei, tive a felicidade de encontrar David e Terezinha Carraher, já contratados pelo mestrado. Eles tinham feito doutorado na City University of New York. Terezinha foi orientada por J. Glick e adotou uma abordagem de preocupação cultural muito sólida, inspirada principalmente pelos trabalhos de Michael Cole e Sylvia Scribner, que apontaram para a falta de consideração, digamos assim, central, dos fatores culturais na teoria piagetiana. Isso nos influenciou bastante. Toda vez que eu digo isso, os piagetianos dizem que Piaget fala de interação e, portanto, de fatores culturais. Falar, fala. Eu acho que o último capítulo do Julgamento Moral é a melhor análise de interação social que já vi alguém fazer. Ele fala quando ele mostra a necessidade de pesquisas*

228 A Difusão das Idéias de Piaget no Brasil

comparativas, mas não faz como na teoria de inspiração vygotskyana, para quem a questão cultural é o centro da análise. Então, nós começamos, quase por lema, a trabalhar com problemas importantes para a educação no Brasil que são importantes para esclarecer o desenvolvimento da criança em culturas diferentes. Nós produzimos uma análise que não era tipicamente piagetiana. Eu acho que o que marca muito o nosso grupo de mestrado é que nossa preocupação não é provar ou não a teoria piagetiana, mas sim esclarecer como se desenvolve o raciocínio, seja matemático, seja lógico, seja de leitura. Como as transmissões culturais, as transmissões escolares contribuem ou não para modificar esse raciocínio? Alguns aspectos não foram estudados por Piaget e outros não são preocupações centrais de Piaget. Acho que hoje ninguém aqui se coloca como piagetiano, mas ao mesmo tempo adotamos uma visão de desenvolvimento que é construtivista, piagetiana. Adotamos uma análise do raciocínio que é piagetiana, mas não procuramos provar que a teoria piagetiana como um todo se sustenta. Há aspectos da teoria que os dados empíricos levam a questionar. Nós tivemos uma influência bastante grande de Gerard Vergnaud, que é piagetiano, mas que dá muita importância aos aspectos de transmissões culturais, de símbolos culturais. Tivemos também a influência de autores como Luria e Vygotsky, mas não muito. O fato é que, em todo lugar, começou a existir uma preocupação com os aspectos culturais e daí as críticas a Piaget por não enfatizar alguns aspectos culturais. Muita gente "virou" para Vygotsky e passou a adotar sua terminologia e algumas idéias, como a de zona de desenvolvimento proximal. A gente não fez isso de uma forma radical. Acho que não podemos nos considerar vygotskyanos. No fundo, se há uma teoria que nos influenciou mais, ainda continua sendo a do Piaget, mas não somos piagetianos ortodoxos, nem nossa preocupação é checar a teoria de Piaget, do ponto de vista didático. Nossa preocupação é fazer análise da teoria, ver dados que encaixam, que não encaixam, do ponto de vista teórico e dos nossos estudos. Por isso, faço

Os Núcleos Piagetianos no Brasil 229

questão de dizer que nós não somos piagetianos, mas, para nós, Piaget representa uma contribuição maior do que outras influências.

A chegada de Terezinha Carraher ao mestrado em psicologia foi fundamental para que as pesquisas realizadas na pós-graduação se voltassem para os estudos socioculturais. Os trabalhos desenvolvidos passaram a ser divulgados em vários países e provocaram reflexões sobre as condições intelectuais da criança das classes marginalizadas. Trabalhos dessa natureza traduziram um maior compromisso das pesquisas psicológicas com a realidade brasileira, tendência que se verificou em algumas áreas da psicologia. Analúcia Dias Shliemann, Antônio Roazzi, David Willian Carraher, Lúcia Maria Lins Browne Rego, Maria da Graça Bompastor Borges Dias e Terezinha Nunes Carraher, mais especificamente, vêm realizando pesquisas que procuram desvelar os processos cognitivos envolvidos na construção da leitura, da escrita, nas operações lógicas e na educação matemática. Em geral, seus trabalhos trazem como procedimento, comparações entre grupos de sujeitos de diferentes classes sociais e comparações entre situação da vida cotidiana e situação de aprendizagem formal[1]. Os resultados muitas vezes sugerem implicações educacionais e rejeitam a idéia, defendida por muitos psicólogos e educadores, de que as crianças das camadas populares não têm capacidade para aprender, em decorrência de fatores adversos que atuam em suas vidas.

Essa conduta de pesquisa com preocupações socioeducacionais levou o mestrado em psicologia a promover, em Recife, em novembro de 1989, em conjunto com a International Society for the Study of Behavioural Development (ISSBD), o Simpósio Latino-Americano de Psicologia do Desenvolvimento. Com esse simpósio se pretendia "contribuir para diminuir a lacuna entre as questões sociais sobre o desenvolvimento humano de premência nos países da

---

[1] Uma relação de artigos e pesquisas produzidos no Mestrado em Psicologia da UFPE poderá ser encontrada em Vasconcelos (1995, pp. 83-89, V. II).

230 *A Difusão das Idéias de Piaget no Brasil*

América Latina e a pesquisa na área, estimulando estudos e buscando trabalhos sobre o desenvolvimento psicológico que levem em consideração as peculiaridades culturais da região" (Anais do SLAPD, 1989, p. 8)[1]. Os temas de destaque foram a desnutrição e o desenvolvimento infantil, as causas do fracasso escolar e o desenvolvimento social na infância e adolescência. Dos 79 trabalhos apresentados no simpósio, cerca de trinta por cento faziam referência às idéias de Piaget. Durante 1992 e 1993, o mestrado em psicologia envolveu-se na promoção do Twelfth Biennial Meetings of ISSBD, que se realizou em julho de 1993, em Recife. Ficaram responsáveis pela organização Analúcia Shliemann, David Carraher e Lair Buarque. Os eventos contaram com a participação de vários pesquisadores estrangeiros.

5.4. Aprender Pensando

Em 1981, um grupo de pesquisadores, vinculados ao Serviço de Orientação Profissional e Vocacional (SOPV) da UFPE, juntamente com os pesquisadores do mestrado em psicologia, criaram o projeto Aprender Pensando, com o objetivo de "divulgar entre os educadores informações acerca do desenvolvimento cognitivo da criança e proporcionar-lhes oportunidades de reflexão sobre as implicações educacionais de temas relevantes para o ensino de ciências, matemática, leitura e escrita" (Rego, 1987, p. 1). A idéia do projeto surgiu por iniciativa de Terezinha Nunes Carraher, que logo organizou, em conjunto com a Secretaria da Educação do Estado de Pernambuco, cursos e seminários destinados a supervisores, diretores, técnicos e professores da rede pública de ensino. Inicialmente esses cursos e seminários foram ministrados por David Willian Carraher, Lúcia Lins Browne Rego, Terezinha Nunes Carraher, Analúcia Dias Shliemann e José Maurício de Fiqueiredo Lima, so-

---

[1] Fizeram parte da Comissão organizadora Analúcia Schliemann, Clara Maria Melo dos Santos, David Carraher, Edvirges Rodrigues Liberato Ruiz, Ivo José Vanderlei da Silva, Lair Levi Buarque, Maria da Graça Bompastor Borges Dias, Solange Canuto Vieira da Costa e Terezinha Nunes Carraher.

Os Núcleos Piagetianos no Brasil   231

bre os seguintes temas, respectivamente: educação tradicional e educação moderna, o desenvolvimento cognitivo e a prontidão para a alfabetização, o desenvolvimento mental e o sistema numérico decimal, as operações concretas e a resolução de problemas de matemática e iniciação ao conceito de fração e o desenvolvimento da conservação de quantidade.

Os criadores do Aprender Pensando estavam convencidos de que a clientela, que pretendiam atingir, poderia dirigir melhor suas atividades profissionais e a aprendizagem em sala de aula, na medida em que compreendessem o processo de desenvolvimento da inteligência da criança. Poderiam, conseqüentemente, orientar-se por um modelo cognitivo do conhecimento, incentivando o raciocínio do aluno. No livro *Aprender Pensando*, Terezinha Nunes Carraher (1986, p. 9) delineia alguns dos princípios pedagógicos do projeto:

> *A abordagem do Aprender Pensando à educação não é propor soluções para os professores. O Aprender Pensando pretende sugerir ao professor que ensine pensando e não repetindo mecanicamente os passos de um determinado método de ensino. Entender o ponto de vista da criança para saber que questões podem levá-la a novas descobertas, propor estas questões e saber esperar que a criança descubra as soluções — esta é a essência do ensinar e do Aprender Pensando.*

Inicialmente, o projeto recebeu suporte financeiro apenas da Secretaria da Educação. Em seguida, expandiu suas fontes de financiamento, passando a fazer parte do programa de integração Universidade e Ensino do Primeiro Grau, financiado pelo Ministério da Educação. A partir de 1983, com a participação do mestrado e o apoio de organizações internacionais, como o Conselho Britânico, e de órgãos nacionais de fomento à pesquisa, como o CNPq e a CAPES, foram realizados cursos e seminários com a presença de conferencistas pesquisadores de outros países. Entre eles, Emília Ferreiro, Peter Bryant, Jean Lave, Lauren Resnick, Silvia Scribner,

232 *A Difusão das Idéias de Piaget no Brasil*

Shirley Brice-Heath e Geoffrey Saxe. Emília Ferreiro esteve em Recife, pela primeira vez, em 1985 e suas idéias foram fundamentais para que os educadores pernambucanos repensassem o processo de alfabetização.

Desde 1984, o Aprender Pensando começou a ampliar sua forma de atuação e, em 1986, iniciou um programa de capacitação de professores, cujas finalidades educacionais previam "descentralizar a ação pedagógica, tornando a criança mais ativa no processo de ensino e aprendizagem, levando o professor a atuar como facilitador e promover o desenvolvimento dos processos construtivos da criança, expondo-a a atividades de leitura e da escrita" (Rego, 1987, p. 3). Esse programa realizou-se em duas etapas consecutivas. Na primeira foram ministrados cursos que versavam sobre as diferenças entre uma aprendizagem pela memória e uma aprendizagem construtiva, a compreensão do processo evolutivo do sistema alfabético de escrita e as diferenças entre a linguagem oral e a linguagem escrita. Na segunda etapa, realizou-se um acompanhamento sistemático das atividades dos professores em sala de aula. A partir de uma primeira experiência com professores da pré-escola e das séries iniciais do primeiro grau, o programa ganhou maior entusiasmo e o Aprender Pensando expandiu-se, recebendo, inclusive, solicitação de outros Estados do Brasil para que se ministrassem cursos e se realizassem assessorias.

Nessa época, o projeto passou a contar com várias equipes de colaboradores, as quais incluíam Alina Spinillo, Ana Maria Figueiredo, Analúcia Dias Schliemann, Antônio Roazzi, Cecília Aguiar, Conceição Lemos, David Willian Carraher, Edvirges Ruiz, Elizabete Maranhão, Eneida Didier Maciel, Fátima Vilar, Georgina Ribeiro Gonçalvez, José Maurício de Figueiredo Lima, Lúcia Browne Rego, Lúcia Ferreira Brito, Lucinda Miranda, Maria Helena Dubeux, Olga Porto Carneiro, Rute Bacelar, Zélia Castro e Zélia Higino.

A implementação do Aprender Pensando ganhou maior "dimensão territorial" quando Silke Weber, professora de psicologia da UFPE, assumiu a Secretaria Estadual da Educação e propôs um convênio, prevendo a implantação gradual desse projeto nas escolas de quase todo o Estado. Silke Weber tinha contato com as idéias de

Os Núcleos Piagetianos no Brasil

Piaget desde a época em que cursou pedagogia, através de disciplinas ministradas por Paulo Rosas, Madre Lopes e Graziela Peregrino e dos anos sessenta, quando fez pós-graduação na França e teve a oportunidade de assistir a um debate, no qual participaram Piaget, Paul Fraisse, René Zazzo, Yvez Galifret, Paul Ricoeur e Francis Jeanson, sobre o livro *Sabedoria e Ilusões da Filosofia* (Piaget, 1965). Depois desse debate, interessou-se por Piaget e passou a estudá-lo. Silke Weber relatou como ocorreu a implantação do convênio com o Aprender Pensando e a dimensão que assumiu esse trabalho conjunto com a Secretaria Estadual de Educação.

Quando fui para o governo, falei para Terezinha Carraher: vamos ver o que a gente pode fazer do ponto de vista da formação de professores, trabalhando com o pessoal e a experiência do Aprender Pensando. A idéia que apareceu foi organizar um curso de especialização, em tempo integral, porque queríamos dar um formato contínuo à capacitação de professores. Um curso de um ano e meio, seis meses em tempo integral e um ano em tempo parcial. O Aprender Pensando propunha uma prática pedagógica baseada, digamos, na contribuição piagetiana. (...)Bom, começamos o curso e os participantes gostaram tanto da idéia, que pediram as chaves para permanecer na UFPE aos sábados e domingos. Foi um negócio maravilhoso que Terezinha e Analúcia fizeram. Naturalmente, aumentaram os pedidos e convites das escolas e ampliamos o trabalho. Começamos a trabalhar também com alfabetizadores. A orientação era Piaget, Emília Ferreiro e particularmente tudo o que se produzia aqui na pós-graduação. Fizemos um programa intenso de capacitação e de debate, que permitisse que não somente muitos professores da rede viessem fazer cursos e o mestrado, mas também que houvesse uma atuação concreta e específica do pessoal do Aprender Pensando e da pós-graduação em toda a rede estadual. Não foram uma ou duas escolas envolvidas, mas sim mil e quatrocentas. Só de professores alfabetizadores, com certeza, trabalhamos com mil e cem, de uma forma bastante intensa e sistemática. Eram capacitados não só

234 A Difusão das Idéias de Piaget no Brasil

pelo pessoal daqui da Universidade, mas também pelo que instituímos e denominamos de educadores de apoio, uma tentativa de resgatar a dimensão pedagógica do supervisor escolar. Elegemos como prioridade o acompanhamento da prática pedagógica do pré-primário à quarta série. Fizemos um trabalho de parceria com as Secretarias Municipais de Educação. Algumas secretarias já desenvolviam um trabalho muito próximo ao nosso, com Piaget, Emília Ferreiro e Paulo Freire. Eram onze municípios — Olinda, Cabo e até alguns da região da mata. Pernambuco tem 167 municípios e nós trabalhamos com quase cem. Como trabalhamos com Piaget e Emília Ferreiro, disseram que adotamos a linha construtivista. Adotamos como orientação, mas não era nada assim, digamos, por decreto. O que se pretendia era que os professores começassem a discutir os fundamentos da prática pedagógica e que, nessa discussão, se expusesse aquilo que estava sendo produzido no Brasil sobre a prática pedagógica. Durante o período em que estive na secretaria, a Tereza de Barros era a responsável por toda essa parte de capacitação no Estado e a Rosângela Tenório era a pessoa responsável pelo Departamento de Alfabetização. Era um trabalho integrado com alfabetização de criança, alfabetização de adultos, educação especial, formação para magistério, prioritariamente no sentido de capacitar os professores que trabalhavam com a formação do magistério. Tudo isso foi desenvolvido junto com o Aprender Pensando.

Atualmente o Aprender Pensando continua em ação e o convênio com a Secretaria de Educação do Estado de Pernambuco continua existindo, porém o projeto tem passado por uma série de transformações, proporcionadas, principalmente, pelas mudanças de orientação e de pessoal que ocorrem no governo estadual ao final de mandato.

5.5. O intercâmbio Pernambuco–Paraíba

Quase como um "extensão" do núcleo de Pernambuco, formou-se um pequeno núcleo de piagetianos na Paraíba. Nesse Estado, a utilização dos preceitos piagetianos esteve praticamente voltada para o estudo do desenvolvimento da moralidade.

As idéias de Piaget começaram a circular nos meios acadêmicos de João Pessoa, através de Cleonice Camino, professora da Universidade Federal. Pernambucana de Garanhuns, fez o curso secundário em Caruaru e, em 1965, concluiu a licenciatura em psicologia na Universidade Católica do Recife. Logo em seguida fez o curso de teoria e pesquisa em psicologia na Universidade Federal de Pernambuco, cursando a disciplina ministrada por Paulo Rosas; estudou pela primeira vez alguns conceitos piagetianos, embora já tivesse ouvido falar de Piaget através de seu pai, "que era um bom leitor de livros sobre educação". No final da década de sessenta, Cleonice Camino foi contemplada com uma bolsa de estudos e viajou para a Bélgica para especializar-se em psicologia. Então, por estar interessada na inteligência, travou maior contato com as idéias de Piaget, estudando por conta própria. Lá conheceu *O Nascimento da Inteligência na Criança* (Piaget, 1936), *A Formação do Símbolo na Criança* (Piaget, 1946) e o *Julgamento Moral na Criança* (Piaget, 1932). Voltando para o Brasil, começou a lecionar na Universidade Federal da Paraíba, em João Pessoa, no ciclo básico, pois ainda não havia sido criado o curso de psicologia. Com a criação do curso, em 1974, passou a lecionar psicologia do desenvolvimento.

Quando eu comecei com essa disciplina, privilegiei bastante Piaget. Eu também fazia outras abordagens, inclusive a psicanalítica, mas trabalhava com a abordagem piagetiana por conhecê-la melhor. Acho que fui a primeira pessoa a trabalhar com Piaget na Paraíba. Trabalhava com uma abordagem voltada para as questões do desenvolvimento infantil. Depois de algum tempo, iniciei minha pesquisa na área do desenvolvimento moral e comecei a estudar a obra de Kohlberg.

236   A Difusão das Idéias de Piaget no Brasil

A pesquisa sobre o desenvolvimento da moralidade passou a ser o grande foco de interesse de Cleonice Camino, culminando, assim, em sua tese de doutorado. Esse interesse nasceu após a leitura do *Julgamento Moral na Criança* (Piaget, 1932) e de um curso behaviorista que fez com Ross Park sobre psicologia social da aprendizagem.

As duas coisas se casaram, a leitura do livro e o curso ministrado por esse professor. Ele era um professor visitante que esteve por aqui e o trabalho que apresentou foi sobre o domínio moral. Eu me lembro que achei o trabalho dele muito bonito e tive a idéia de fazer um trabalho dentro do enfoque de Piaget, sobre a moralidade, mas com um maior controle de variáveis, porque eu achava que a pesquisa de Piaget não tinha um suficiente çontrole de variáveis para tirar as conclusões que tirava. (...)Fiz minha pesquisa sobre a influência das técnicas disciplinares das mães no desenvolvimento moral dos filhos. Depois, abandonei as idéias behavioristas e comecei a trabalhar mais com Piaget. (...) Atualmente oriento, no mestrado, trabalhos sobre moralidade, seguindo principalmente as orientações de Kohlberg.

Em Piaget, o aspecto mais explorado por Cleonice Camino está no pressuposto "do conflito como condição necessária para o desenvolvimento moral". Considera, entretanto, a teoria piagetiana insuficiente para o tratamento dessa questão.

Existem pontos da teoria de Piaget, ou mesmo de Kohlberg, que estamos questionando. Algumas questões, por exemplo, envolvem as relações entre conteúdo, forma e desenvolvimento moral. Quando trabalhamos com questões sociais amplas, como a influência dessa estrutura social sobre o sujeito, Piaget não consegue explicar como isso se passa. É necessário ter uma visão mais ampla do social. Não é só a família e as coisas muito próximas que vão influenciar o sujeito no desenvolvimento da moral. Passa por isso, mas

Os Núcleos Piagetianos no Brasil 237

não é só isso. A concepção moral é divulgada em todos os níveis, no nível da televisão e no nível das escolas. Normalmente é uma moral que não leva a nenhuma mudança social, pelo contrário. Ocorre que temos um interesse social em nossa linha de pesquisa adotada. Estamos preocupados com as crianças delinqüentes da rua, com a visão moral dos adolescentes, etc. Quando a gente consegue vislumbrar por onde caminha o desenvolvimento moral, a gente consegue fazer um melhor trabalho de intervenção. Porém, não é fácil enxergar por onde anda esse desenvolvimento e suas relações com o conteúdo e com a forma, quais são os processos cognitivos envolvidos. A verdade é que Piaget trata da interação imediata, mais direta, e não explora as grandes questões sociais, a questão da cultura, por exemplo, como se deveria. Se você pega Piaget e faz um estudo dentro da escola, você não vai ligar muito para a estrutura de poder dentro da escola, a influência do poder no desenvolvimento moral da criança. Porque se ele diz que a autonomia se consegue com a criança num ambiente de maior cooperação, seria suficiente a gente deixar as crianças cooperarem. Quer dizer, um ambiente que permitisse isso, permitiria a autonomia do desenvolvimento moral? Nós sabemos que ninguém consegue essa autonomia aos dois anos de idade, nem no final da adolescência. Moral é algo bem latente. Eu diria que Piaget não é suficiente do ponto de vista dessas cognições sociais.

Junto com Cleonice Camino trabalham, seguindo semelhante linha teórica, as professoras Verônica Luna, na disciplina de psicologia do desenvolvimento, e Maria das Graças Cavalcante, na disciplina de ética. Outros profissionais também têm colaborado para a formação do núcleo de piagetianos da Universidade Federal da Paraíba, como, por exemplo, Marisa Martins, que vem realizando trabalhos em creches, e Maria da Graça Bompastor Dias, professora do mestrado em psicologia da Universidade Federal de Pernambuco, que desenvolve trabalhos sobre regras morais e convencionais no raciocínio da criança e que tem mantido forte intercâmbio com Cleonice Camino.

238　　　　　　　　　　　　*A Difusão das Idéias de Piaget no Brasil*

7. O núcleo de Brasília

7.1. O Grupo Capita Plana no Planalto Central do País

Logo após a criação da cidade de Brasília, em 1960, as idéias de Piaget já estavam presentes no ensino público do Distrito Federal, e sua propagação foi feita por educadores preocupados em estabelecer um fundamento científico para as atividades educacionais que começavam a ser organizadas na nova capital do Brasil. Vindos de uma forte influência escolanovista, esses educadores procuravam definir os princípios educacionais considerando o ideário da Escola Ativa, associado às descobertas da psicologia genética sobre o desenvolvimento da criança. Além disso, é preciso considerar que eles estavam animados com a possibilidade de criação de uma nova identidade nacional, que diminuísse as diferenças sociais e integrasse todos os brasileiros, representada simbolicamente, naquele momento, pela construção da nova capital no centro do país. Com isso, esses educadores, imbuídos de projetos de mudanças sociais, alimentavam a perspectiva de uma educação que valorizasse os aspectos individuais e coletivos. Conseqüentemente, as idéias de Piaget passaram a ser interpretadas como um meio de desenvolver a cooperação e a reciprocidade, elementos que julgavam fundamentais para o exercício social coletivo e democrático.

Um grupo de professores piagetianos nordestinos saiu de Fortaleza, em 1962, e foi para o Distrito Federal, com funções no Ministério da Educação e Cultura (MEC). Na sua maioria, faziam parte do grupo, já conhecido no Brasil, como *Grupo Capita Plana*, que tinha elaborado, na Inspetoria Seccional do Ceará, juntamente com Prof. Lauro de Oliveira Lima, o método psicogenético[1]. Fazendo uso desse método, procuravam orientar os trabalhos educacionais para que assumissem uma feição ativa e operatória. Além das atividades desenvolvidas no MEC, principalmente no Conselho Federal

---

[1] A esse respeito ver tópico sobre A Peregrinação de Lauro de Oliveira Lima.

Os Núcleos Piagetianos no Brasil 239

de Educação, esses professores passaram a participar da equipe do CIEM (Centro Integrado de Ensino Médio), que era o Colégio de Aplicação da Universidade de Brasília, posteriormente vinculado à Faculdade de Educação da mesma Universidade. Entre esses professores estavam José Aloísio Aragão, Marconi Freire Montezuma, Lauro de Oliveira Lima e Valnir Chagas. A Profª Maria do Jordão Emerenciano, também recém-chegada do nordeste, da cidade de Recife, conviveu com esses professores. A eles se refere, ao caracterizar o CIEM como difusor de Piaget:

> *O CIEM foi um foco muito sólido de Piaget no Distrito Federal. Eu diria que todo o pessoal que trabalhava lá era conhecedor de Piaget. O Prof. Aloísio Aragão era o diretor do CIEM e os outros funcionavam como uma espécie de coordenadores pedagógicos, principalmente o Padre Montezuma. Esse grupo exerceu, de fato, uma influência muito grande em Brasília, pois seus integrantes davam cursos para muitos professores da rede pública. Eles vinham de uma larga experiência dos cursos que davam lá no Ceará. Valnir Chagas, por exemplo, mora até hoje em Brasília e é professor de História da Educação Brasileira na UnB. Em 1971, fazendo parte do Conselho Federal de Educação, fez aquele famoso Parecer/853 sobre a doutrina da Lei 5692. Aquele parecer é todo piagetiano, com alguma fundamentação em Claparède. Ele até cita nominalmente Piaget. Valnir, Aloísio e outro Padre, o Padre José Vasconcelos, que também entendia de Piaget, trabalhou no CIEM e fez parte do Conselho Federal de Educação, permaneceram em Brasília. Os outros tiveram uma passagem rápida por aqui, porque, em 1964, com o golpe dos militares, eles foram embora. O Lauro foi para o Rio de Janeiro e o Padre Montezuma para alguma cidade do interior de São Paulo, acho que Campinas. Esse grupo foi uma pincelada forte de Piaget que ficou por aqui e que tem repercussões até hoje.*

Nos anos sessenta, a Profª Maria do Jordão Emerenciano também contribuiu para que Piaget fosse conhecido em Brasília. Po-

240   *A Difusão das Idéias de Piaget no Brasil*

rém, diferentemente dos colegas que estavam empenhados em retirar frutos pedagógicos da teoria piagetiana, preocupava-se com os aspectos epistemológicos e filosóficos da teoria. Por isso, começou a dar aulas de filosofia para o segundo grau, onde incluía a visão piagetiana sobre as relações entre filosofia e ciência. Nessa época, conhecia os debates que se travavam na Europa sobre o livro *Sagesse et Illusions de la Philosophie*, publicado por Piaget em 1965[1]. Foi exatamente nesse ano que conheceu o livro, pois, em 1965, a Secretaria da Educação do Distrito Federal, em co-patrocínio com a Aliança Francesa, organizou um Seminário sobre Psicologia Genética, do qual participaram pesquisadores estrangeiros que tinham convivido com Piaget e, na oportunidade, trouxeram algumas obras para o evento, incluindo essa. Especialistas brasileiros em Piaget, principalmente os do grupo Capita Plana, também participaram do evento.

A Prof[a] Maria Emerenciano não se considera, hoje, uma piagetiana, porque, desde a época em que passou a trabalhar para a UNESCO (1978/88), em outros países, tem se dedicado à pesquisa espistemológica sobre o existencialismo.

Atualmente, trabalhando como diretora do DEPLAN (Departamento de Planejamento do Sistema Educacional do Distrito Federal), a Prof[a] Emerenciano observa que as idéias de Piaget são as únicas que mantiveram presença constante no contexto educacional de Brasília, desde a fundação da cidade.

> *Eu tenho mais de quarenta anos de magistério e conheço muito bem a dinâmica educacional. O Distrito Federal tem mania de desgarrar. Vai uma temporada e tudo vai dar certo. Vai dando certo a alfabetização e o ensino geral. De repente os professores vão desgarrando. Começam a inovar sem saber o que estão fazendo. Não é feita nenhuma avaliação dos trabalhos realizados. Piaget é uma exceção, pois não foi uma moda e persiste até hoje. Ele criou raízes em Brasília.*

---

[1]   A respeito dos debates travados na Europa, ver *Debates sobre Psicología, Filosofía y Marxismo* (Piaget, 1971).

Os Núcleos Piagetianos no Brasil

Nos primeiros anos da década de setenta, os professores que permaneceram em Brasília, após o golpe de Estado de 1964, continuaram alimentando as raízes piagetianas no Distrito Federal.

7.2. Piaget na Lei 5.692: diretrizes e bases para o ensino de primeiro e segundo graus

Como foi lembrado, anteriormente, por Maria Emerenciano, o Prof. Valnir Chagas foi um dos que permaneceram em Brasília, passando a fazer parte do Conselho Federal de Educação. Destacou-se particularmente por ter sido o relator do Parecer 853/71, que fixa a doutrina da Lei 5692 para a elaboração dos currículos do ensino de primeiro e segundo graus no Brasil. A concepção de sujeito psicológico, que aparece nessa doutrina, foi elaborada a partir do modelo piagetiano.

O Parecer 853/71 expõe detalhadamente os pressupostos nos quais se devem assentar as organizações curriculares. Pude verificar, em várias passagens, nas palavras do relator, a fundamentação psicológica que estabelece os parâmetros para a formulação das categorias curriculares. Citarei apenas algumas delas:

(...)O desenvolvimento das matérias, "da maior para a menor amplitude", e o seu escalonamento progressivo em "atividades, áreas de estudo e disciplinas" estão em consonância com a conceituação dessas categorias curriculares que, por sua vez, refletem as comprovações da psicologia evolutiva. A velha marcha do "concreto para o abstrato" apresenta-se hoje — na psicologia genética de Piaget, por exemplo — sob a forma tríplice de um período "sensório-motor", seguido de uma fase de "operações concretas" que leva, na adolescência, às "operações formais móveis e reversíveis". Se em nenhum momento cogitamos de uma correspondência simétrica entre esses três períodos e aquela tríplice classificação curricular, também não deixamos de considerar o que deles já se fez evidência no dia-a-dia da vida escolar: a montagem a partir do concreto e do mais para o menos amplo, do

242 A Difusão das Idéias de Piaget no Brasil

genérico para o específico ou, na classificação sempre atual de Claparède, da generalização inconsciente para a generalização consciente.

(Diretrizes e Bases da Educação Nacional, 1978, p. 44)

Em outro momento, diz:

É, portanto, nesta perspectiva que se devem entender as "séries iniciais" mencionadas em vários dispositivos do projeto(...). Tais séries podem abranger dois, três, quatro ou cinco anos letivos, conforme as peculiaridades a considerar, já que nessa faixa certamente o desenvolvimento mental se encontra em pleno domínio das operações concretas. Daí por diante, porém, delineia-se a fase das operações formais e outros procedimentos devem ser adotados.

(Diretrizes e Bases da Educação Nacional, 1978, pp. 44-45)

Diz ainda:

De tudo o que aí fica não se há de concluir que os grandes objetivos da educação nacional constituam, em última análise, uma soma de fins parciais que vão se acumulando. Apenas, como partimos do que é o propósito imediato do presente trabalho, adotamos uma técnica de envolvimentos progressivos; mas não se deve ignorar que, em cada nível o todo cai, determinando o comportamento de suas partes, embora estas o levem com freqüência a reajustamentos. Em outras palavras: os objetivos mais amplos preexistem aos seus desdobramentos e os condicionam; mas a natureza destes últimos — dos acontecimentos, da escola, dos alunos — e os dados concretos das múltiplas situações acabam, numa fundamental reversibilidade, por determinar acomodações sem as quais o processo se enrijeceria e os objetivos terminariam por não ser alcançados.

(Diretrizes e Bases da Educação Nacional, 1978, pp. 41-42)

Nessas passagens, fica evidente a intenção de se enquadrar a estrutura curricular na teoria psicogenética. As presenças dos

Os Núcleos Piagetianos no Brasil

constructos adaptativos (assimilação e acomodação), o modelo de desenvolvimento por estágios (sensório-motor, pré-operatório, operatório concreto e operatório formal) e o princípio de equilibração (construção das operações reversíveis), formulados por Jean Piaget, atestam essa intenção.

É, difícil, entretanto, avaliar o quanto, e de que forma, na prática, esses conceitos piagetianos circularam pelo Brasil, em conseqüência desse parecer (despachado e homologado pelo então Ministro da Educação e Cultura, Jarbas Passarinho). Se, por um lado, ele foi interpretado como uma mera justificativa da estrutura curricular proposta, por outro, fez com que muitos educadores se inteirassem das idéias de Piaget. O fato é que, com esse parecer, a psicologia genética de Piaget ganhou uma conotação nacional e legal, prescrita em lei, bem no espírito dos pacotes educacionais, incrementados pelo tecnicismo educacional, tão em voga na época da ditadura militar. Todos os Conselhos Estaduais de Educação implantaram, cada um à sua maneira, as orientações do Parecer 853/71. A maioria adotou uma visão mecanicista, enquanto poucos procuraram avançar nos pressupostos da teoria piagetiana, para dar maior mobilidade à proposta curricular.

Encaminhamentos nesta última direção ocorreram, por exemplo, no Rio de Janeiro e Brasília. No Estado do Rio de Janeiro, a partir de 1976, foi organizado um projeto de reformulação de currículos, em que toda a proposta metodológica foi elaborada conforme as orientações da Lei 5.692, com acentuado destaque à orientação piagetiana. Na apresentação dessa proposta, por exemplo, foram encontrados os seguintes dizeres:

> *Por metodologia deve-se entender o conjunto de pressupostos teóricos cuja aplicação mediatiza a atuação educacional, dentro de uma perspectiva científica. Sua reformulação visa integrar educação, cultura e trabalho (...). Atende, igualmente, na sua fundamentação, à sugestão contida no Parecer 853/71, quanto à importância da teoria da psicologia genética de Piaget, para a formulação*

244 · A Difusão das Idéias de Piaget no Brasil

de um currículo adequado às exigências de uma educação que propicie o desenvolvimento biopsicossocial do indivíduo.

(Secretaria de Estado de Educação e Cultura, 1977, p. 28, V. 1)[1]

Conforme relatei em tópico anterior, sobre a difusão das idéias de Piaget no Rio de Janeiro, essa proposta da Secretaria de Estado da Educação e Cultura do Rio de Janeiro atingiu as escolas de todos os municípios do Estado. Também no ano de 1976, em Brasília, começou a ser implantada uma proposta de universalização do ensino pré-escolar, conforme as recomendações expressas na Lei 5.692, porém adaptadas à pré-escola.

Atualmente, a Lei 5.692 e o parecer elaborado por Valnir Chagas continuam orientando projetos educacionais que circulam pelas Secretarias de Educação de todo o Brasil. No entanto, a quantidade não é provavelmente muito expressiva, já que o sistema educacional brasileiro está em "ritmo de espera", aguardando a aprovação da nova LDB, que se encontra em tramitação no Congresso Nacional.

7.3. A educação pré-escolar no Distrito Federal

Para muitos educadores e psicólogos, a descoberta de Piaget, na Lei 5.692, se impôs como uma alternativa para cuidar de aspectos burocráticos para a implantação de programas educacionais. Mesmo não sendo piagetianos, alguns adotavam as idéias de Piaget para justificar seus projetos. Essa foi, inicialmente, a situação de algumas pré-escolas oficiais, que nem sequer tinham legislação própria e se ancoravam na Lei 5.692. Esse é o caso do início dos trabalhos da pré-escola no Distrito Federal. Posteriormente, apegaram-se, de fato, às propostas piagetianas.

---

[1] Um estudo crítico sobre a presença da teoria de Piaget no Parecer 853/71 pode ser encontrado no artigo de Odair Sass (1992). "De como a teoria psicológica de Jean Piaget mais atrapalha do que ajuda a resolver os problemas da educação escolar".

A preocupação com a educação pré-escolar, no Distrito Federal, antecedeu à inauguração de Brasília. Já em 1959 atendiam-se trinta crianças, entre 4 e 6 anos, na Escola Dr. Ernesto Silva, situada no acampamento da Construtora Nacional, hoje extinta. Nesse mesmo ano instalava-se, em Brasília, o Jardim de Infância 21 de Abril, destinado à educação de crianças de 4 a 6 anos. Dava-se, assim, início à execução do Plano Educacional de Anísio Teixeira que, conjugado com o do arquiteto e urbanista Lúcio Costa, previa, para cada superquadra da cidade, um Jardim de Infância.

Em 1976, Brasília contava com dezessete estabelecimentos de Jardim de Infância, localizados, em sua maioria, no Plano Piloto da cidade. Nessa época, o Secretário da Educação do Distrito Federal, Wladimir do Amaral Murtinho, iniciou a implantação de um "plano de universalização do Ensino Pré-escolar", como forma de aumentar o rendimento geral do sistema de ensino e, também, como elemento capaz de suprir as "carências culturais" detectadas particularmente em crianças das cidades-satélites de Brasília. Após a realização de uma pesquisa, coordenada por Ana Maria Poppovic, para diagnosticar essas "carências culturais", criou-se uma programação pedagógica, ajustada às necessidades de uma clientela de 4 a 6 anos de idade. Implantou-se, então, nas cidades-satélites de Planaltina e Gama, o Projeto Garibaldo, projeto pedagógico centrado principalmente no Programa Vila Sésamo, apresentado na Rede Globo de Televisão. As atividades pedagógicas do Projeto Garibaldo previam dimensões de atuação voltadas para o desenvolvimento biológico, sociocultural e psicológico da criança. Sobre a dimensão psicológica, não há nenhuma referência direta ao nome de Piaget. As considerações abaixo demonstram, entretanto, a base piagetiana que perpassa o projeto:

O desenvolvimento cognitivo da criança se inicia com experiências sensório-motoras. À medida que ela estabelece contato com a realidade, desenvolve capacidades para captá-la e, através do manuseio dessa realidade, adquire experiências que servirão de suporte para a construção do esquema referencial necessário ao entendimento do meio e atuação sobre ele. Manipulando o

246
A Difusão das Idéias de Piaget no Brasil

meio, a criança se distingue do universo, colocando-se como centro do mundo e constrói esse mundo, a partir dela mesma. Isto é, através da utilização de seus sentidos e na medida de seus interesses, enriquece pouco a pouco seus conhecimentos. Na organização de seus esquemas mentais, ela assimila e adapta o meio ambiente e atua sobre ele conforme suas possibilidades.
(Fundação Educacional do Distrito Federal, 1976, p. 30)

O referencial piagetiano estava, portanto, incluído nos pressupostos psicológicos desse projeto de pré-escola[1]. De um modo geral, os pressupostos não estão detalhados e são apresentados de forma superficial, mas não deixam dúvida de que são fundamentados no princípio da ação e no processo adaptativo da teoria piagetiana, destacando a atividade da criança como mecanismo necessário ao seu desenvolvimento.

A influência piagetiana se ampliou na educação pré-escolar da rede oficial do Distrito Federal, de modo mais efetivo, a partir de 1981, quando a Secretaria da Educação, através da Fundação Educacional, contratou os professores da UNICAMP Orly Zucatto Mantovani de Assis e Marconi Freire Montezuma para implantarem o PROEPRE (Programa de Educação Pré-Escolar), tendo por objetivo a capacitação de recursos humanos para atuar na pré-escola. O programa do PROEPRE apresentava, e apresenta até os dias atuais, um conjunto de concepções baseadas na teoria psicogenética, visando ao desenvolvimento da criança nos aspectos afetivo, cognitivo, social e perceptivo-motor[2].

Durante 1981, freqüentaram os cursos de capacitação do PROEPRE/Brasília 59 profissionais, entre coordenadores pedagógicos e professores, que atuavam nas pré-escolas. Em 1982, contando com o auxílio da professora Meliane Montezuma, a equipe do PROEPRE ampliou o seu trabalho para 262 professores. A partir de

---

[1] Também pudemos comprovar esse fato pela análise que fizemos da bibliografia utilizada para a elaboração do projeto inicial da pré-escola.

[2] A esse respeito ver tópico sobre o núcleo de Campinas.

Os Núcleos Piagetianos no Brasil

1983, os pressupostos teóricos do PROEPRE passaram a integrar e orientar os objetivos da educação pré-escolar da Rede Oficial de Ensino do Distrito Federal. Em conseqüência, os coordenadores pedagógicos da pré-escola deram seqüência aos trabalhos do PROEPRE, em Brasília, acompanhados pela professora Orly Mantovani de Assis, através do sistema de consultoria. Até 1986 já haviam sido capacitados 922 professores em cursos de 180 e 240 horas.

A partir de 1987, o PROEPRE passou a ser ministrado aos professores da pré-escola pela Escola de Aperfeiçoamento de Pessoal, vinculada à Fundação Educacional do Distrito Federal. Para a realização dos cursos de capacitação, ministrados por essa escola, o Departamento Geral de Pedagogia da Fundação Educacional do Distrito Federal elaborou um detalhado caderno contendo as diretrizes para o desenvolvimento da educação pré-escolar. Os objetivos, conteúdos e atividades são inspirados na teoria psicogenética de Jean Piaget. Os autores, ao destacar os pontos da teoria que devem orientar essas diretrizes, enfatizaram que: "1º O conhecimento consiste no resultado de uma construção, a partir de interações contínuas que se estabelecem entre o sujeito e o mundo que o cerca. Desta forma, para conhecer os objetos, o sujeito deve agir sobre eles, transformando-os de maneira a assimilá-los às suas estruturas. É a partir de sua atividade própria que a criança, desde o nascimento, vai construindo, primeiramente, no plano das ações, os conceitos de objeto, espaço, tempo e causalidade, que serão reconstruídos, posteriormente, no plano do pensamento. Os procedimentos pedagógicos coerentes com a psicologia piagetiana são aqueles que fazem apelo à atividade espontânea da criança, desencadeada por suas necessidades e interesses e que lhe permitem fazer suas próprias descobertas, experimentações e chegar a suas próprias conclusões. É pois indispensável que a pré-escola ofereça à criança materiais concretos, sobre os quais ela possa agir com espontaneidade, ao invés de folhas mimeografadas ou livros contendo 'exercícios', realizados a partir de instruções dadas pelo professor. 2º A criança constrói o seu conhecimento quando, ao agir sobre os objetos, descobre as suas propriedades e estabelece relações de semelhança ou diferença entre eles. As propriedades dos objetos lhes são

248   *A Difusão das Idéias de Piaget no Brasil*

inerentes e o sujeito nada mais faz do que abstraí-las. Os processos envolvidos na construção do conhecimento são a descoberta e a invenção. Por conseguinte, a prática pedagógica, que consiste em transmitir o conhecimento por meio de explicações orais ou demonstrações, é incompatível com a psicologia piagetiana. É necessário que o ambiente da pré-escola estimule a curiosidade e a atividade da criança e que ela seja encorajada a fazer suas próprias perguntas e a respondê-las por sua própria iniciativa. 3º O jogo ou o brinquedo é uma das expressões mais notáveis e características da atividade da criança pré-escolar. Brincando, a criança desenvolve suas percepções, sua inteligência, suas tendências à experimentação, seus instintos sociais. O jogo é o meio de que a criança dispõe para satisfazer suas necessidades afetivas e intelectuais e, conseqüentemente, manter o equilíbrio de sua vida mental. As atividades sugeridas por este conteúdo programático têm um caráter essencialmente lúdico, pois é através de suas brincadeiras que a criança exercita sua inteligência e sua curiosidade e constrói o seu conhecimento da realidade. 4º A construção das estruturas da inteligência é um processo ininterrupto, do nascimento à adolescência, cujo desenrolar é idêntico para todas as crianças de todas as culturas. Entretanto, o ritmo desse processo pode variar de acordo com o meio em que a criança vive. Em geral, o ritmo do desenvolvimento é mais rápido nas crianças que vivem num meio cultural mais elevado e, mais lento, para as que vivem num meio desfavorecido. Isso ocorre porque a construção das estruturas da inteligência depende das solicitações que o meio proporciona ao ser humano. No processo de construção das estruturas da inteligência distinguem-se os estágios que obedecem a uma ordem seqüencial necessária, verificando-se, em cada um deles, o aparecimento das estruturas de conjunto, que caracterizam as novas formas de comportamento que surgem. Essas estruturas têm um caráter integrativo, visto que são preparadas por aquelas que as precedem e se tornam parte das que as sucedem. Não se pode modificar a seqüência desse processo, nem tampouco tentar queimar etapas. 5º O desenvolvimento intelectual supõe, ao mesmo tempo, as interações sociais da criança com o adulto e as interações sociais entre elas mesmas. A característica

Os Núcleos Piagetianos no Brasil 249

fundamental do pensamento da criança pré-escolar é o egocentrismo, ou seja, a centração no seu ponto de vista. São trocas sociais que se estabelecem entre crianças e entre estas e os adultos que lhes permitem tomar consciência da existência de pontos de vista diferentes dos seus. O conflito de opiniões que surge, quando as crianças trabalham juntas na solução de um problema, pode ajudá-las a sair do seu egocentrismo e caminhar em direção à objetividade. As trocas sociais que se estabelecem entre as crianças e o professor devem ser baseadas na cooperação, na reciprocidade, no respeito mútuo. Num ambiente em que a autoridade do adulto é minimizada e as interações sociais entre os parceiros são intensas, a criança tem mais possibilidade de conquistar sua autonomia." (Fundação Educacional do Distrito Federal, 1984, pp. 8-10.)

Atualmente, são esses mesmos princípios que norteiam os trabalhos das pré-escolas oficiais de Brasília. Pequenas alterações foram introduzidas em relação à rigidez dos estágios de desenvolvimento e ao caráter demasiadamente espontaneísta, atribuído à teoria de Piaget, conforme a leitura que faziam da teoria em 1984, quando foram elaboradas essas diretrizes. Essas alterações ocorreram a partir de críticas elaboradas por vygotskyanos, que reclamaram uma maior atenção ao conceito de "zona de desenvolvimento proximal" e ênfase nos aspectos socioculturais do desenvolvimento da criança.

7.4. Os estudos sociológicos

Embora ainda seja rara, no Brasil, a incursão das idéias piagetianas na área sociológica, curiosamente, durante os anos oitenta, a socióloga e professora da Universidade de Brasília, Bárbara Freitag, foi uma das pessoas que se destacou e contribuiu para a pesquisa e os debates acadêmicos no Brasil, envolvendo as idéias de Piaget. Seu interesse por Piaget veio do desejo de preencher uma lacuna dentro das teorias sociológicas que estudam a consciência ou a falsa consciência, no contexto das classes sociais. Essas teorias, segundo Freitag, não explicitam a dimensão cognitiva dos sujeitos envolvidos nessas relações. Por outro lado, a psicogênese infantil

250   A Difusão das Idéias de Piaget no Brasil

piagetiana, apesar de oferecer um quadro teórico rico e dinâmico, e de fornecer uma variedade de métodos e técnicas, tem omitido uma dimensão central, que empobrece a teoria e limita sua validade: trata-se da dimensão sociológica (Freitag, 1984).

Na verdade, os contatos da Prof.ª Freitag com as idéias de Piaget são anteriores a essa preocupação. No final dos anos setenta, trabalhando e morando em Brasília, estava interessada em conhecer o desenvolvimento das crianças e, para isso, passou a ler alguns livros de Piaget, entre eles *La psychologie de l'enfant* (Piaget, 1966). Em seguida, mudando-se para Zurique, na Suíça, e estando próxima dos Archives Jean Piaget, locados em Genebra, iniciou um estudo sistemático da obra de Piaget, preocupada principalmente com o desenvolvimento do pensamento e da linguagem. Mais tarde, cursando sociologia na Universidade Livre de Berlim, fez, paralelamente, durante seis semestres, um curso de psicologia. Nesse curso, teve contato com as idéias de Piaget através de Hans Aebli e seus assistentes[1]. Ao mesmo tempo, estudou os autores da Escola de Frankfurt.

Em seguida, desenvolveu um projeto de pesquisa, na área do pensamento e da linguagem, em que fez um confronto teórico entre a teoria de Piaget e a teoria dos códigos lingüísticos, de Basil Bernstein, tendo por intuito verificar se as duas teorias eram contraditórias ou se complementavam. Segundo Freitag, enquanto Piaget desenvolve uma teoria sobre a gênese do pensamento, em que a linguagem assume um aspecto secundário (seria apenas a manifestação de níveis da estrutura cognitiva atingida), Bernstein desenvolve a tese de que existe uma linguagem codificada nas classes sociais, que reforça a condição de classe, acentuando, nas classes menos favorecidas, limitações impostas por essa própria condição social.

---

[1] Segundo Freitag, foi Hans Aebli que introduziu a teoria de Piaget na Alemanha, no início dos anos setenta. Trabalhando na Universidade Livre de Berlim, ele traduziu os primeiros livros de Piaget para o idioma alemão. É curioso que, no Brasil, as idéias de Piaget tenham sido inseridas muitos anos antes do que na Alemanha, que é um país europeu, como a Suíça, terra de Piaget. Para Freitag, isso aconteceu em função do fato de que pouquíssimos alemães tinham acesso ao idioma francês, e também pela inimizade surgida entre a Alemanha e os países de língua francesa, após a Primeira e Segunda Guerras Mundiais.

Os Núcleos Piagetianos no Brasil 251

A partir desse estudo, elaborou uma pesquisa empírica, realizada no Brasil, com 206 crianças paulistas de classes sociais distintas, matriculadas em três escolas estaduais de primeiro grau. Nessa pesquisa procurou mostrar a inter-relação da linguagem social falada e padronizada segundo as características das classes sociais com o desenvolvimento psicogenético de crianças[1].

Da exploração dos dados dessa pesquisa, relacionados com a psicologia genética de Piaget, nas dimensões da fala, da moralidade e do pensamento lógico, deixando de lado a teorização e a parte empírica vinculada à teoria dos códigos lingüísticos de Basil Bernstein, surgiu o livro *Sociedade e Consciência: um Estudo Piagetiano na Favela e na Escola*, publicado em 1984. A ênfase desse trabalho recai sobre a vinculação de classe social, escolaridade e estruturas de consciência, "procurando mostrar a contribuição que a psicologia genética pode dar para elucidar, teórica e empiricamente, a questão dos condicionamentos sociais da consciência" (Freitag, 1984, p. 8).

Sobre essa obra, Freitag fez as seguintes considerações:

Essa não é uma discussão fácil, porque, por um lado, eu atribuo uma certa autonomia à teoria cognitiva, isto é, há uma construção do pensamento que segue uma certa dinâmica universal, que foi testada em vários estudos interculturais. Por exemplo, a psicogênese dos estágios, que é confirmada por estudos empíricos. Ocorre, porém, que a teoria de Piaget foi praticamente elaborada a partir de pesquisas realizadas na Suíça, como se fosse no vácuo, a Suíça como sendo o vácuo, porque é uma sociedade em que os conflitos de classe e a estratifição não são tão marcantes. Se inseríssemos essa teoria num contexto societário altamente estratificado, como é o caso

---

[1] Essa pesquisa foi apresentada como tese de livre-docência na Universidade Livre de Berlim e foi publicada, em alemão, sob o título Der Aufbau Kindlicher Bewusstseinsstrukturen im gesellschaftlichen Kontext (A construção de estruturas de consciência em crianças no contexto social) e foi lançado na série Lateinamerikastudien (Estudos Latino-americanos) do Fink-Verlag Muechen, 1984.

brasileiro, possivelmente teria uma condição de classe na própria construção do pensamento, isto é, haveria um reforço social na construção cognitiva, principalmente através da linguagem, dependendo do contexto societário. Essa é a tese que desenvolvi nesse estudo. A idéia é a de que as condições limitadas de classe podem não criar déficits, mas, como a construção do pensamento não recebe a alimentação necessária de incentivos do meio social, se desenvolve num ritmo mais lento e pode até, dependendo da configuração societária, estagnar. Por outro lado, havendo uma situação de estimulação por algum agente (que pode ser até a própria situação de pesquisa), pode ocorrer um desencadeamento da psicogênese e uma reorganização do pensamento num patamar subseqüente. Essa é a tese que procurei defender: os condicionamentos sociais, as condições materiais de existência condicionam a formação das estruturas de consciência e intervêm na construção da psicogênese, levando a um resultado que pode variar, individualmente, conforme a presença ou ausência de fatores corretivos. As crianças faveladas, que estudei em São Paulo, desenvolvem um relativo atraso cognitivo em comparação com as crianças de outras categorias sociais. Por outro lado, constatei, também, o efeito favorável da escolaridade regular sobre o desenvolvimento das estruturas de consciência. Isto não quer dizer que as condições de classe social sejam absolutamente determinantes, mas há uma tendência para isso, uma probabilidade para isso.

Se, por um lado, os estudos de Bárbara Freitag indicaram que a estrutura de classes interfere na estruturação dos esquemas cognitivos, eles mostraram, por outro lado, que a estrutura de classes não tem o poder de determinação irreversível das estruturas de consciência. Indicam, inclusive, que alterações na correlação de forças podem, por exemplo, ser introduzidas pela escolaridade integral das crianças, que têm condições de desobstruir o processo psicogenético, assegurando seu pleno desenvolvimento.

Os estudos dessa natureza, que surgiram principalmente a partir dos anos oitenta, proporcionaram uma leitura "mais politizada" e "brasileira" da teoria piagetiana e, ao mesmo tempo, indicam conseqüências políticas que emanam dessas pesquisas. No caso dos estudos de Freitag, a conclusão de que a experiência escolar favorece o desenvolvimento das estruturas de consciência e permite o desenvolvimento da psicogênese nas dimensões da fala, da moral e do pensamento lógico, implica, de imediato, a necessidade de se assegurar escolarização para todas as crianças brasileiras, para que não permaneçam com estruturas diferenciadas, imersas no "egocentrismo infantil". Segundo Freitag, (1984, p. 228), essas conseqüências vão muito além da necessidade de providências:

A contribuição política mais importante consiste, pois, no fato de ter ressaltado teórica e empiricamente que a condição mínima necessária (...), para a organização democrática da sociedade brasileira, não está satisfeita, na medida em que amplas frações dessa sociedade não podem desenvolver suas competências lingüísticas, morais e lógicas. Estas frações da sociedade estão, portanto, ameaçadas de silêncio antes de terem aprendido a "falar", permanecem dependentes, na medida em que não conseguem atingir a autonomia moral para lutar por suas próprias condições de vida; encontram-se fixadas em níveis de pensamento lógico, que lhes impossibilita transcender, mesmo que no mero nível da representação, o status quo. O "silêncio" dessas frações tem uma dupla face: a exterior, mediante a qual se revela que não são ouvidos, porque não sabem argumentar, falar, expor seu ponto de vista contra o dos outros, já que se encontram presos ao pensamento e à fala egocêntrica ou semi-socializada; e a face interior, segundo a qual, mesmo quando falam, não percebem que não estão sendo ouvidos, já que se movimentam num universo que exclui a verdadeira percepção do outro, ao qual erroneamente atribuem os próprios pontos de vista.

254   *A Difusão das Idéias de Piaget no Brasil*

Em um dos seus últimos trabalhos sobre Piaget, Bárbara Freitag avança na perspectiva de se fazer uma discussão mais contextualizada, tanto do ponto de vista da própria teoria, quanto do ponto de vista político. Preocupada, há algum tempo, com as leituras parciais e tendenciosas que são feitas da teoria piagetiana no Brasil, procurou ampliar esse "campo de leitura", resgatando a dimensão filosófica da obra de Piaget, sem ignorar a dimensão científica e experimental. Em resumo, mostra em *Piaget e a Filosofia* (Freitag, 1991) que o trabalho experimental no campo da psicologia genética se ancora na tradição da filosofia da razão. Esse trabalho ganhou espaço entre psicólogos e pedagogos, mas teve também penetração nos círculos dos teóricos do conhecimento, sociólogos da ciência, historiadores e filósofos, áreas nas quais, no Brasil, Piaget tradicionalmente nunca teve penetração. Na expansão para essas áreas, contribuiu o ensaio existente no livro, em que Freitag aproxima as idéias de Piaget às de Habermas, um dos grandes filósofos e sociólogos alemães, herdeiro da tradição crítica da Escola de Frankfurt. Nesse ensaio, procura mostrar como Habermas recorre à teoria do egocentrismo e da descentração do "jovem" Piaget, para descrever e analisar a constituição do indivíduo enquanto "eu" autônomo e elaborar sua própria teoria da ação comunicativa. Freitag conclui que as bases filosóficas habermasianas/piagetianas têm implicações políticas imediatas, pois traduzem uma concepção de sujeito autônomo, fundamental para a construção de uma sociedade democrática. Nessa direção Freitag (1991, p. 93), observa que:

> *Todo esforço político e pedagógico pode e deve concentrar-se no desenvolvimento pleno de todas as competências do "EU" (cognitiva, moral, lingüística, motivacional e interativa). Todo o esforço deve concentrar-se em assegurar uma competência interativa cada vez maior dos indivíduos, ampliando seu grau de autonomia. Somente assim teremos adultos (= Émiles) que saibam distinguir opiniões de fatos, normas ilegítimas de ordens, mentiras de verdades. Somente assim teremos adultos psiquicamente maduros que saibam distinguir entre desejos e projeções, as possibilidades*

concretas de satisfação individual e coletiva, adultos capazes de utilizar racionalmente os recursos da natureza, cidadãos capazes de reorganizar a sociedade em bases justas e igualitárias[1].

Com essa reflexão, Freitag reforça novamente a dimensão política da teoria piagetiana, aspecto que passou a ser mais valorizado a partir dos anos oitenta, e que pode ser observado nos escritos do "jovem" Piaget, principalmente os pedagógicos.

***

Entre os educadores que difundiram Piaget em Brasília, estavam Deise de Araújo Lima e Siegrid Low. Atuaram no ensino de primeiro grau da Capital Federal, dando cursos de aperfeiçoamento e definindo propostas pedagógicas para serem implantadas nas escolas, tendo por base a teoria de Piaget. A Profª Siegrid Low havia estudado em Genebra, chegando, por algum tempo, a trabalhar diretamente com Piaget, com função semelhante à de assistente. Em Brasília, trabalhou no sistema de ensino público durante dezessete anos, sempre considerando a psicologia de Piaget requisito fundamental para a realização das atividades didáticas. No final da década de oitenta, fez concurso para o Ministério das Relações Exteriores e abandonou o ensino, passando a trabalhar no Itamarati. A Profª Deise de Araújo Lima realizou um trabalho próximo ao da Profª Siegrid Low e, depois de anos de trabalho, aposentou-se instruindo professores a utilizarem a didática operatória, defendida por Piaget e sistematizada por Hans Aebli.

Na Universidade de Brasília, além da professora Bárbara Freitag, são poucos os professores que trabalham com a teoria piagetiana. Existem os trabalhos de alguns professores da Faculdade de Educação e da Profª Maria Helena Fávero, no Instituto de Psi-

---

[1] Freitag (1991, p. 93).

256 — A Difusão das Idéias de Piaget no Brasil

cologia. A Profª Fávero realizou pesquisas piagetianas ao cursar a pós-graduação na Université de Toulouse, Le Mirail, França, onde defendeu a dissertação *Développement cognitif et acquisition des premières notions logico-mathématiques* e a tese *L'apprentissage de la notion d'inclusion de classe a travers l'interaction social et le conflit sócio-cognitif chez des enfants défavorisés du N. E. Brésilien*. Na verdade, a atuação piagetiana mais efetiva da Profª Fávero deu-se na época em que trabalhou como professora adjunta no Departamento de Psicologia e Sociologia da Universidade Federal de Sergipe, durante o período de 1984 a 1987, desenvolvendo um programa de atividade lógico-matemática, em todas as pré-escolas oficiais do município de Aracaju. Atualmente, a Profª Fávero tem-se preocupado com o significado do conhecimento matemático e tem trabalhado em pesquisas sobre a representação social da matemática, com base em autores como Piaget, Vygotsky e Doise.

No Instituto de Psicologia, uma das maiores contribuições para a difusão da teoria piagetiana é a revista *Psicologia: Teoria e Pesquisa* que, desde a sua criação, em 1985, vem incluindo artigos piagetianos em suas publicações.

Considerações Finais IV

Concluído o mapeamento descritivo dos fatos propulsores da difusão da teoria de Jean Piaget no Brasil, tecerei aqui algumas considerações que emergiram do conjunto de dados coletados e que considero serem úteis para uma melhor "contextualização" das idéias de Piaget no Brasil. Acredito que tais reflexões poderão servir de base para novas pesquisas envolvendo a teoria de Jean Piaget e sua apropriação em Psicologia e Educação, áreas em que tem sido mais veiculada.

A divulgação das idéias de Piaget em terras brasileiras, teve início no final da década de vinte. Foi no contexto do Movimento da Escola Nova que se abriu o espaço para a propagação das idéias de Piaget. A crença liberal escolanovista de que a escola seria o instrumento adequado à criação de uma sociedade solidária e fraterna levou os educadores progressistas, do início do século, a acreditarem na proposta de que a realização de inovações pedagógicas poderia mostrar melhores resultados do que os obtidos pela escola tradicional, que não consolidara objetivos sociais democráticos. A crítica aos métodos tradicionais e as propostas de novos métodos implicaram a revisão e alteração dos pressupostos científicos de fundamentação das atividades pedagógicas. O Movimento da Escola Nova buscou na biologia, na sociologia e na psicologia bases de sustentação para uma ação pedagógica que privilegiou o aluno no processo educacional. Embora englobasse várias propostas pedagógicas, estas seguiram, no entanto, os mesmos princípios gerais.

A pedagogia escolanovista incluía, em seus pressupostos, os princípios de atividade e de interesse, fundantes dos métodos ativos, recomendados por pesquisadores como Claparède e Ferrière e, mais tarde, também por Piaget. Piaget acrescentaria o princípio de cooperação, como pode ser observado, por exemplo, no artigo "Les Méthodes Nouvelles, leurs Bases Psychologiques et Examen des Méthodes Nouvelles" (Piaget, 1935). Tais princípios, segundo esses pesquisadores, poderiam contribuir para a formação de indi-

258 *A Difusão das Idéias de Piaget no Brasil*

víduos autônomos e solidários, conforme os requisitos de uma sociedade justa.

No Brasil, a inserção do escolanovismo ocorreu principalmente na escola pública, por meio de reformas educacionais realizadas nos Estados, as quais incorporaram os princípios ativos, que foram veiculados por educadores, em publicações e laboratórios de psicologia e pedagogia, criados nessa época. Essas publicações e instituições tornaram-se importantes meios de introdução, no contexto brasileiro, de idéias de pesquisadores estrangeiros, adeptos dos métodos ativos, como Piaget.

Os principais laboratórios onde as idéias do jovem Piaget começaram a circular no Brasil foram: Laboratório da Escola de Aperfeiçoamento de Belo Horizonte; Laboratório de Psicologia Experimental do Pedagogium, no Rio de Janeiro; Laboratório de Psicologia Experimental do Instituto de Educação Caetano de Campos, na cidade de São Paulo e o Instituto de Psicologia, em Recife. Todos esses laboratórios estiveram comprometidos com os princípios dos métodos ativos e convidaram profissionais estrangeiros, da área da psicologia, simpatizantes destes métodos, para promoverem cursos e darem palestras no Brasil. Dentre eles destacaram-se Claparède e Helena Antipoff, que foram os primeiros difusores das idéias de Piaget no Brasil. Obviamente citado por esses pesquisadores, amigos de trabalho no Instituto Jean-Jacques Rousseau, em Genebra, e sendo também simpatizante da Escola Ativa, Piaget foi imediatamente identificado e aceito entre os escolanovistas brasileiros, passando, assim, a ser autor de referência em projetos reformistas. Esses fatos, como verificamos, ocorreram, com maior intensidade, inicialmente na Escola de Aperfeiçoamento de Professores de Belo Horizonte e no Instituto de Educação Caetano de Campos, em São Paulo. Depois, estenderam-se por escolas, institutos de educação e laboratórios de psicologia e pedagogia de vários Estados.

Porém, não foram apenas essas citações e a simpatia de Piaget pelos métodos ativos que fizeram com que suas idéias passassem a circular no Brasil associadas à educação. Devem-se, tam-

Considerações Finais 259

bém, aos próprios conceitos sobre os quais elaborou sua teoria e aos encargos que assumiu em instituições de renome internacional, ligadas à educação.

Interessavam — e ainda interessam muito hoje —, aos educadores brasileiros, concepções que retratassem o desenvolvimento psicológico da criança, como as formuladas por Piaget, baseadas em uma proposta teórica que descreve a evolução das competências intelectuais e da razão. Como evidenciei nesta pesquisa, suas primeiras obras, que trataram do aspecto evolutivo das concepções de egocentrismo, cooperação, reciprocidade e autonomia ajustaram-se perfeitamente às pretensões liberais escolanovistas da época. Contribuíam com a argumentação "psicológica" e "científica" para o projeto social escolanovista, o que significava sugerir que, desenvolvendo-se na escola a cooperação e a autonomia dos indivíduos, estariam criadas as bases para uma sociedade solidária e fraterna.

Piaget, embora não seja considerado um escolanovista, mesmo porque nunca foi um educador, era um defensor dos métodos ativos. Essa postura tornou-se evidente nos artigos educacionais que publicou no decorrer das atividades desenvolvidas como diretor de organizações internacionais voltadas para a educação. Essas publicações, de um modo geral, trazem três pontos comuns: a) a defesa dos métodos ativos, b) a revelação dos resultados da psicologia genética e de suas relações com os princípios da Escola Ativa e outras tendências educacionais, c) o reconhecimento dos aspectos positivos do trabalho cooperativo por equipes e da didática operatória, como estratégia pedagógica para o desenvolvimento do pensamento experimental, da razão, da autonomia e do sentimento de solidariedade.

Os encargos que Piaget assumiu em instituições ligadas à educação funcionavam como facilitadores da associação de seu nome a essa área. Seus trabalhos vinculados ao Instituto Jean-Jacques Rousseau, ao Bureau International de l'Éducation e à Organização Educativa Científica e Cultural das Nações Unidas (UNESCO), embora não tenham sido prioritários em sua trajetória de epistemólogo, demonstraram suas preocupações educacionais, expressas em vários

260 A Difusão das Idéias de Piaget no Brasil

relatórios e nos artigos que circularam pelo mundo, escritos durante o período das décadas de trinta a setenta. Particularmente no que diz respeito ao Brasil, há um fato marcante decorrente desses encargos institucionais: foram esses compromissos que fizeram com que estivesse aqui, em 1949, numa missão político-educacional, representando a UNESCO, enviada ao Seminário de Educação e Alfabetização de Adultos, promovido pelo Departamento Nacional de Educação, na época dirigido por Lourenço Filho. Desde esse evento, Piaget passou a ser identificado por muitos, em terras brasileiras, como pedagogo, embora nunca o tenha sido.

Se, por um lado, ocorrências dessa natureza trazem percepções errôneas sobre o epistemólogo Jean Piaget, por outro, merece destaque a postura resistente de muitos piagetianos em reconhecer que Piaget tinha preocupações educacionais. Que Piaget não se dedicou à pedagogia todos sabemos, porém, insistir em afirmar que "Piaget não tem nada a ver com educação" não tem fundamento. Além dos dados apresentados neste livro, sobre seus compromissos institucionais ligados à educação, basta, por exemplo, uma simples leitura do artigo "Remarques psychologiques sur le travail par équipes" (Piaget, 1935b), para que essa percepção errônea caia por terra. Ou então, basta lembrar das recomendações que Piaget fez a Hans Aebli, para que extraísse as aplicações pedagógicas dos resultados de suas pesquisas sobre o desenvolvimento intelectual das crianças.

O desvirtuamento das idéias de Piaget, na sua transposição para o âmbito pedagógico, veio à tona por várias vezes no percurso deste trabalho, pois a maioria dos entrevistados referiu-se a esse fato. Alguns chegam a afirmar que quase todas as leituras de Piaget, no Brasil, são parciais e distorcidas. Como muito bem salienta Sérgio Buarque de Holanda (1956), em sua obra *Raízes do Brasil*, publicada pela primeira vez em 1936, não é de hoje que apropriações teóricas e práticas indevidas acontecem no Brasil. Em relação a Piaget, esse desvirtuamento vem desde a época em que seus trabalhos começaram a ser difundidos por aqui. Apesar do interesse histórico de muitos educadores brasileiros em se atualizar e promover mudanças pedagógicas em direção a uma educação "moderna", as

Considerações Finais 261

reformas educacionais baseadas nos métodos ativos ficaram mais "no papel" e tiveram poucas conseqüências inovadoras nas práticas escolares. Além disso, geraram confusão para os professores acostumados a trabalhar de maneira tradicional, sem conhecimento dos pressupostos "psicológicos" e epistemológicos de sua prática. Por exemplo, uma das estratégias pedagógicas que mais se desenvolveu foi o "trabalho por equipes", reduzido rapidamente a um simples procedimento técnico-didático de trabalhos em grupos, muito aquém dos mecanismos dinâmicos referenciados a Jean Piaget para a formação da personalidade e da sociabilidade do educando (aliás, tal procedimento ainda hoje é utilizado dessa forma em grande escala em nosso meio educacional). Ocorreu que o princípio da atividade, entendido como o ponto inicial de um processo em que os interesses da criança se coordenam em propósitos mais abrangentes, passou a ser praticado, nas escolas brasileiras, através de procedimentos didáticos que eram um fim em si mesmos. A técnica do trabalho em grupo passou a ser o principal objetivo, passando a atividade da criança a ser aspecto secundário. Desse modo, anula-se a compreensão dinâmica da atividade como ponto de partida num processo que conduz a níveis mais elaborados da vida mental. Inviabiliza-se, portanto, a construção de conhecimentos que partam do interesse da própria ação da criança, o que invalida a proposta, defendida por Piaget, de uma prática centrada na concepção de sujeito ativo, capaz de construir o conhecimento.

Cabe, aqui, uma segunda reflexão sobre as apropriações que foram feitas das idéias de Piaget no período das reformas educacionais que ocorreram no Brasil e que, de modo semelhante, estão presentes em muitas propostas piagetianas desenvolvidas até a atualidade. Muitos dos projetos escolares que utilizaram, ou utilizam, princípios da teoria de Piaget para a elaboração das propostas pedagógicas incluem, entre seus objetivos educacionais, finalidades sociopolíticas semelhantes às que foram desejadas pelo movimento escolanovista. Objetivam desenvolver a cooperação e a autonomia dos alunos, visando, com isso, obter resultados mais amplos, como proporcionar melhores condições de cidadania, solidariedade e justi-

262 *A Difusão das Idéias de Piaget no Brasil*

ça social. Projeta-se, assim, ainda na escola, a visão de que esta poderá resolver os problemas da sociedade, tal qual pregavam os educadores liberais no início do século XX. Será que o fato de se criarem condições para o desenvolvimento da cooperação e da reciprocidade, em sala de aula, significa que a escola possa tornar-se um instrumento poderoso de emancipação e de desalienação, a ponto de promover mudanças estruturais na sociedade? Como pode se desenvolver a verdadeira solidariedade, numa sociedade tão desigual, na qual a desigualdade é gerada nas relações de produção? Como pode se desenvolver a solidariedade numa sociedade na qual a mídia convida permanentemente ao mais absoluto individualismo? Não tem a mídia, atualmente, mais "força" que as escolas? São questões que ficam para a reflexão.

Outro fato que contribuiu muito para que as idéias de Piaget se expandissem nos meios educacionais foi a publicação, em 1951, em Genebra, do livro de Hans Aebli, *Didactique Psychologique: application à la didactique de la psychologie de Jean Piaget*, prefaciado e recomendado pelo próprio Piaget. Essa obra foi recebida com entusiasmo por educadores brasileiros que tinham algum conhecimento das idéias de Piaget. Principalmente por aqueles que, influenciados pelo escolanovismo, procuravam redirecionar a pedagogia para os quadros estritos da ciência e reconheciam, na psicologia genética, o melhor caminho para atingir esses fins. O que mais entusiasmou esses educadores foi o fato de Hans Aebli ter conseguido sugerir, a partir das idéias de Piaget, práticas pedagógicas que explicitavam as relações entre ação e atividade mental. Embora essas relações viessem sendo discutidas por Piaget desde os seus primeiros trabalhos sobre o pensamento da criança, na prática, muitos educadores vinculavam o conceito de atividade quase que exclusivamente à manipulação de objetos (o que gerava uma apropriação inadequada das idéias de Piaget). Hans Aebli, trabalhando o construto piagetiano de equilibração, situou-se na perspectiva de uma didática operatória, preenchendo, com propriedade, o significado de "atividade piagetiana" para a didática. Na verdade, com essa argumentação, apontou à didática o caráter construtivo da epistemologia gené-

Considerações Finais

tica, que seria explorado, com maior freqüência e intensidade, pelos educadores brasileiros, a partir dos anos oitenta, disseminando as idéias de Emília Ferreiro no Brasil.

A obra de Hans Aebli significou, na época, para os educadores brasileiros interessados em Piaget, um grande impulso para o estudo da psicologia genética. Representou também uma alternativa para aqueles que estavam insatisfeitos com os avanços da pedagogia de base associacionista e com os limites da maioria dos pressupostos psicológicos que serviam de base ao escolanovismo. Além disso, indicou um novo caminho para os professores, cansados do debate polarizado entre teorias inatistas e teorias empiristas, nas áreas de psicologia e pedagogia. Como afirmou uma educadora entrevistada, ele "representou uma luz no fim do túnel".

Os trabalhos de Hans Aebli fundamentaram, principalmente no Brasil, o projeto educacional do Prof. Lauro de Oliveira Lima, que, partindo da didática operatória, elaborou o método psicogenético. Essa proposta pedagógica foi divulgada pelo próprio autor em uma peregrinação pelo Brasil e foi implementada nas escolas secundárias do Estado do Ceará. Por isso, destaca-se como o primeiro "programa piagetiano" implantado em grande escala no Brasil. A formulação do método psicogenético, ou método piagetiano, como passou comumente a ser chamado, recebeu críticas de piagetianos brasileiros e de outros países, por "descaracterizar" a teoria piagetiana. As principais reclamações ocorreram sob o argumento de que método sugeria uma aplicação técnica e que qualquer trabalho de base piagetiana jamais poderia ser denominado método, visto que as pesquisas de Piaget não eram voltadas para a ação pedagógica, e sim para a construção do conhecimento do sujeito epistêmico. De qualquer modo, os dados que coletei mostraram que foi a partir dos trabalhos de Oliveira Lima que o nome de Piaget começou a ser citado em escolas de vários Estados brasileiros.

Paralelamente, em função da maior presença e demanda de Piaget em disciplinas de psicologia, ministradas em cursos de licenciatura dentro das universidades, principalmente no Rio de Janeiro,

264 · A Difusão das Idéias de Piaget no Brasil

houve interesse de editoras e surgiram as primeiras traduções dos livros de Piaget, no Brasil. Com as traduções, as idéias de Piaget propagaram-se mais facilmente.

Em resumo, dos anos trinta aos anos sessenta, as idéias de Piaget foram veiculadas exclusivamente na área educacional. Em todo esse trajeto, discretamente, foi marcando maior presença. Todavia, vários fatores contribuíram para que as leituras de sua obra fossem assumindo direções nem sempre desejadas pelo mestre de Genebra. O mapeamento dos núcleos piagetianos no Brasil, de um modo geral, trouxe à tona duas etapas na expansão dessas idéias. A primeira, caracterizou-se basicamente pela presença de profissionais que procuravam conhecer a psicologia genética, para melhor intrumentarem sua ação pedagógica. Essa ocorrência verificou-se em todos os núcleos mapeados. Apesar do "lugar" institucional nos quais as idéias de Piaget desembocaram (Laboratórios, Escolas Normais e Institutos de Educação), nos diversos núcleos a difusão era livresca e quase sempre dependia do interesse individual. Nesse período, eram raras as pesquisas teóricas ou empíricas que incluíam Piaget como referência.

Numa segunda etapa, a partir de meados dos anos sessenta, tivemos, além dessa difusão individualizada voltada exclusivamente para a área educacional, uma difusão "institucional" mais persistente, voltada para a pesquisa. Isso ocorreu nas áreas de psicologia e pedagogia, principalmente após a criação dos cursos universitários de graduação em psicologia, fortalecidos depois pela implantação dos cursos de pós-graduação em psicologia e educação. Assim, emergiram produções de pesquisas teóricas e/ou empíricas que consolidaram os núcleos piagetianos em vários Estados, principalmente na Universidade de São Paulo. Esse panorama estimulou pesquisas piagetianas nas mais variadas áreas de conhecimento, expandindo-se em outros Estados com mais pesquisadores, até os dias atuais.

A "fase universitária" da difusão piagetiana avançou lentamente, no início, em função da grande penetração do behaviorismo no cenário brasileiro. Em alguns núcleos, como Minas Gerais, por

Considerações Finais

265

exemplo, a psicologia piagetiana foi praticamente excluída dos meios acadêmicos por alguns anos. Em todos os núcleos, os pesquisadores que se firmavam como autênticos piagetianos foram, em sua maioria, para o exterior, em busca de especialização.

O acolhimento do behaviorismo no Brasil relacionava-se à nossa realidade política e educacional. Na época, houve a intensificação do tecnicismo pedagógico, pois o ideário escolanovista que ainda vigorava, juntamente com seus pressupostos psicológicos, apresentou sinais de exaustão. O otimismo que vigorou até então foi substituído progressivamente pelo pessimismo. Constatou-se também o fracasso na intenção de alcançar a igualdade de oportunidades para os cidadãos, apesar dos esforços realizados na área educacional. Evidentemente, as correntes psicológicas que circulavam, ainda que discretamente, não escaparam dessa onda de criticismo. Apareceram, então, os ideólogos da eficiência, com novos pressupostos psicológicos e articulou-se a pedagogia tecnicista. Essa pedagogia, como sabemos, inspira-se nos princípios de racionalidade e produtividade e almeja uma educação objetiva e operacional. Para tanto, é preciso instrumentar o processo de aprendizagem sem interferências subjetivas. Daí a proliferação de propostas pedagógicas mecânicas, sob a técnica da instrução programada e das máquinas de ensinar. Nesse contexto, a pedagogia ativa, centrada no aluno, é suplantada pela organização racional dos meios, planejada por especialistas supostamente neutros, na qual professor e aluno passam a ocupar posição secundária dentro da situação escolar. Basta para essa pedagogia que o aluno reaja dentro dos parâmetros do paradigma estímulo-resposta, deslocando-se da situação de aprendizagem para a situação de treinamento apregoada pelo behaviorismo.

As poucas propostas educacionais, de base piagetiana, formuladas no início dos anos setenta, geralmente foram assimiladas de uma maneira técnica ou não foram assimiladas. O exemplo mais marcante que temos, em âmbito federal, é a Lei 5.692, de 1971, que fixa as diretrizes e bases para o ensino de primeiro e segundo graus no país, com sua doutrina baseada na psicologia genética. Raras vezes essa lei foi aplicada fazendo justiça a seus pressupostos psicológicos.

266   *A Difusão das Idéias de Piaget no Brasil*

No meio universitário, algumas pesquisas piagetianas, que começavam a se configurar, parecem também manter alguma relação com esses fatos. Na época em que o behaviorismo avançou em solo brasileiro, pesquisadores piagetianos envolvidos nessa situação chegaram a produzir pesquisas sobre a teoria de Piaget, fazendo uso dos procedimentos da análise experimental do comportamento. Na década de setenta, expandiram-se entre os piagetianos as "pesquisas puras", sem conotação educacional "aparente", voltadas para a comprovação ou não de aspectos da epistemologia genética. Incluem-se nesse quadro, por exemplo, as pesquisas realizadas pelos Grupos de Estudos Cognitivos (GRECs), interessadas apenas em averiguar se as descobertas piagetianas se verificavam fora de laboratório, em "escalas ambientes do cotidiano". Os dados indicavam que essas pesquisas "puras" ganhavam espaço em nosso contexto, estimuladas, obviamente, pelas investigações científicas que se realizavam no Centro Internacional de Epistemologia Genética e também pelo fato de as idéias piagetianas terem sido temporariamente "expulsas", pelo behaviorismo, de nosso meio educacional.

Não se poderia deixar de lembrar que esse contexto coincide com o período do governo ditatorial, instalado no Brasil a partir de 1964 e que teve seu auge nos anos setenta. Muitas das pessoas entrevistadas afirmaram que gostariam de ter desenvolvido pesquisas piagetianas, na época, voltadas para a temática social, mas não o fizeram com receio da repressão; conseqüentemente, recorriam a pesquisas "mais epistemológicas".

Essa situação começou a se alterar no início dos anos oitenta, com a abertura política. Começava a se fazer sentir a presença de pesquisas piagetianas interculturais, dirigidas à realidade brasileira. O método clínico e a interdisciplinaridade piagetiana eram assumidos como estratégia metodológica necessária à tendência de pesquisa comprometida com a realidade social de uma população marginalizada e de baixo rendimento econômico. Com isso, os estudos piagetianos ganhavam novo impulso e a teoria de Piaget mostrava-se uma alternativa ao behaviorismo e ao tecnicismo educacional. Ressurgiu a implantação de programas de educação baseados na te-

Considerações Finais 267

oria piagetiana. Foi o que ocorreu, por exemplo, no Estado do Rio de Janeiro e na cidade de Campinas (SP).

Nos anos oitenta, aumentaram as inserções de pesquisas piagetianas sobre a realidade brasileira. Realizavam-se investigações sobre crianças em favelas, creches, escolas, famílias, na rua, buscando-se conhecer a pessoa além do sujeito epistêmico. Surgiram, então, debates aquecidos sobre a inteligência da criança brasileira, envolvendo principalmente os núcleos de São Paulo e Pernambuco. A incursão de piagetianos por temas sociais provocou discussões sobre os limites sociológicos da teoria piagetiana e muitos piagetianos buscaram, nas teorias histórico-culturais, a superação destas limitações. O movimento mais representativo dessa tendência foi iniciado no Mestrado em Psicologia da UFPE, em Recife.

Observamos também que, nos anos noventa, tem sido grande o interesse por Piaget nas mais variadas áreas de conhecimento e vem aumentando a quantidade de piagetianos motivados para o estudo de natureza epistemológica. Nessa linha despontam, como principais temas de pesquisa, o desenvolvimento moral, cognição e informática, afetividade e inteligência, linguagem e pensamento, cultura e cognição.

Resumindo, de um modo geral, até os anos oitenta os piagetianos, independentemente de sua área de atuação, estudavam, em sua maioria, os aspectos estruturais da explicação genética, isto é, os estádios de desenvolvimento e sua caracterização em termos de estruturas operatórias. Depois do início dessa década, parece ocorrer um aumento de interesse pela pesquisa dos aspectos funcionais, quer dizer, pela concepção construtivista e interacionista do desenvolvimento. Essa tendência abrange pesquisas dedicadas a várias áreas do conhecimento e vai ao encontro dos educadores e/ou piagetianos que abraçaram as idéias de Emília Ferreiro. Atualmente, o "construtivismo" configura-se como a maior corrente propulsora da difusão das idéias de Piaget no Brasil. Por outro lado, as concepções dessa pesquisadora, conseqüentemente as de Piaget, têm sido amplamente distorcidas. Na verdade, nunca se viu na história da educação brasileira um desvirtuamento de idéias em tal proporção.

268 *A Difusão das Idéias de Piaget no Brasil*

A própria Emília Ferreiro, em visitas ao Brasil, tem-se mostrado preocupada com essa situação. É comum encontrarmos em escolas do ciclo básico, e mesmo na pré-escola, crianças classificadas sob a "identidade" de "pré-silábicas", "silábicas" e "alfabéticas", ou mesmo, "egocêntricas", "transitórias" e "operatórias". Tais categorizações têm implicado, na prática, dirigir a criança para determinados tipos de atividades mecanicamente pré-estabelecidas, "em respeito à fase em que se encontram", distorcendo, assim, todo o princípio dinâmico e evolutivo que existe no interacionismo e no construtivismo piagetiano. Sugerimos aos educadores e psicólogos que realizem pesquisas sobre as conseqüências provocadas, na educação brasileira, pelo impacto da expansão construtivista, pois acredito que os fatos acima referidos aniquilam um dos principais aspectos que Jean Piaget mais enalteceu em toda sua vida: o respeito e a valorização das atividades da criança.

Referências Bibliográficas

AEBLI, Hans. *Didactique Psychogique: application à la didactique de la psychologie de Jean Piaget*. Neuchâtel. Delachaux et Niestlé. 1951.

_____. *Didática Psicológica. Aplicação à Didática da Psicologia de Jean Piaget*. São Paulo: Nacional; Editora da USP, 1971, 192 p.

ALMEIDA JR. A. Formação Experimental de Lourenço Filho. In: *Um Educador Brasileiro: Lourenço Filho*. São Paulo: Editora Melhoramentos, 1967.

ALTHUSSER, Louis. *Ideologia e Aparelhos Ideológicos de Estado*. Lisboa: Presença, 1974.

ANTIPOFF, Daniel I. *Helena Antipoff: sua Vida, sua Obra*. Rio de Janeiro: Livraria José Olympio Editora, 1975, 198 p.

ANTIPOFF, Helena. A Personalidade e o Caráter da Criança. *Instância Excepcional*. Belo Horizonte: Secretaria da Educação e da Saúde Pública, v. 16, 1934.

_____. *Coletânea das Obras Escritas de Helena Antipoff*. Centro de Documentação e Pesquisa Helena Antipoff (org.). 4. vol. Belo Horizonte: Imprensa Oficial, 1992, 369 p.

ARQUIVOS BRASILEIROS DE PSICOLOGIA. Rio de Janeiro: Fundação Getúlio Vargas, v. 42, Jun./ Ago. 1990, 150 p.

ASSIS, Orly Z. M. *Estudo sobre a Solicitação do Meio e a Formação da Estrutura Lógica no Comportamento da Criança*. Campinas: Faculdade de Educação, UNICAMP, 1976. Tese (Doutorado em Psicologia).

_____. *Projeto de Recursos Humanos para a Educação Pré-Escolar: Aperfeiçoamento de Pessoal com*

270   *A Difusão das Idéias de Piaget no Brasil*

Vistas à Implantação do PROEPRE. Campinas: UNICAMP, Faculdade de Educação, 1991 (mimeo).

AZEVEDO, Fernando de. (org.) *As Ciências no Brasil*. São Paulo: Editora Melhoramentos, 1954.

_____. *A Cultura Brasileira*. São Paulo: Editora Melhoramentos, 1964.

BAKHTINE, M. *Marxismo e Filosofia da Linguagem: Problemas Fundamentais do Método Sociológico na Ciência da Linguagem*. Trad. Michel Lahud; Yara Frateschi, São Paulo: Hucitec, 1979, 182 p.

BARRETTO, Anita P. Ulisses Pernambucano, Educador. *Psicologia, Ciência e Profissão*. Brasília: Conselho Federal de Psicologia, nº 1, pp. 14-17, 1992.

BATTRO, Antônio M. *Dicionário Terminológico de Jean Piaget*. São Paulo: Livraria Pioneira, 1978.

_____. *Dictionaire d'Épistémologie Génétique*. Paris: PUF, 1966.

_____. Estudos Cognitivos. *Estudos Cognitivos*. Araraquara: UNESP, FFCL, v. 1, nº 1, pp. 5-8, 1976.

_____. *O Pensamento de Jean Piaget: Psicologia e Epistemologia*. Rio de Janeiro: Forense Universitária, 1976.

BECKER, Fernando. *A Epistemologia do Professor: O Cotidiano na Escola*. Petrópolis: Vozes, 1993.

_____. *A Profissão Empirista de Bárbara Freitag*. *Educação e Realidade*. Porto Alegre: UFRGS, v. 13, nº 1, pp. 87-95, Jan./Jun. 1988.

_____. O Cognitivismo no Brasil: Tendências Atuais e Contribuições para a Educação. *Cadernos da Faculdade de Educação*. Belo Horizonte: UFMG, Faculdade de Educação, Jul. 1989.

Referências Bibliográficas 271

_____. Saber ou Ignorância: Piaget e a Questão do Conhecimento da Escola Pública. *Psicologia.* São Paulo: USP, Instituto de Psicologia, v. 1, nº 1, pp. 77-87, 1989.

_____. Uma Socióloga Lê Piaget: As Confusões Conceituais de Bárbara Freitag. *Educação e Realidade.* Porto Alegre: UFRGS, v. 12, nº 1. pp. 79-85, Jan./Jun. 1987.

BIAGGIO, Ângela M. B. Ainda Sobre Metodologias, Estágios e Analogias: Uma Resposta a Macedo. *Psicologia: Teoria e Pesquisa.* Brasília: UnB, Instituto de Psicologia, v. 1, nº 3, pp. 195-204, 1985.

BONFIM, Manuel. *Pensar e Dizer.* Rio de Janeiro: Casa Electros, 1923.

BOSI, Ecléa. *Memória e Sociedade: Lembranças dos Velhos.* São Paulo: T.A. Queirós, 1979.

CADERNO Informativo. São Paulo: Instituto Educacional Jean Piaget, 1991 (mimeo).

CADERNOS do ISOP. Rio de Janeiro: Fundação Getúlio Vargas, nº 10, 1987.

_____. Rio de Janeiro: Fundação Getúlio Vargas, nº 13, 1988.

CAMPOS, Francisco. Educação Pública. *Revista do Ensino.* Belo Horizonte: Secretaria da Educação, v. 47, jul. 1930.

CAMPOS, Nilton. Prefácio à Edição Brasileira. In: PIAGET, Jean. *A Psicologia da Inteligência.* Rio de Janeiro: Fundo de Cultura, 1958.

CAMPOS, Regina H. *Psicologia e Ideologia: Um Estudo da Formação da Psicologia Educacional em Minas Gerais.* Belo Horizonte: UFMG, 1980. Dissertação (Mestrado em Psicologia).

CARRAHER, Terezinha N; *et alii.* Cultura, Escola, Ideologia e Cognição: Continuando um Debate. *Cadernos de Pesquisa.* São Paulo: v. 57, nº 78-85, Maio, 1986.

_____. *Aprender Pensando*. Contribuições da Psicologia Cognitiva para a Educação. 2ª ed. Petrópolis: Vozes, 1986, 127 p.

CARVALHO, Ana M. P.; GIL-PÉREZ, Daniel. *Formação de Professores de Ciências: Tendências e Inovações*. São Paulo: Cortez, Col. Questões da Nossa Época, v. 26, 1993, 120 p.

_____; GIL-PÉREZ, Daniel; Fortuny, J.M.; AZCÁRATE, C. *Formación del Profesorado de las Ciencias y la Matemática*. Madrid: Editorial Popular S.A., 1994.

_____. (Coord.) *Formação do Professor e a Prática de Ensino*. São Paulo: Pioneira: 1988, 136 p.

_____. *Física: Proposta para o Ensino Construtivista*. São Paulo: E.P.U., 1989, 65 p.

_____. *Prática de Ensino: Os Estágios na Formação do Professor*. São Paulo: Pioneira, 1ª edição 1985, 2ª edição 1987, 106 p.

CASTRO, Amélia D. de. *Piaget e a Didática: Ensaios*. São Paulo: Saraiva, 1974, 166 p.

_____. *Teses e Dissertações Piagetianas no Brasil*. Campinas: UNICAMP, Faculdade de Educação, 1983 (mimeo)

_____. O Problema na Educação do Pensamento. In: *Revista de Pedagogia*. São Paulo: USP, FFCL, v. 3, nº 5, 1957.

_____. *Piaget e a Pré-Escola*. São Paulo: Pioneira, 1979.

_____. *Piaget, Sociedade e Educação: Um aspecto da pesquisa piagetiana no Brasil*. Campinas: UNICAMP, Faculdade de Educação, 1989 (mimeo).

CAVICCHIA, Durley C. Psicologia Cognitiva no Brasil: A Proposta dos Grupos de Estudos Cognitivos. In: MARQUES, Juracy

Referências Bibliográficas 273

(org.) *Psicologia Educacional: Contribuições e Desafios.* Porto Alegre: Globo, 1977.

CERIZARA, Ana B. *Rousseau.* A Educação na Infância. Col. Mestres da Educação, v. 17. São Paulo: Spicione, 1990, 174 p.

CERVO, Amado L.; BERVIAN, Pedro A. *Metodologia Científica.* São Paulo: Mc Graw Hill do Brasil, 1978.

CHOMSKY, N. The Linguistic Approach. In: PALMARINI, M. P. *Language and Learning — The debate between Jean Piaget and Noam Chomsky.* London: Routledge and Kegan, Pauil, 1980, pp. 30-107.

CLAPARÈDE, Edouard. *A Educação Funcional.* Trad. J. B. Damasco Penna, São Paulo: Companhia Editora Nacional, 1958, 302 p.

_____. Autobiografia. In: *A Escola Sob Medida.* Trad. Maria L. do E. Silva, Rio de Janeiro: Fundo de Cultura, 1961, pp. 9-66.

_____. *Psicologia da Criança e Pedagogia Experimental.* Rio de Janeiro: Livraria Francisco Alves, 1940.

_____. *Psychologie de l'Enfant et Pedagogie Experimentable.* Genève: Kundig, 1911.

CONSELHO Universitário da Universidade do Brasil. *Boletim.* nº 11, 09/09/1949 — Processo nº 12176/49.

CONTEÚDO PROGRAMÁTICO DE EDUCAÇÃO PRÉ-ESCOLAR. Brasília: Fundação Educacional do Distrito Federal, Departamento Geral de Pedagogia, 1984.

COUSINET, Roger. *A Educação Nova.* Trad. Luiz D. Penna; J.B.Damasco Penna. São Paulo: Companhia Editora Nacional, 1959, 154 p.

CUNHA, Célia da. *Educação e Autoritarismo no Estado Novo.* 2ª ed. São Paulo: Cortez; Autores Associados, 1989, 176 p.

CUNHA, Marcus V. da. *O Indivíduo e a Sociedade no Ideário Escolanovista*. São Paulo: USP, Faculdade de Educação, 1992. Tese (Doutorado em Educação).

DIRETRIZES E BASES DA EDUCAÇÃO NACIONAL: Documentos básicos para a implantação da reforma do ensino de primeiro e segundo graus. São Paulo: Secretaria de Estado dos Negócios da Educação, 1978, 241 p.

DOISE, W; MUGNY, G. *Le Développement Social de l'Intelligence*. Paris: Inter Editions, 1981.

DOLLE, Jean-M. *De Freud a Piaget. Éléments pour une approuche intégrative de affectivité et de l'inteligence*. Toulouse: Privat, 1977.

_____. *Para Compreender Piaget*. Trad. Maria José de Almeida. Rio de Janeiro: Zahar, 1975.

EDUCAÇÃO PRÉ-ESCOLAR NO DISTRITO FEDERAL. Brasília: Fundação Educacional do Distrito Federal, Diretoria Geral de Pedagogia, 1976.

ESTADO do Rio de Janeiro. *Reformulação de Currículos*. Pré-Escolar e Primeiro Grau. v. 1. Rio de Janeiro: Secretaria de Estado de Educação e Cultura, 1976, 207 p.

FÁVERO, Maria H. *et alii*. Representação Social da Matemática e Desempenho na Solução de Problemas. *Psicologia: Teoria e Pesquisa*. Brasília: UnB, Instituto de Psicologia, v. 7, nº 3, pp. 215-28, 1991.

FERNANDES, Florestan (coord.) *Henri Wallon*. Col. Grandes Cientistas Sociais, v. 52. São Paulo: Ática, 1986, 192 p.

FERREIRO, Emília; TEBEROSKY, Ana. *Los Sistemas de Escritura en el Desarrollo del Niño*. México: Siglo Veintiuno, 1979.

_____. *Alfabetização em Processo*. Trad. Sara Cunha Lima; Marisa Paro. São Paulo: Cortez; Autores Associados, 1986, 144 p.

Referências Bibliográficas 275

_____. *Reflexões sobre a Alfabetização.* São Paulo, Cortez; Autores Associados, 1985.

FERRIÈRE, Adolpho. *A Technica da Escola Ativa. Educação.* São Paulo: Departamento de Educação do Estado de São Paulo, v. 6, 1932.

FIGUEIREDO, Silvana M. A. *Estudos Piagetianos Brasileiros: Uma Análise Crítica.* Rio de Janeiro: Fundação Getúlio Vargas, 1991. Dissertação (Mestrado em Psicologia).

FLAVELL, John. *Psicologia do Desenvolvimento de Jean Piaget.* Trad. Maria Helena S. Patto. São Paulo: Pioneira, 1975.

FLORES, Terezinha V.F. *Reconstruções Convergentes com Avanços: A Interdisciplinaridade.* Porto Alegre: PPGEDV; UFPA, 1992 (mimeo).

FOULQUIÉ, Paul. *As Escolas Novas.* Trad. L. Damasco Penna. São Paulo: Nacional, 1957, 154 p.

FREITAG, Bárbara. *Piaget e a Filosofia.* São Paulo: Editora da UNESP, 1991, 99 p.

_____. *Piaget: Encontros e Desencontros.* Rio de Janeiro: Tempo Brasileiro, 1985.

_____. Piagetianos Brasileiros em Desacordo? Contribuições para um Debate. *Cadernos de Pesquisa.* São Paulo: Fundação Carlos Chagas, v. 53, pp. 33-44, Maio, 1985.

_____. *Sociedade e Consciência: Um Estudo Piagetiano na Escola e na Favela.* São Paulo: Cortez; Autores Associados, 1984, 239 p.

_____. Um Psicólogo Lê Piaget: As Confusões Conceituais de Fernando Becker. *Educação e Realidade.* Porto Alegre: UFRGS, v. 12, nº 2, pp.90-102. Jul./Dez. 1987.

FURTH, Hans G. *Piaget e o Conhecimento. Fundamentos Teóricos.* Trad. Valérie Rumjanek. Rio de Janeiro: Forense Universitária, 1974, 300 p.

A Difusão das Idéias de Piaget no Brasil

GOULART, Iris B. *Psicologia da Educação em Minas Gerais: Histórias do Vivido*. São Paulo: PUC, Faculdade de Psicologia, 1985. Tese (Doutorado em Psicologia).

GOVERNO DO ESTADO DE SÃO PAULO. *A Criança e o Conhecimento: Retomando a Proposta Pedagógica do Ciclo Básico*. São Paulo: Secretaria de Estado da Educação, Coordenadoria de Estudos e Normas Pedagógicas, 1990, 111 p.

GROSSI, Esther P. *Construtivismo: Um Fenômeno deste Século*. Porto Alegre: Secretaria Municipal de Educação, 1989 (mimeo).

HOBSBAWM, E. *A Era das Revoluções*. Rio de Janeiro: Paz e Terra, 1982.

_____. *A Era do Capital*. Rio de Janeiro, Paz e Terra, 1979.

HOLANDA, Sérgio B. de. *Raízes do Brasil*. 3ª ed. Rio de Janeiro: José Olympio, 1956, 155 p.

HUNT, J. McV. *Inteligence and Experience*. Nova York: Ronald Press, 1961, 416 p.

_____. O Uso de Programas Pré-Escolares de Enriquecimento Como um Antídoto para a Privação Cultural: Bases Psicológicas. In: PATTO, Maria H. S. *Introdução à Psicologia Escolar*. São Paulo: T. A. Queiroz, 1981, pp. 87-128.

KESSELRING, Thomas. *Jean Piaget*. Trad. Antônio E. Allgayer; Fernando Becker. Petrópolis: Vozes, 1993, 286 p.

KOHLBERG, Lawrence. Stage and Sequence: The cognitive-developmental approach to socialization. In: GOSLIN, D.A. *Handbook of Socialization Theory and Research*. Chicago: Rand McNally College Publishing Company, 1969.

KOSIK, K. *Dialética do Concreto*. Rio de Janeiro: Paz e Terra, 1969.

LAGÔA, Ana. Dez Anos de Construtivismo no Brasil. *Nova Escola*. São Paulo: Fundação Victor Civita, v. 6, nº 48, pp. 10-18, Maio, 1991.

Referências Bibliográficas

LAJONQUIÈRE, Leandro de. *De Piaget a Freud: A (Psico)Pedagogia entre o Conhecimento e o Saber.* Petrópolis: Vozes, 1993, 253 p.

LEITE, Luci B. (org.) *Piaget e a Escola de Genebra.* 2ª ed. São Paulo: Cortez, 1992, 205 p.

LIMA, Lauro de O.; LIMA, Ana E. S. de O. *Uma Escola Piagetiana.* Rio de Janeiro: Paidéia, 1983, 81 p.

_____. *A Escola Secundária Moderna: Organização, Métodos e Processos.* Petrópolis: Vozes, 1971, 670 p.

_____. *A Hibernação do Tritão ou a Falta de Conteúdo.* Rio de Janeiro: Centro Experimental e Educacional Jean Piaget. Apresentado no 1º Congresso Internacional de Educação, 2º Congresso Brasileiro Piagetiano, Jul. 1984.

_____. *Treinamento em Dinâmica de Grupo: No Lar, na Empresa, na Escola.* Petrópolis: Vozes, 1969, 439 p.

LÓPES, Emílio M. y. *Psicologia Geral.* 2ª ed. São Paulo: Editora Melhoramentos, 1965, 265 p.

LOURENÇO FILHO, Manuel B. A Psicologia no Brasil. In: AZEVEDO, Fernando de. (org.) *As Ciências no Brasil.* São Paulo: Editora Melhoramentos, 1954, pp. 263-295.

_____. *Introdução ao Estudo da Escola Nova.* São Paulo: Editora Melhoramentos, 1933/1978.

MACEDO, Lino de. *Ensaios Construtivistas.* São Paulo: Casa do Psicólogo, 1994.

_____. *Memorial.* São Paulo: USP, Instituto de Psicologia, 1990 (mimeo).

_____. Para Uma Visão Construtivista do Erro no Contexto Escolar. In.: HEM/CEFAM. *Coletânea de Textos de Psicologia.* São Paulo: SEC, v. 1, pp. 345-62, 1990.

278 *A Difusão das Idéias de Piaget no Brasil*

_____. Períodos de Desenvolvimento da Criança Segundo Piaget e Métodos de Pesquisa em Psicologia são Comparáveis? *Psicologia: Teoria e Pesquisa.* Brasília: UnB, Instituto de Psicologia, v. 1, nº 2, pp. 134-139, 1985.

MANTOAN, M. T. E. *A Solicitação do Meio Escolar e a Construção da Inteligência no Deficiente Mental: Uma Interpretação Fundamentada na Teoria do Conhecimento de Jean Piaget.* Campinas: Faculdade de Educação, USP, 1991, 238 p. Tese (Doutorado em Educação).

_____. *Educação Especial de Deficientes Mentais: O Itinerário de uma Experiência.* Campinas: Faculdade de Educação, UNICAMP, 1987. Dissertação (Mestrado em Educação).

MASSINI, Marina. História das Idéias Psicológicas no Brasil em Obras do Período Colonial. In: GUEDES, Maria do C. *História da Psicologia.* São Paulo: EDUC, 1987, pp. 95-118.

MONARCHA, Carlos. *A Reinvenção da Cidade e da Multidão. Dimensões da Modernidade Brasileira: a Escola Nova.* São Paulo: Cortez; Autores Associados, 1989, 151 p.

MONTOYA, Adrian O. D. *De Que Modo o Meio Social Influi no Desenvolvimento Cognitivo da Criança Marginalizada? Busca de Explicação através da Concepção Epistemológica de Jean Piaget.* São Paulo: Instituto de Psicologia, USP, 1983. Dissertação (Mestrado em Psicologia).

NAGLE, Jorge. *Educação e Sociedade na Primeira República.* São Paulo: EPU; EDUSP, 1974, 400 p.

OLINTO, Plínio. Ensaio Sobre a Fadiga Intelectual nos Escolares. *Revista de Pedagogia, Educação e Pediatria.* ano 1, nº 3. (Não consegui localizar demais dados desta obra.)

PATTO, Maria H. S. A Criança Marginalizada para os Piagetianos Brasileiros: Deficientes ou Não? *Cadernos de Pesquisa.* São Paulo: Fundação Carlos Chagas, nº 51, pp. 3-11, Nov. 1984.

Referências Bibliográficas 279

_____. *A Produção do Fracasso Escolar*. São Paulo: T. A. Queiroz, 1990, 385 p.

_____. *Psicologia e Ideologia*. São Paulo: T. A. Queiroz, 1984.

PENNA, Antonio G. A Teoria do Pensamento de Jean Piaget. *Forum Educacional*. v. 1, nº 4, pp. 43-63, Out./Dez. 1977.

_____. Ação e Razão. *Arquivos Brasileiros de Psicologia*. Rio de Janeiro: Fundação Carlos Chagas, v. 39, nº 2, pp. 10-28, Jan./Mar. 1987.

_____. Alguns Aspectos da Teoria da Percepção de Jean Piaget. *Arquivos Brasileiros de Psicologia*. Rio de Janeiro: Fundação Carlos Chagas, v. 29, nº 2, pp. 31-42, Abr./Jun. 1977.

_____. Apresentação da Edição Brasileira. In: PIAGET, Jean. *A Linguagem e o Pensamento da Criança*. Rio de Janeiro: Fundo de Cultura, 1959, pp. 9-14.

_____. *História da Psicologia no Rio de Janeiro*. Rio de Janeiro: IMAGO, 1992, 157 p.

_____. Introdução à Psicologia de Jean Piaget. *Arquivos Brasileiros de Psicologia*. Rio de Janeiro: Fundação Carlos Chagas, v. 29, nº 4, pp. 17-30, Out./Dez. 1977.

PENTEADO JR., Onofre. A Formação Profissional nas Escolas Normais Livres. *Revista de Educação*. São Paulo: Diretoria do Ensino do Estado de São Paulo, v. 9, 1935.

PERELMAN, Ch. Olbrechts-Tyteca. *Traité de l'Argumentation - La nouvelle rhétorique*. Bélgica: Ed. Un. Bruxelles, 3ª ed., 1976.

PERNAMBUCANO, Ulisses; BARRETTO, Anita P. *Estudos Psicogenéticos de Alguns Testes de Aptidão*. Recife: Imprensa Industrial, 1927.

PESSOTTI, Isaias. Notas para uma História da Psicologia Brasileira. In: Conselho Federal de Psicologia. *Quem é o Psicólogo Brasileiro?* São Paulo: EDICON, 1988, pp. 17-31.

PIAGET, Jean. Fundamentos Científicos para a Educação do Amanhã. In: _____; *et alli. Educar Para o Futuro*. Rio de Janeiro: Fundação Getúlio Vargas,1974.

_____; GARCIA, Rolando. *Les Explications Causales*. Paris: PUF-EEG, XXVII, 1971.

_____; GARCIA, Rolando. *Psychogenèse et histoire des sciences*. Paris: Flammarion, 1983.

_____; GARCIA, Rolando. *Vers une Logique des Significations*. Genève: Murionde, 1987.

_____; FRAISSE, Paul. *Tratado de Psicologia Experimental*. Rio de Janeiro: Forense, 1968.

_____; INHELDER, Barbel. *La Psichologie de l'Enfant*. Paris: Presses Universitaires de France, 1966.

_____; HELLER, J. *La Autonomia en la Escuela*. Trad. Maria L.N. de Luzuriaga. 6ª ed. Buenos Aires: Losada, 1968, 193 p.

_____, *et alii. Educar para o Futuro*. Trad. Rui B. Dias *et alii*. Rio de Janeiro: Fundação Getúlio Vargas, 1974, 110 p.

_____, *et alii. L'Enseignement des Mathématiques*. Neuchâtel: Delauchaux et Niestlé, 1965.

_____, *et alii. La Nueva Educación Moral*. Buenos Aires: Ed Losada, 1962.

_____, HELLER. J. *La Autonomia en La Escuela*. 6ª ed., Buenos Aires: Ed. Losada, 1968.

_____. *A Formação do Símbolo na Criança. Imitação, Jogo e Sonho, Imagem e Representação*. Trad. Álvaro Cabral e Christiano M. Oiticica. Rio de Janeiro: Zahar Editores, 1971, 370 p.

_____. *A Linguagem e o Pensamento da Criança*. 3ª ed. Trad. Manuel Campos. Rio de Janeiro: Fundo de Cultura, 1973, 340 p.

_____. *A Psicologia da Inteligência*. Trad. Egléa de Alencar. Rio de Janeiro: Fundo de Cultura, 1958, 239 p.

_____. A Report of the Conference on Cognitive Studies and Curriculum Development. Cornell University, School of Educacion, 1964.

_____. Autobiographie. Revue Européenne des Sciences Sociales. Genéve: Librairie Droz, v. 14, nº 6, Jul. 1976.

_____. Comentário. Archives de Psychologie. Genève: Institute Jean-Jacques Rousseau, v. 21, nº 82, 1928.

_____. Éducation et Instruction depuis 1935. Paris: Soc. Nouvelle de L'Encyclopédie Française, Lib. Larousse, 1965.

_____. Éssai sur Quelques Aspects du Développement de la Notion de Partie chez l'Enfant. Journal de Psychologie. v. 18, pp. 449-480, 1921.

_____. et alii. Debates sobre Psicologia, Filosofia y Marxismo. Trad. Víctor A. Goldstein. Buenos Aires: Amorrortu Editores, 1971, 157 p.

_____. Introduction à l'Épistémologie Génétique. Paris: Presses Universitaires de France, 1950.

_____. Les Mécanismes Perceptifs, Modéles Probabilistes, Analyse Génétique, Relations avec l'Inteligence. Paris: P.U.F., 1961, 453 p.

_____. Les Méthodes Nouvelles, leurs Bases Psychologiques et Examen des Méthodes Nouvelles. Encyclopédie Française. Paris: Lib. Larousse, Tome XV, Éducation et Instruction, Cap. I et II, 1939.

_____. Logique et Connaissance Scientifique. Paris: Gallimard, 1967.

_____. O Direito à Educação no Mundo Moderno. In:_____. Para Onde Vai a Educação? Trad. Ivette Braga. Rio de Janeiro: José Olympio, 1974, pp. 31-90.

_____. O Trabalho por Equipes na Escola: Bases Psicológicas. Revista de Educação. São Paulo: Diretoria do Ensino do Estado de São Paulo. vol. XV e XVI, 1936.

_____. Prefácio. In: AEBLI, Hans. *Didática Psicológica: Aplicação da psicologia de Jean Piaget*. São Paulo: Ed. Nacional; Ed. USP, 1971.

_____. *Psicologia e Pedagogia*. 3ª ed. Trad. Dirceu A. Lindoso; Rosa M. R. da Silva. Rio de Janeiro: Forense-Universitária, 1970, 184 p.

_____. *Psychologie et Pedagogie*. Paris: Dunod, 1969.

_____. Remarques Psychologiques sur le travail par équipes. In: *Le travail par équipes à l'école*. Jakiel *et alii*. Genève: Bureau International d'Éducation. 1935, pp. 179-196.

_____. *Sabedoria e Ilusões da Filosofia*. Trad. Zilda A. Daeir. São Paulo: Difusão Européia, 1969, 201 p.

_____. Trabalho por Equipes. *Revista de Educação*. Trad. Luiz A. Fleury. São Paulo: Diretoria do Ensino do Estado de São Paulo, vol. XV e XVI, 1936.

_____. Une Forme Verbale de la Comparaison chez l'Enfant: Un cas de transition entre le jugement prédicatif et le jugement de relation. *Archives de Psychologie*. Genéve: Institute Jean-Jacques Rousseau, v. 18, pp. 141-172, 1923.

_____. *Où va l'Éducation?* Paris: Denoël-Gonthier, 1972. (UNECO).

PIAGET. São Paulo: Abril Cultural, 2ª ed., 1983. Col. Os Pensadores.

RAMOZZI-CHIAROTTINO, Zélia. *Em Busca do Sentido da Obra de Jean Piaget*. Ensaio 107. São Paulo: Ática, 1984.

_____. *Em Busca do Sentido da Obra de Jean Piaget: Pequena Contribuição para a História das Idéias e para a Ação dos Psicólogos num País de Constrastes*. São Paulo: Instituto de Psicologia, USP, 1982. Tese (Livre Docência em Psicologia).

_____. *Memorial*. São Paulo: USP, Instituto de Psicologia, 1987.

Referências Bibliográficas

283

_____. *Piaget: Modelo e Estrutura*. Rio de Janeiro: José Olympio Editora, 1972.

_____. *Psicologia e Epistemologia Genética de Jean Piaget*. São Paulo: EPU, 1988.

REGO, Lúcia L. B. *Relato de Uma Experiência no Pré-Escolar*. México: 1º Encontro Latino-Americano de Alfabetização, 1987 (mimeo).

ROMANELLI, Otaíza de O. *História da Educação no Brasil* (1930/1973). 8ª ed. Petrópolis: Vozes, 1986, 267 p.

ROSAS, Paulo. A Psicologia na Revista Brasileira de Estudos Pedagógicos. *Revista Brasileira de Estudos Pedagógicos*. Brasília: INEP, v. 65, nº 150, 1984.

_____. *Como Vejo Paulo Freire*. Recife: Secretaria de Educação, Cultura e Esportes, 1991, 48 p.

RUMMEL, J. F. *Introdução aos Procedimentos de Pesquisa em Educação*. Trad. Jurema A. Cunha. Porto Alegre: Globo, 1972, 354 p.

SANTOS, L.J. Algumas Informações sobre a Escola de Aperfeiçoamento de Belo Horizonte. *Revista do Ensino*. Belo Horizonte: Secretaria do Interior, v. 37, set, 1929.

SAVIANI, Demerval. Análise Crítica da Organização Escolar Brasileira Através das Leis 5540/68 e 5692/71. In: GARCIA, W.E. (org.) *Educação Brasileira Contemporânea: Organização e Funcionamento*. São Paulo: McGraw; MEC, 1978. pp. 174-94.

_____. *Escola e Democracia*. 9ª ed. São Paulo: Cortez; Autores Associados, 1985, 96 p.

SCHLIEMANN, Analúcia D. *et alli*. *Na Vida Dez, na Escola Zero*. São Paulo: Cortez, 1988.

SCHWARZ, Roberto. *Um Mestre na Periferia do Capitalismo: Machado de Assis*. São Paulo: Duas Cidades, 1990, 227 p.

284 A Difusão das Idéias de Piaget no Brasil

SECRETARIA DE ESTADO DE EDUCAÇÃO E CULTURA. *Reformulação de Currículos.* Rio de Janeiro, caderno 2, p. 1976.

_____. *Reformulação de Currículos: Pré-escola e primeiro grau.* v. 1, 1977.

SECRETARIA MUNICIPAL DE EDUCAÇÃO. *Bases Teóricas da Proposta Político-Pedagógica.* Porto Alegre, 1989 (mimeo).

SEMINÉRIO, F.L.P; *et alii.* Elaboração Dirigida: Um caminho para o Desenvolvimento Metaprocessual da Cognição Humana. *Cadernos do ISOP.* Rio de Janeiro: ISOP, v. 10, 1987.

_____; *et alii.* Metaprocesso: A Chave do Desenvolvimento Cognitivo: Uma Reavaliação da Pedagogia contemporânea. *Cadernos do ISOP.* Rio de Janeiro: ISOP, 1988.

_____. A Epistemologia Genética: Renovação e Síntese na Psicologia e na Filosofia Contemporânea. *Arquivos Brasileiros de Psicologia.* Rio de Janeiro: Fundação Getúlio Vargas, v. 29, nº 2, pp. 9-30, Abr./Jun. 1977.

_____. Ação e Cognição: Uma Convergência em Marcha. *Arquivos Brasileiros de Psicologia.* Rio de Janeiro: Fundação Getúlio Vargas, v. 36, nº 4, pp. 40-50, Out./ Dez. 1986.

_____. O Construtivismo e os Limites do Pré-Formismo. *Arquivos Brasileiros de Psicologia.* Rio de Janeiro: Fundação Getúlio Vargas, v. 38, nº 4, pp. 3-11, 1984.

_____. Uma Reavaliação da Pedagogia de Nossos Tempos: O Lugar do Oprimido e os Conflitos Contemporâneos. *Arquivos Brasileiros de Psicologia.* Rio de Janeiro: Fundação Getúlio Vargas, v. 42, nº 3, pp. 3-17, Jul./Ago. 1990.

SILVEIRA, Noemy. Lições de Psychologie Educacional. *Educação.* São Paulo: Diretoria Geral do Ensino do Estado de São Paulo, v. 9, 1932.

Referências Bibliográficas

SIMPÓSIO LATINO-AMERICANO DE PSICOLOGIA DO DESENVOLVIMENTO. *Anais.* Recife: Editora Universitária da UFPE, 1989, 301 p.

SOCIEDADE PESTALOZZI DO BRASIL. Boletim 35. Belo Horizonte: 1971.

SUCHODOLSKI, Bogdan. *A Pedagogia e as Grandes Correntes Filosóficas.* Porto: Livros Horizonte, 1972.

THIOLLENT, Michel. O Processo de Entrevista. In: *Crítica Metodológica, Investigação Social e Enquete Operária.* São Paulo: Pólis, 1980, Cap. IV.

VAL RAMOS, M. A. O Ensino Ativo na Escola Normal. *Revista de Educação.* São Paulo: Diretoria do Ensino do Estado de São Paulo, v. 28, 1952.

VASCONCELOS, Mário S. *A Difusão das Idéias de Piaget no Brasil.* São Paulo: Instituto de Psicologia, 1995, 529 p. (Doutorado em Psicologia Escolar).

_____. *Artigos Piagetianos Brasileiros.* Assis: UNESP, FCL, 1989 (mimeo).

_____. *Reintegração Familiar do Menor: Meta ou Mito.* São Paulo: PUCSP, Instituto de Psicologia, 1985, 286 p. Dissertação (Mestrado em Psicologia Social).

VILLALOBOS, Maria da P. *Didática e Epistemologia. Sobre a Didática de Hans Aebli e a Epistemologia de Jean Piaget.* São Paulo: Grijalbo, 1969, 176 p.

VYGOTSKY, Lev S. *Pensamento e Linguagem.* Lisboa: Antídoto, 1979, 209 p.

WARD, M. J. *Análise da Política Educacional e sua Implantação na Formação do Magistério.* São Paulo: PUC, 1987 (mimeo).

ZANOTTI, Luis J. *Etapas Históricas de la Política Educativa.* Buenos Aires: Eudeba, 1972.